Gerhard Fischer

Katastrophenabschied

Projektmanager in humanitären Auslandseinsätzen

Bibliografische Information der Deutschen Nationalbibliothek: Die Deutsche Nationalbibliothek verzeichnet diese Publikation in der Deutschen Nationalbibliografie; detaillierte bibliografische Daten sind im Internet über dnb.dnb.de abrufbar.

© 2024 Gerhard Fischer
Coverdesign: Michelle Hitscherich
Coverfoto: Daniel Danila
Verlag: BoD · Books on Demand GmbH, In de Tarpen 42,
22848 Norderstedt
Druck: Libri Plureos GmbH, Friedensallee 273,
22763 Hamburg

ISBN: 978-3-7693-1318-5

Inhalt

Vorwort

Im Jahr 2019 hatte ich lustige und skurrile Erlebnisse meiner bis dahin fast zwanzig Jahre während Auslandstätigkeit im Bereich humanitäre Hilfe unter dem Titel ‚Katastrophenbegegnungen – Anekdoten und Episoden von der Helferfront'* veröffentlicht. Darin ging es im Wesentlichen um Geschichten abseits meiner Arbeit in all den Einsatzländern, obgleich sich ein Kapitel darin auch damit – allerdings nach meinem Dafürhalten und im Nachhinein – zu oberflächlich beschäftigte.

Diese Lücke soll das vorliegende Buch schließen, indem es sich hauptsächlich mit damit verbundenen Aspekten – auch kritisch – auseinandersetzt. Diesmal wollte ich jedoch nicht nur Storys zum Besten geben, die hie und da Lacher auslösen, sondern die Geschichte zu Ende erzählen, die manchmal gar nicht zum Lachen war. Ferner hatte ich häufig den Eindruck, dass zuhause viele zwar begriffen, in welchem Arbeitsfeld ich tätig war, und mich dafür zum Teil bewunderten; was genau ich tat, interessierte jedoch nur ganz wenige.

Die allererste Fassung glich fast einer wissenschaftlichen Abhandlung mit allerlei Definitionen und dazugehörigen Fußnoten, worin ich versuchte, das ganze Spektrum des Hilfsgeschäftes aus meiner Sicht abzubilden. Als aber immer wieder neue Fragen oder Hintergründe auftauchten, sah ich ein, dass ein solch ambitioniertes Unterfangen im Bereich des Unmöglichen lag. Zum einen hätte ich da und dort keine Antworten liefern können, es sei denn, ich hätte mich auf allzu dünnes Eis begeben. Andererseits hatte ich als Praktiker vor Ort, der sich vornehmlich um Mitarbeiter und Projekte zu kümmern hatte, oft gar keinen großen Einblick hinter die Kulissen. Getreu dem Motto: ‚Schuster bleib bei deinen Leisten' beschränkte ich mich daher auf meine unmittelbare Umgebung. Da wusste ich wenigstens, wovon ich sprach.

Trotzdem konnte ich nicht umhin, mich aus den ‚Katastrophenbegegnungen' zu bedienen. Daher habe ich einige Kapitel daraus überarbeitet und hier, wo es passte, eingefügt. Nun mögen Kritiker mir vorwerfen, es handele sich lediglich um einen aufgepeppten Abklatsch oder alten Wein in neuen Schläuchen. Diesen Vorwurf muss ich mir gefallen lassen.

Aber: nicht nur bin ich davon überzeugt, dass der vorliegende Text nun die nötige Reife hat, indem er sich eingehender mit dem Thema beschäftigt, einschließlich der Bedingungen meiner Arbeitgeber. Sondern, indem ich der Zusammenarbeit besonders mit lokalen Kollegen einen eigenen Abschnitt widme, ich ihnen damit auch die zuvor vernachlässigte Aufmerksamkeit gebe. In diesem Zusammenhang bedeutet die Geschichte zu Ende erzählen jedoch auch, neben den Sonnen- auch die Schattenseiten der Kooperation genauer zu beleuchten.

Gleiches gilt für meinen weiteren beruflichen Werdegang nach den ‚Katastrophenbegegnungen'. Einerseits war mein damaliger Einsatz in der Türkei noch nicht beendet, und deshalb viel zu wenig gewürdigt. Andererseits, folgte daraufhin noch eine Mission, die sich als wirkliche ‚Katastrophenbegegnung' entpuppte, deren Geschichte ich ebenfalls zu Ende erzählen werde, und die zu meinem endgültigen ‚Katastrophenabschied' führte.

Wie zuvor ist auch diesmal der Titel doppeldeutig zu verstehen. Denn ich habe mich von Katastrophen verabschiedet, die stets die Ursache für meine Entsendung gewesen sind. Gleichermaßen geschah mein Abschied aber auch bisweilen in katastrophaler Art und Weise, indem ich einen Vertrag vorzeitig aus unterschiedlichen Gründen kündigte. Denn die Umstände der Katastrophensituation, in der ich arbeitete, hatten in diesen Fällen eine ganz eigene Dynamik entwickelt, die für mich nur noch als katastrophal zu bezeichnen waren, und ich mich gezwungen sah, einen Schlussstrich zu ziehen.

2

Allerdings handelt es sich hier weder um eine Schmähschrift oder eine Enthüllungsgeschichte, um Hilfsorganisationen unter Umständen in ein schlechtes Licht zu rücken, noch ist es eine nachträgliche Rechtfertigung oder Glorifizierung meiner Rolle. Vielmehr dient das Buch dazu, dem Leser das Panorama eines nicht alltäglichen Arbeitsgebietes durch meine Brille deutlicher vor Augen zu führen; trotzdem habe ich versucht, so objektiv wie möglich zu bleiben.

Aufgebaut ist das Buch in drei Teile. Zunächst wird nochmals mein Werdegang kurz skizziert, sowie die Kontexte, die ich vor Ort vorfand. Teil II beschäftigt sich ausführlich mit meiner Tätigkeit, in dem die Arbeitgeber, die Hilfsmaßnahmen sowie die Zusammenarbeit mit lokalen und internationalen Kollegen jeweils in einem eigenen Kapitel beschrieben werden. Teil III stellt mein ganz persönliches Fazit dar. Zunächst gehe ich darin der Frage nach, ob ich tatsächliche Veränderungen bewirkt habe, die allein auf mich zurückzuführen waren. Darauffolgend stelle ich einige Gesichtspunkte vor, die ich nicht noch einmal genauso angehen würde, bevor ich zum Schluss nochmals die Vor- und Nachteile meiner Einsätze in beruflicher und persönlicher Hinsicht aufzeigen werde.

Lange habe ich damit gerungen, ob ich meine Arbeitgeber ausnahmslos beim Namen nennen sollte. Denn es gab neben den vielen positiven auch zahlreiche negative Situationen oder Erfahrungen. Deshalb habe ich beschlossen, die Hilfsorganisationen nur in Teil II namentlich zu erwähnen. Ansonsten sind sie weitgehend anonymisiert, ebenso meine damaligen Arbeitskollegen.

Aus Gründen der besseren Lesbarkeit wird im Folgenden meistens das generische Maskulinum (Mitarbeiter, Kollegen) verwendet; damit sind Personen beiderlei Geschlechts bezeichnet und gemeint.

Besonders danken möchte ich Karin Niesen und Heinz Bitsch für ihre durchaus kritischen Anmerkungen, die mir in dem einen oder anderen Fall eine ganze neue Sichtweise eröffneten. Majed Nasser und Ervin Mandžukić, ehemalige lokale Mitarbeiter, lieferten mir die Neuigkeiten über noch laufende oder abgebrochene Projekte, wofür ich ihnen ebenfalls dankbar bin.

Thomas Kimling, das heißt, Herr Kimling, hatte bereits die ‚Katastrophenbegegnungen' als Fachfremder vorab gelesen und mir auch diesmal wertvolle Tipps gegeben. Zudem haben seine Kommentare hie und da zu einem oftmals ernüchternden ‚Aha-Erlebnis' geführt – danke dafür.

Mit der überwiegenden Zahl meiner Arbeitgeber habe ich durchweg positive Erfahrungen gemacht. Bei denjenigen, bei denen das weniger der Fall war, konnte ich trotzdem wertvolle Erkenntnisse für die Zukunft gewinnen. Daher möchte ich mich bei ihnen und allen Kolleginnen und Kollegen bedanken, mit denen ich in den Einsätzen zusammenarbeitete. Ohne ihr Zutun hätte ich mich sicherlich in professioneller Hinsicht nicht weiterentwickeln können.

Bleiben am Ende die Katastrophen: deren unterschiedlichste Auslöser haben meine berufliche Laufbahn überhaupt erst ermöglicht und mir Zeiten des Frusts, aber auch der Freude bereitet. Dennoch möchte ich mich bei ihnen ausdrücklich nicht bedanken; besser, sie tauchen erst gar nicht mehr auf. Gehorchen werden sie mir jedoch sicherlich nicht.

In diesem Sinne sage ich: ‚Goodbye, Katastrophen!' Den Leser lade ich dagegen mit einem ‚Herzlich willkommen' ein, mehr darüber zu erfahren.

November 2024
Gerhard Fischer

24. Februar 2022, Tiflis/ Georgien

Wie immer ging ich gegen sieben Uhr nach dem Aufstehen noch im Schlafanzug geradewegs in die Küche, um Kaffeewasser aufzusetzen. Seitlich durch die Balkontür schien die Sonne bereits grell vom wolkenlosen Himmel. Ich öffnete, klare, aber kalte Luft strömte herein. Ich trat hinaus. Unten im Hinterhof sah ich einen im dicken Wintermantel gekleideten Bewohner. Der Wasserkocher schaltete sich aus, ich füllte die French Press, dann eine Tasse und setzte mich wieder hinaus in einen Sessel, um die wohlige Wärme der Sonnenstrahlen zu genießen. Es würde ein herrlicher Tag werden, hoffentlich auch für mich.

Nach der kurzen, lauwarmen Dusche – richtig heiß war sie nie gewesen – setzte ich mich an den Küchentisch und fuhr den Computer hoch, um beim Frühstück die neuesten Nachrichten zu lesen. Fast ist mir der Bissen im Hals stecken geblieben: Krieg in der Ukraine.

Russland hatte in den frühen Morgenstunden den südlichen Nachbarn angegriffen. Noch waren die Hintergründe undurchsichtig, aber wie sich zeigen sollte, markierte dieser Tag eine weltpolitische und weltwirtschaftliche Zäsur, im Allgemeinen – gleichermaßen im Besonderen auch für meine berufliche Biografie. Denn es sollte nicht nur mein letzter Arbeitstag in Georgien werden, sondern ebenfalls mein allerletzter im Bereich humanitäre Hilfe. Mein Koffer war abflugbereit, ich nicht ganz. Noch fehlte die letzte Gewissheit.

Seit knapp zwei Wochen arbeitete ich von zu Hause aus in Quarantäne, da ich unmittelbar nach der Rückkehr aus einem heimatlichen Kurzurlaub positiv auf das Coronavirus getestet worden war und nun wartete ich auf die Labormitarbeiterin, die gegen 8.30 Uhr zu mir kommen sollte, um den hoffentlich finalen Test an der Wohnungstür vorzunehmen. Ein kostspieliger Luxus, den mein Arbeitgeber übernahm.

Pünktlich klingelte sie und verschwand auch schon wieder. Mit dem Ergebnis könne ich in drei bis vier Stunden rechnen. So war es auch schon an den beiden vorangegangenen Tagen, allerdings musste – positiv der Test, negativ für mich – mein Heimflug zweimal von der Zentrale auf den Folgetag umgebucht werden. Heute war Donnerstag, sodass ich allerspätestens am Freitag fliegen wollte, ja musste. Zum Wochenende wollte ich in jedem Fall daheim in Deutschland sein.

Das übliche Abschlussgespräch am Ende eines Einsatzes sollte deswegen statt in Präsenz, was der Fall ohne Covid gewesen wäre, nun virtuell am frühen Nachmittag geführt werden. Diesmal sogar zwei, weil auch der Vorgesetzte meines Vorgesetzten mit mir reden wollte. Bis dahin sollte feststehen, ob ich flöge oder nicht. Dann wurden auch diese Gespräche abgesagt. In der Zentrale herrsche helle Aufregung wegen vieler Presseanfragen, natürlich wegen der Ukraine und nicht meinetwegen. Die Debriefings würden deshalb später nachgeholt werden. Wann? Wenn ich schon nicht mehr angestellt sei? Das wäre schließlich in fünf Tagen der Fall. Man ließ mich im Unklaren, so wie ich die Vorgesetzten, indem ich mit einem bloßen „Ok" die E-Mail beantwortete.

Dabei hatte es vor Weihnachten noch ganz anders ausgesehen. Im Neuen Jahr sollte zu meinem Verantwortungsbereich Südkaukasus (Georgien und Armenien) die Ukraine dazukommen, was ich zunächst als nicht allzu viel Mehrarbeit betrachtete, weil mein Kollege im Büro gegenüber das dort laufende Projekt hervorragend leitete. Allenfalls würden einige Dienstreisen für mich zusammen mit ihm anfallen. Firm und erfahren war schließlich er und nicht ich. Meine Rolle wäre als Teamleiter lediglich die des Grüßaugusts gewesen, so sah ich das zumindest.

Am Morgen nach meiner Rückkehr teilte mir mein Vorgesetzter aus der Zentrale telefonisch wie aus heiterem Himmel mit, dass er und seine Chefs entschieden hätten, einem mir unterstellten Mitarbeiter zu kündigen; und zwar aus merkwürdigen, wenn nicht sogar lachhaften Gründen – konkret, „er sei zu qualifiziert (!) für seine Position" und unkonkret, „er passe nicht zu uns"! Dafür passten die Aussagen in mein Bild von den Chefs.

Statt über dessen beabsichtigten Rausschmiss weiterzureden, machte ich meinem Ärger Luft und sprach unvermittelt meinen Abgang zum nächstmöglichen Zeitpunkt, dem 28. Februar 2022, aus. Trotz hörbarer Verblüffung am anderen Ende der Leitung hielt sich das Lamento (Wirklich? Wieso nur?) sehr in Grenzen. So kann man auch etwas sagen, ohne etwas zu sagen. Keine Minute später war das Gespräch beendet – ich solle lediglich meine Kündigung schriftlich schicken; per E-Mail wäre ausreichend. Selbst in den kommenden Tagen gab es keinerlei Anzeichen seinerseits, mich umzustimmen. Genutzt hätte es sowieso nichts, da vielerlei Gründe bereits das Fass gefüllt hatten, das die kolportierte Entlassung meines Mitarbeiters zum Überlaufen brachte. So hatte ich mich noch vor der Übernahme der Verantwortung für die Ukraine und der sich dort anbahnenden Katastrophe von selbiger verabschiedet.

Erst am späten Nachmittag des 24. Februar wurde mir das negative Testergebnis mitgeteilt, wodurch ich anderntags endlich fliegen konnte. Was für ein Glück, dass in der Zentrale wegen der Zeitverschiebung gerade erst die Mittagspause vorbei und somit keine weitere Umbuchung notwendig war. Abends war ich bei meinen beiden Kollegen zum Abschiedsessen eingeladen, mit denen ich mich bestens verstanden hatte. Ich fühlte mich geehrt, da ich während derer bereits neunjährigen Betriebszugehörigkeit, nach ihrer Aussage, der Erste der Organisation überhaupt war, der von ihnen in ihrem Heim empfangen wurde. Anderen, auch solchen aus der Zentrale, war dieses Privileg nicht zuteilgeworden. Auch das passte in mein Bild.

Während in einigen früheren Einsätzen anlässlich meines Abschieds ein Fest veranstaltet worden war, beschränkte sich jener Abend auf eine geruhsame Dreisamkeit, die wir freundschaftlich genossen, aber frühzeitig abbrechen mussten. Denn von der Straße vernahmen wir eine lautstarke Menge zur Unterstützung der Ukraine, die entlang meines Nachhausewegs zog, durch die ich mich entgegengesetzt durchschlagen musste, weswegen sich meine Gastgeber Sorgen machten; obendrein sei mein Flug in aller Herrgottsfrühe. Wir umarmten uns herzlich, ich dankte ihnen für die Einladung und ihre Unterstützung, wünschte ihnen weiterhin viel Glück und erreichte eine halbe Stunde später ohne Zwischenfall meine Wohnung. Das ließ ich sie per Kurznachricht wissen, woraufhin sie mir erleichtert ebenfalls „alles Gute" mit auf den Weg gaben.

Ein wehmütiges Gefühl verspürte ich nicht gerade, als ich am nächsten Morgen die Gangway zum Flugzeug entlangging. Das war am Ende vieler vorangegangener Abschiede ganz anders gewesen. Merkwürdigerweise schossen mir plötzlich Bilder meines allerersten aus dem heutigen Serbien mehr als zwanzig Jahre zuvor durch den Kopf: als mich ausnahmslos alle Kollegen zum Flughafen Belgrad begleitet hatten; wie sie meine drei großen und überaus schweren Koffer zum Check-in trugen, wo ich mehr zum Spaß fragte, ob im Flugzeug Rauchen erlaubt sei und mir der Flughafenangestellte, für mich verblüffend, ein energisches „selbstverständlich"! entgegnete und nachher in der Tat, sobald die Anschnallzeichen erloschen waren, die gesamte Kabinencrew geradewegs nach hinten marschierte, um sich erst einmal eine Zigarette zu gönnen. Bei dem Gedanken musste ich schmunzeln. Und doch: Wie gerne hätte ich damals in Serbien weitergearbeitet – ganz im Gegenteil zu diesmal.

Jetzt war der Abschied geräuschlos verlaufen. Mit dem Taxi und lediglich einem großen Koffer war ich zum Flughafen gefahren. Je näher ich nun dem Flugzeug kam, desto mehr fiel die innere Anspannung ab und große, ja sehr große Erleichterung machte sich in mir breit. Als ich auf meinem Platz saß, wischte ich die letzten Gedanken beiseite, ob ich wohl nichts in der Wohnung vergessen hatte – die Schlüssel hatte ich wie verabredet auf dem Küchentisch liegen lassen und meinen Dienstlaptop und das Handy meinem Mitarbeiter am Abend zuvor übergeben. Alles sollte somit erledigt sein. Die Umsteigezeit in Istanbul sollte auch genügen, um nicht unter Zeitdruck zu geraten. Zur Beruhigung steckte ich mir Kopfhörer ins Ohr und schlief bei leiser Musik ein.

Genauso wie damals in Serbien flog ich jetzt von Georgien aus in eine ungewisse berufliche Zukunft. Zweieinhalb Jahre zuvor, als ich die Türkei nach vier Jahren verlassen hatte, war meine Hoffnung noch wesentlich zuversichtlicher gewesen, dass ich schon damals die Auslandsarbeit ein für alle Mal hinter mir gelassen hätte. Durch gesundheitliche Probleme ausgelöst hatte ich den festen Willen, in der Heimat beruflich Fuß zu fassen, um nicht noch einmal im Ausland Ärzten ausgeliefert zu sein, die zwar in ihrer Sprache diagnostizierten, in meiner aber völlig danebenlagen. Eine mehrmonatige Fortbildung im klassischen Projektmanagement sowie rund siebzig erfolglose Bewerbungen später sah ich doch keine andere Möglichkeit, als wieder ins Ausland zu gehen.

Jetzt aber war ich fest davon überzeugt, mich von meiner Auslandstätigkeit und den Katastrophen endgültig verabschiedet zu haben.

Von Tiflis aus hatte ich keinerlei Probleme beim Umstieg in Istanbul, sodass ich planmäßig in Frankfurt landete. Ich war froh, dass ich keine drei großen Koffer, wie seinerzeit in Serbien, dabeihatte, denn die damalige Bahnfahrt vom Flughafen nach Hause geriet beim Umstieg in Mannheim zur Zitterpartie, ob ich den Anschlusszug erreichen würde. Jetzt mit dem einen und meiner Umhängetasche war es ein Kinderspiel. Drei Stunden später hieß mich meine Frau bei einer Tasse Kaffee und zur Feier des Tages einem selbstgebackenen Kuchen willkommen – die Zeichen standen auf Neuanfang, vor allem in beruflicher Hinsicht, aber auch persönlicher, da mein Vagabundendasein der Vergangenheit angehören sollte.

Beim Auspacken bemerkte ich, dass mein Koffer wohl am Flughafen Tiflis geöffnet worden war, und sich ein Mitarbeiter meines Leatherman (Multi-Tool) bemächtigt hatte. Auch das passte zu dem gesamten Einsatz. Die Ironie der Geschichte war, dass mir diesmal sogar eine organisationseigene Verdienstmedaille verliehen worden war!

TEIL I
Peilung: humanitäre Hilfe

1 Der Anfang – am Ende zurück auf Anfang

Wie das Ende meiner professionellen Laufbahn kann ich den Beginn derselben auf den Tag genau bestimmen. Es war der 1. August 1999, an dem ich als Projektkoordinator meinen ersten Job im Bereich humanitäre Hilfe bei einer deutschen Hilfsorganisation in deren Zentrale antrat. Bis dahin waren jedoch Jahre vergangen, um meine zunächst vorhandene Orientierungslosigkeit in eine Zielstrebigkeit auf jenen beruflichen Werdegang zu lenken.

Fünf Jahre zuvor war ich zum ersten Mal mit dem Arbeitsfeld in Berührung gekommen, wenn auch nicht in seiner eigentlichen Form. Eher handelte es sich um Sozialarbeit. Damals, als Student der Politikwissenschaft und Geschichte, hatte ich wie üblich nach dem Sommersemester erst zwei Monate in der Fabrik verbracht, um den Arbeitslohn im verbleibenden Ferienmonat irgendwo, zwar nicht komplett, aber zumindest einen Teil davon zu verjubeln. Aber bitte keine Massenziele. Es sollte etwas Besonderes sein, ähnlich wie zwei Jahre zuvor mit der Transsib von Moskau nach Peking und vor Jahresfrist mehrere Wochen per Anhalter im Westen der USA.

Zu Hause beugte ich mich über die Zeitung auf der Suche nach Inspirationen für die kommenden freien Wochen. Eine kleine Anzeige stach mir dabei ins Auge, in der Volontäre für Einsätze in Flüchtlingslagern in Kroatien gesucht wurden. Näheres wurde nicht verlautet, lediglich eine Adresse samt Telefonnummer, an die sich Interessierte wenden könnten. Das klang ungewöhnlich, und da dort in Teilen des Landes Krieg herrschte, auch abenteuerlich. Ganz nach meinem Geschmack.

Meine Aufmerksamkeit war geweckt, obwohl ich mich bis dahin weder durch ehrenamtliche Tätigkeit hervorgetan noch irgendeinen Bezug zu Flüchtlingen, erst recht nicht im Ausland hatte. Ich nahm Kontakt auf, wurde zu einem Vorbereitungsseminar eingeladen und kurze Zeit später fand ich mich zusammen mit fünf anderen Freiwilligen in einem Vorort von Split/Kroatien wieder, wo etwa 250 Kriegsflüchtlinge aus Bosnien in ehemaligen Arbeiterbaracken einer nahegelegenen Zementfabrik untergebracht waren. Instruktionen, was genau wir unternehmen sollten, hatten wir keine bekommen. Eine Frau, die der Vorgängergruppe angehört hatte – jede Gruppe sollte drei Wochen vor Ort verbringen und ich gehörte erst zur zweiten überhaupt – hatte zur Einstimmung lediglich davon geschwärmt, welche Freude vor allem das Lächeln der Kinder einem Freiwilligen bereiten würde. Wie sie das allerdings bewerkstelligt hatte, behielt sie für sich, zumal sie sich, so wie wir, mit keinem einzigen Wort in der unbekannten Sprache artikulieren konnte. Informationen darüber, ob wir überhaupt zur Arbeit befugt oder von örtlichen Behörden dazu autorisiert worden waren, wurden ebenfalls unterschlagen.

Ohne Konzept, ohne Budget und ohne Sprachkenntnisse versuchten wir das Beste aus der Situation zu machen, indem wir im Wesentlichen die Betreuung der Kinder und Jugendlichen übernahmen, mit denen wir uns meist nur mit Händen und Füßen verständigen konnten. Wir spielten Mühle, manchmal Schach, Fußball oder Volleyball und oft genug wurden wir nachher von den Müttern zum Kaffee gebeten - die meisten ihrer Männer arbeiteten entweder im Ausland oder dienten im Kriegseinsatz in Bosnien. Trotz der recht hilflosen Kommunikation gewann ich sehr schnell das Vertrauen der Menschen, weshalb ich mich mehr und mehr mit dem Gedanken anfreunden konnte, nach meinem Studienabschluss in diesem Berufsfeld später tätig werden zu wollen. Allerdings dachte ich nicht an Sozialarbeit, sondern an den humanitären Bereich, ohne noch eine wirkliche Ahnung davon zu haben.

Erst als ich, ebenfalls als Freiwilliger, im Frühjahr 1995, an einem Koordinationstreffen von Hilfsorganisationen in Zenica/Bosnien und Herzegowina (BiH), teilgenommen hatte, bekam ich einen Hauch von Einblick in deren Arbeit. Darin ging es um die Abstimmung, wer wo welche Hilfe leistete, um sichere Transportrouten und nicht zuletzt um die Sicherheit der Helfer selbst. Ich war fasziniert von dem internationalen Umfeld und wohl noch mehr davon, in welch tollkühner Umgebung agiert wurde - immerhin war es Kriegsgebiet. Manche der durchweg sehr jungen Anwesenden sprachen in einer Manier, die mehr nach einem Veteranen klang, was mich merklich beeindruckte. Es fielen viele Namen von Städten und Flüssen, die ich allenfalls in Fernsehnachrichten gehört hatte. Hier ging es um die grausame Realität und wie man sie am besten meistert. Von da an stand mein Entschluss fest.

Gleichwohl entsprang meine Begeisterung für das Arbeitsgebiet sicherlich einer Art Alternativlosigkeit, weil ich keinerlei Plan hatte, was ich mit einem Magisterabschluss hinterher anfangen sollte und wollte. Insofern erwies sich die kleine Zeitungsanzeige geradezu als Glücksfall, da sie mir ein Berufsfeld eröffnete und ich zumindest froh war, nun zu wissen, welchen Weg ich nach dem Studium einschlagen wollte.

Voller Hoffnung hatte ich mehrere Initiativbewerbungen abgeschickt, die allesamt selbst nach Wochen unbeantwortet blieben. Dabei war ich davon überzeugt gewesen, dass ich mit meiner gesammelten Auslandserfahrung offene Türen einrennen würde. Erst nach und nach dämmerte es mir, dass ich wohl allzu naiv vorgegangen war. Eher nebenbei hatte eine ehemalige Freiwilligenkollegin, ebenfalls mit einem geisteswissenschaftlichen Abschluss, das einjährige Aufbaustudium ‚Master in Humanitarian Assistance' erwähnt, wofür sie sich bewerben würde, da sie sich damit größere Chancen für den Berufseinstieg ausrechnete. Ich tat es ihr gleich und erhielt einen der zwanzig begehrten Plätze.

Währenddessen hatte ich ein mehrwöchiges Praktikum bei einer deutschen NGO (dt. NRO: Nicht-Regierungs-Organisation) zunächst in deren Zentrale und dann in Sarajevo/(BiH) absolviert. Mittlerweile waren die Kriegshandlungen längst beendet. Vor Ort traf ich mich öfter mit einer anderen Kommilitonin, die ihr Praktikum bei UNHCR, dem Flüchtlingshilfswerk der Vereinten Nationen, absolvierte und dort komplett vom Tagesgeschäft aufgesogen wurde, wohingegen ich mich mit verwaltungstechnischen Vorgaben für Hilfsprojekte – im Wesentlichen verfasste ich Verwendungsnachweise – im Büro auseinandersetzen durfte. Trotzdem sah ich meine Tätigkeit selbstverständlich als das A und O der gesamten Arbeit an, schließlich müsse die ordnungsgemäße Verwendung der Gelder nachgewiesen werden, was meine Kollegin mit einem augenaufschlagenden, „wenn du meinst!", quittierte und mir entgegnete, dass die eigentliche „humanitäre Arbeit" sicherlich außerhalb von Büros zum Wohle der Menschen stattfinden würde, und das sei zweifellos die ihrige. Viele Jahre später wollte es der Zufall, dass wir beide im Kosovo arbeiteten, sie für die Vereinten Nationen (UN) und ich für eine NGO und über unsere damalige gegenseitige Wichtigtuerei überaus lächeln mussten.

Jedenfalls war ich im Anschluss an das Praktikum davon überzeugt, beruflich auf dem richtigen Weg zu sein. Keine drei Wochen nach Abschluss des Aufbaustudiums, im Sommer 1999, begann meine berufliche Karriere als Projektkoordinator. Ein Jahr später bekam ich die Chance, nach Serbien zu gehen, um für dieselbe Organisation ein Projektbüro als dessen Leiter zu eröffnen, womit meine Auslandstätigkeit ihren Anfang nahm.

Schon nach wenigen Wochen im neuen Job in der Zentrale schien ich einen Masterplan für den beruflichen Werdegang in der humanitären Hilfe gefunden zu haben. Ich wollte irgendwann derjenige werden, der von Hilfsorganisationen unmittelbar nach einer Katastrophe in das betroffene Gebiet entsendet wird, um den Bedarf sowie notwendige Hilfsmaßnahmen zu eruieren und sah mich schon als selbstständigen Experten genau in dieser spannenden und sicherlich abenteuerlichen Rolle, der sich vor lauter Anfragen gar nicht retten kann.

Angefacht hatte dieses Feuer in mir das schreckliche Erdbeben 1999 in der Türkei, das sich kurz nach meinem Berufsstart ereignet hatte, mein Bürokollege sofort dorthin geschickt worden war und ich plötzlich zum verantwortlichen Koordinator für alle dort zu erwartenden Hilfsmaßnahmen ernannt wurde.

Winterfeste Zelte waren bereits auf dem Weg, eine Suchhundestaffel seit Tagen vor Ort. In der Hauptsache war aber die Errichtung von Notunterkünften geplant, die aus dem Ausland hin geliefert und von den üppig eingehenden Spenden finanziert werden sollten. Die genauen Standorte sollte der Kollege vor Ort mit den Behörden bestimmen, um damit den Grundstein für Projekte zu legen, die hinterher von anderen noch einzustellenden Spezialisten durchgeführt würden. Die Stellenausschreibungen liefen bereits parallel, während er mir die Inhalte der Gespräche mit Behörden, anderen Hilfsorganisationen, seine Pläne, seine Planänderungen mehrmals täglich telefonisch mitteilte. Spontanität, Improvisation, Durchsetzungsvermögen aber auch Frustresistenz sowie strategisches Vorgehen waren gefragt, was alles andere als einem geregelten Büroalltag entsprach. Und genau das wollte ich.

Viele Jahre später ging ich tatsächlich vorübergehend den Schritt in die Selbstständigkeit und schaffte mir alle notwendigen Utensilien für ein funktionierendes Büro, einschließlich eines kleinen Notebooks an, das robust genug für die vielen erhofften Reisen sein musste. Die eigens eingerichtete Internetseite würde sicherlich genug potenzielle Auftraggeber auf mich aufmerksam machen. Nunmehr lag mein Schwerpunkt allerdings auf Organisationsentwicklung, Projektmanagement und Evaluation von Hilfsprojekten, schließlich waren diese Bereiche nicht nur wesentlicher Bestandteil meiner Tätigkeit bis dahin gewesen, sondern vor allem der Aspekt Evaluation war mittlerweile auch zu einem obligatorischen Instrument im

Rahmen von Hilfsmaßnahmen geworden. Meine ursprüngliche Begeisterung als Erster in Krisengebiete zu fliegen, um für Hilfsorganisationen Bedarfe zu ermitteln und Vorbereitungen für die geplanten Projekte zu treffen, war vergleichsweise schnell verflogen; geradeso wie bei einem Kind, das noch am Heiligabend und vielleicht den ersten Tagen danach nur Augen für das neue Spielzeug hat, um es dann in die Kiste aller anderen auf Nimmer-Wiedersehen zu befördern.

Mein Faible hatte sich hin zum Projektmanagement und vor allem der Bewertung von Maßnahmen verschoben. Dafür hatte ich sogar eine entsprechende mehrmonatige Fortbildung auf eigene Kosten besucht und freute mich nachher auf viele Aufträge. Trotz großer Anstrengungen bei der Ausarbeitung zahlreicher Angebote gab ich jedoch mangels genügend ergatterter Verträge ernüchtert nach etwas mehr als einem Jahr auf.

Dieses erfolglose Intermezzo hatte mein ansonsten aus befristeten Verträgen bestehendes stetiges Angestelltenverhältnis unterbrochen, das mich zu insgesamt zwölf Einsätzen in sieben Länder führte (in sieben weitere als Freiwilliger und Selbstständiger), wo ich meistens die Führungsrolle innehatte. Kein einziger Arbeitgeber konnte mir eine langfristige Perspektive bieten, worauf ich zugebenermaßen auch nie insistiert hatte. Gegen Ende hieß es immer, dass sich in naher Zukunft gewiss wieder eine Gelegenheit bieten würde, was mir jedoch zu unsicher war, da ich zwischen Einsätzen oftmals keinen Anspruch auf Arbeitslosengeld hatte. Zwar wurde ich später von früheren Arbeitgebern oder anderen Hilfsorganisationen hin und wieder zu Einsatzmöglichkeiten kontaktiert, allerdings geschah es nur ein einziges Mal, dass ich von einem Einsatz, damals in Sri Lanka, übergangslos zu einer anderen Organisation nach Moldawien wechselte.

Karrieretechnisch hatte ich mir zu Beginn keinerlei Gedanken gemacht. Das Geld spielte ebenfalls keine Rolle. Zuerst stand für mich im Vordergrund, Berufserfahrung zu sammeln.

Und zwar bei möglichst vielen Organisationen und am besten in unterschiedlichen Kontexten. Dieser vermeintliche Denkfehler, nämlich über ein Sammelsurium an Kenntnissen zu verfügen, führte dazu, dass ich mich zu einem Allrounder entwickelte, der heutzutage, nach meiner Beobachtung, nicht mehr unbedingt gefragt zu sein scheint. Eigentlich hätte ich es besser wissen müssen: denn ein Professor für Geschichte ist ja auch kein Fachmann für alle Jahrhunderte oder Jahrtausende seines Faches, sondern allenfalls für ein ganz bestimmtes Thema in einer vermeintlich überschaubaren Periode. In der Praxis sammelte ich so immer mehr an Fähigkeiten, beendete meine Laufbahn aber in derselben Position, nämlich als Büroleiter, in der ich sie begonnen hatte. Ein wirklicher Karrieresprung sieht wohl anders aus.

Ein Star in der humanitären Szene bin ich nicht geworden. Wer konnte und kann das schon von sich behaupten? Vielmehr entwickelte ich mich zu einer Art Arbeitsbiene, die die Aufgaben, die anfielen, so gut wie möglich erledigte, und was mir alle Arbeitgeber stets als herausragend bescheinigt hatten. Immerhin, je länger ich im Ausland tätig war, desto mehr schlüpfte ich in die Rolle desjenigen, der jüngere Kolleginnen und Kollegen an die Hand nahm, um mein Wissen und Können weiterzugeben, genauso wie es lokale Mitarbeiter anfangs mit mir getan hatten.

Zudem hatte ich mich zu einer Führungskraft entwickelt, die konstant den Mut hatte, Entscheidungen zu treffen und dafür im Zweifelsfall auch geradestand. Wie oft habe ich andere erlebt, die dazu nicht in der Lage waren, bevor sie sich nicht dreimal abgesichert hatten und selbst dann noch einen hohen Grad an Zögerlichkeit an den Tag legten, der mit Ergebnisorientierung nichts mehr zu tun hatte. Vielmehr schien es darum zu gehen – das kennt man ja in allen Berufssparten – sich selbst keinesfalls angreifbar zu machen: Regeln müssen eingehalten werden, wofür möglichst andere die Verantwortung für mein

Handeln übernehmen sollen. Eine denkbar schlechte Voraussetzung für eine Führungskraft. Führen heißt nun mal entscheiden und das erwarteten meine Mitarbeiter von mir, wie auch meine Vorgesetzten.

Dafür sind allerdings zwei Gesichtspunkte von ausschlaggebender Bedeutung: Team- sowie Kommunikationsfähigkeit. Beides ist unabdinglich, um im Ausland erfolgreich Hilfsprojekte durchführen zu können, schon allein mangels der lokalen Sprachkenntnisse. Für mich bedeutete das, ständig mit meinen Mitarbeitern zu sprechen, ihnen keine Informationen vorzuenthalten und sie vor allem auf für mich mutmaßlich kulturell unsicherem Terrain, um Rat zu fragen.

Eigentlich war es mir immer gelungen, selbst nach kurzer Zeit in einem neuen Team nicht nur als ‚Leitwolf' akzeptiert zu werden, sondern vor allem einen guten Spirit geschaffen zu haben. Deshalb war ich überzeugt davon, dass besonders Letzteres eine meiner größten Stärken gewesen ist.

Unterschwellig gab es immer den Gegensatz zwischen Zentrale und Feld und obwohl ich, qua meiner Position, die Schnittstelle inmitten beider war, galt meine Loyalität zuerst meinem Team, was nicht selten zu Konflikten mit der Zentrale führte. Allerdings waren es nie schwerwiegende. Trotzdem, so nahm ich zumindest an, sahen meine Kollegen vor Ort in mir einen der ihrigen und nicht den bloßen Repräsentanten derjenigen in den weit entfernten Büros. Obwohl die Arbeit im Feld ebenfalls nicht konfliktfrei war, gelang es mir aber diese stets zu lösen und so bescheinigte ich mir selbst die besten Noten, was interkulturelle Kompetenz, noch mehr aber Führungsstärke betraf. Mit einer Ausnahme allerdings: im Hinblick auf das Team scheiterte ich im Kosovo bei meinem zweiten Einsatz krachend nach zweieinhalb Jahren und kündigte völlig entnervt zum ersten Mal selbst. Davon wird in Teil II ausführlich die Rede sein.

Wenn sich auch das Management von Hilfsprojekten während meiner gesamten Tätigkeit nicht grundlegend änderte, so gab es doch zumindest eine wesentliche Neuerung in der Art der Hilfe, die mir persönlich begegnete. Dabei handelte es sich um die Einführung von Bezahlkarten anstatt der Verteilung von Nahrungs- oder Hygienemitteln. Obgleich ich nie verantwortlich für die Durchführung einer solchen Maßnahme war, hatte ich als selbstständiger Berater einmal ein derartiges Projekt evaluiert. Das wichtigste Ergebnis war, dass damit den Empfängern ein Stück weit ihre Würde zurückgegeben wurde, indem sie ihren täglichen Bedarf selbst bestimmen konnten und dieser nicht in Form von Hilfspaketen von anderen entschieden wurde. Das hatten ausnahmslos alle von mir Befragten betont und bestätigt.

Diesem sicherlich in diesem Fall erzielten positiven Effekt steht die Frage nach der Sinnhaftigkeit und geplanten Wirkung anderer Hilfsmaßnahmen gegenüber. Wenn zum Beispiel Projekte realisiert wurden, die scheinbar aus einem (fiktiven) ‚Handbuch für humanitäre Maßnahmen' stammten, wie ich eines in Montenegro von einer anderen Hilfsorganisation kennenlernen durfte. Dort wurde Frauen, die in Flüchtlingsunterkünften wohnten, jeweils eine Handvoll Hühner gegeben, damit sie ein eigenes Einkommen generieren könnten. Für die Haltung der Tiere mussten selbstverständlich bestimmte Standards, wie zum Beispiel eine bestimmte Bodenfläche pro Huhn, eingehalten werden, obwohl die Frauen keinen eigenen Grund und Boden besaßen. Wie man mit ein paar Eiern seinen Lebensunterhalt bestreiten konnte, erschloss sich mir nie. Trotzdem schlug dieses Projekt mehrere Fliegen mit einer Klappe: Die Zielgruppe ‚Frauen' erfüllte das Kriterium ‚Gender'; Tierschutz mittels der Erfüllung der Standards wurde eingehalten; Einkommensschaffung trug zur Unabhängigkeit der Klientin bei und der Verkauf von Eiern förderte Unternehmergeist. So zumindest die Theorie. In der Praxis hielt ich das

Projekt persönlich für kompletten Humbug und wunderte mich, dass eine solche Maßnahme überhaupt gefördert worden war. Es war aber keineswegs das einzige Mal, dass ich die Sinnhaftigkeit von Vorhaben – auch solcher, die ich selbst zu verantworten hatte – infrage stellte.

Die Empfänger der Hilfe taten dies so gut wie nie, warum auch, da sie jede Hilfe dankbar annahmen. In den ersten Einsätzen, als ich meistens einem kleinen Team vorstand, hatte ich sehr viel Kontakt mit ihnen und erfuhr deren Reaktionen unmittelbar und unverblümt. Später reduzierten sich diese Kontakte merklich, da ich meistens im Büro oder in Meetings saß und nur sporadisch meine Mitarbeiter bei Außenterminen begleitete. Unsere ‚Beneficiaries' (Hilfsempfänger) in Syrien bekam ich dagegen nie zu Gesicht, da alle Maßnahmen ausnahmslos von Vertragspartnern implementiert wurden.

Allen gemeinsam war allerdings die Tatsache, dass wir, egal wo ich arbeitete, so gut wie nie die Menschen nach ihren ganz eigenen Bedürfnissen fragten. Vielmehr hatten wir stets Projekte entwickelt, von denen wir dachten, dass sie sinnvoll für die direkt Betroffenen seien. Was sie wohl persönlich darüber dachten? Selbst wenn deren Meinung im Rahmen von Projektevaluationen gefragt war, konnte ich davon ausgehen, dass sie mir das mitteilten, was ich hören wollte – und zwar nur Positives gepaart mit einem gehörigen Schuss Dankbarkeit. Denn die meisten werden gedacht haben, dass negative Aussagen womöglich dazu führen konnten, dass sie künftig keine Unterstützung mehr bekommen würden. Gleiches traf sicherlich auch auf institutionelle Partner vor Ort zu. Immerhin waren wir es, die das Geld mitbrachten und ich habe es nur ein einziges Mal erlebt – und zwar in Serbien (siehe Teil II) – dass eine von uns vorgeschlagene und dann vom Geldgeber bewilligte Maßnahme von lokalen Behörden oder anderen Einrichtungen abgelehnt wurde. Ansonsten wurden sogar Projekte akzeptiert, auch wenn wir eine finanzielle Beteiligung von ihnen verlangten. Dahinter stand stets die Absicht, dass nach dem Weggang der Hilfsorganisation, die Maßnahme von dem entsprechenden Partner im Sinne der Nachhaltigkeit weitergeführt werden sollte. Wie genau wir diesen mittlerweile inflationär gebrauchten Begriff verstanden, davon wird ebenfalls in Teil II die Rede sein.

Ausschlaggebend für die Arbeit war immer der jeweilige Kontext, also die Gesamtsituation vor Ort, in der ich als Vertreter einer Hilfsorganisation agierte. Nach ihm richteten sich die von Geldgebern, meistens Regierungen, zur Verfügung gestellten Finanztöpfe. Für Deutschland heißt das zum Beispiel, für humanitäre Hilfe (Nothilfe) ist das Auswärtige Amt (AA) zuständig und für Entwicklungszusammenarbeit das Bundesministerium für wirtschaftliche Zusammenarbeit und Entwicklung (BMZ). Das bedeutet, dass sich die zu unterstützenden Zielgruppen sowie geplanten Maßnahmen je nach Geldgeber unterschieden. Gewöhnlich werden in der Nothilfe die „most vulnerable" (am gefährdetsten) Menschen unterstützt, während in allen anderen Situationen jenen Menschen Hilfe zugutekommt, bei denen es nicht mehr ums Überleben, sondern um eine Perspektive für sie geht.

Meine eigene hatte ich dagegen so gut wie ausgeblendet, obwohl für mich von Anfang an festzustehen schien, dass ich mein Berufsleben nicht ausschließlich im Ausland verbringen mochte. Deshalb hatte ich gelegentlich mit einem Auge auf den hiesigen Arbeitsmarkt geschielt und die eine oder andere Bewerbung abgeschickt. Diejenigen in anderen Branchen erwiesen sich als enttäuschende Misserfolge, da ich zu keinem einzigen Gespräch eingeladen worden war; wenig vielversprechender waren jene bei hierzulande ansässigen Hilfsorganisationen, die wohl eher aus der Not geboren waren. Letztlich wäre damit ein Umzug vonnöten gewesen, weshalb ich gleich im Ausland bleiben konnte. Dort war wenigstens das Gehalt höher und die Lebenshaltungskosten niedriger. Dass ich dann doch einen Schlussstrich gezogen habe, lag in erster Linie an der permanenten Trennung von meiner Frau sowie den damit verbundenen Überdruss, ein Leben in zwei so unterschiedlichen Welten führen zu müssen.

Wenige Monate nach dem in meinen Augen katastrophalen Abschied aus Georgien, fand ich tatsächlich eine Anstellung unweit meines Wohnortes daheim, womit sich der Kreis in mehrfacher Hinsicht für mich, wenn auch unbeabsichtigt, schloss.

Hatte ich noch vor meinem Einstieg nicht an Sozialarbeit gedacht, so bin ich heute genau darin tätig. Dieser Sprung ins kalte Wasser, da es für mich eine völlig neue und andersartige Beschäftigung ist, entspricht jenem, als ich bei meinem ersten Auslandseinsatz von heute auf morgen zur Führungskraft wurde. Schließlich war ich unmittelbar nach dem Ende meiner Auslandstätigkeit zunächst ähnlich ziellos wie zu Beginn. Zwar habe ich nach wie vor keinen langfristigen Plan, dafür weiß ich jetzt, wo mein Platz ist.

2 Der Kontext - gebietsweise stürmisch

Meine unmittelbare berufliche Umgebung im Ausland war vom jeweiligen Kontext geprägt und führte mich von Ländern des ehemaligen Jugoslawiens, über den Nordkaukasus, nach Sri Lanka, zunächst zurück nach Osteuropa und den Balkan, anschließend in die Türkei und endete im Südkaukasus – insgesamt waren es vierzehn Länder. Dieser durchaus zickzack verlaufende Weg auf einer Karte könnte auch so beschrieben werden: von einer (ehemaligen) Konfliktregion, die von diesem noch immer geprägt war und auch heute noch ist, in einen laufenden Konflikt, hin zu einem von einer Naturkatastrophe und einer langandauernden ethnischen Auseinandersetzung gebeutelten Land, zurück ins Armenhaus Europas, von dort an die Peripherie eines Kriegsgebietes bis am Ende erneut in eine Region, die von vergangenen und einem laufenden Konflikt sowie Elend betroffen war. Selbst wenn sich die Katastrophen in dem einen oder anderen Land zu ähneln schienen, so war der Kontext doch überall ein völlig anderer.

Neben der Art der Katastrophe – eine Naturkatastrophe oder ein bewaffneter Konflikt – hing die Situation zuallererst davon ab, in welcher Phase derselben eine Hilfsorganisation tätig wird. Als ausländischer ‚Ersthelfer‘ unmittelbar nach einer Katastrophe war ich nie im Einsatz – ausnahmslos sind die Ersthelfer ohnehin immer Menschen vor Ort, und keineswegs die ausländischen, wie mancher meinen mag. Ich kam immer erst dann, wenn sich die Lage merklich beruhigt hatte.

Trotzdem machte es einen Unterschied, ob zum Beispiel, wie in der Türkei 1999 nach dem Erdbeben die Schäden noch nicht vollständig beseitigt waren, als die Erde noch vielfach nachbebte, oder, wie in Inguschetien und Tschetschenien, nach wie vor Kampfhandlungen stattfanden; in weit geringerem Maß zwar in Sri Lanka, trotzdem gab es auch dort fast täglich interethnische Auseinandersetzungen, und ein Jahr nach dem Tsunami von 2004 waren immer noch dessen Spuren zu sehen, auf den Wiederaufbau hatten die Konflikte jedoch keine schwerwiegenden Auswirkungen. Im Vergleich dazu war die Situation in allen anderen Ländern, die ich vorgefunden hatte, einigermaßen ruhig, wenn auch fragil.

Genau genommen war der Kontext dafür verantwortlich. Anders als die vorgefundene Situation ist der Begriff nämlich weiter gefasst, indem er unter anderem besonders die jeweilige Historie miteinschließt, deren Auswirkungen zum Beispiel im Fall eines bereits beendeten bewaffneten Konfliktes nicht nur auf die gegenwärtige Lage einen Effekt haben, sondern diese auch hintergründig bestimmen (können).

Dementsprechend spielte die Sicherheitslage überall im Hinblick auf die Arbeit und die Freizeit eine herausragende Rolle. Zum ersten Mal erfuhr ich das im Nordkaukasus am eigenen Leib. Denn dort gab es nicht nur ein striktes Regime, was die Bewegungsfreiheit betraf, sondern von Amts wegen war ausländischen Helfern auch vorgeschrieben, außerhalb des Büros oder der Unterkunft stets bewaffneten Begleitschutz dabei zu haben. In Sri Lanka und später in der Türkei musste ich mich dagegen an die organisationseigenen Vorschriften halten, die uns einerseits stets untersagten, das Wochenende am Meer verbringen zu können, und andererseits, wo ich morgens zur und abends von der Arbeit nachhause gebracht wurde. Obwohl wir selbst in beiden Ländern jene Bestimmungen für völlig überzogen hielten, ging es grundsätzlich aber um die eigene Sensibilisierung, die in jeder Organisation mit dem Satz untermauert wurde, man solle nicht zur falschen Zeit am falschen Ort sein. Dass derartige Regeln ihre Berechtigung haben, belegten der Terrorangriff mutmaßlicher Rebellen in Inguschetien im Jahr 2004, den ich hautnah erlebte, ein Selbstmordattentat im Mai 2016 in Gaziantep, dessen Detonation ich von meinem Balkon aus hörte sowie der dortige Putsch wenige

Wochen später, dem ich am Flughafen in Istanbul wohl gerade noch entkommen war. Davon hatte ich erst einige Stunden später im Zug daheim aus dem Internet erfahren.

Um gegen solche Ereignisse gewappnet zu sein, entwirft normalerweise jede Hilfsorganisation einen eigenen Sicherheitsplan, der je nach Bedrohungslage stufenweise Handlungsanweisungen gibt, die bis zur Evakuierung reichen. In Abstimmung mit unserer Zentrale hatten wir uns damals in Inguschetien dazu entschieden, das Land Hals über Kopf zu verlassen. Anstatt anhand einer Checkliste die dafür notwendigen Maßnahmen zu ergreifen, rannten mein deutscher Kollege, unser lokaler Koordinator und ich wie ein aufgescheuchter Hühnerhaufen im Büro hin und her und fragten uns ständig gegenseitig, was noch zu erledigen sei, denn wir hatten im wahrsten Sinn des Wortes keinen Plan. Immerhin nahm unser Arbeitgeber das hinterher zum Anlass, einen solchen für alle Auslandsbüros zu erstellen.

Heutzutage verfügt wohl jede Organisation darüber und wenn sie in einem Konfliktgebiet tätig werden will, wird er mitunter vom Geldgeber sogar vorausgesetzt, oft verbunden mit einem obligatorischen Sicherheitstraining. In der Türkei wurden solche Übungen regelmäßig vom Sicherheitsbeauftragten unserer Organisation durchgeführt. Dabei lag das Hauptaugenmerk darauf, dass jeder Mitarbeiter den Plan kennt und weiß, wie er sich situationsbedingt zu verhalten hat. Abgesehen davon, hatte ich zweimal an einem professionellen Training in Zusammenarbeit mit der Bundeswehr teilgenommen, die, in meinen Augen, kaum unterschiedlicher hätten sein können. Das erste bot zwar verschiedene inszenierte Bedrohungslagen, allerdings wurden diese hinterher nie analysiert. Beim zweiten wurde das Verhalten der Teilnehmer nicht nur jeweils anschließend ausführlich besprochen, sondern auch eine Entführungssituation durchgespielt, die uns als Gekidnappte nicht nur die körperlichen Grenzen aufzeigte, sondern auch dermaßen realitätsnah ablief, dass wir am Ende alle froh waren, weil es sich nur um eine Übung gehandelt hatte.

Zum Kontext gehörten auch Traditionen, Kulturen und Mentalitäten. Ohne darauf einzeln einzugehen, meine ich damit prinzipiell die Verhaltensweisen der Einheimischen in der dem Ausländer fremden Umgebung. Als Deutschen ist mir fast überall sofort aufgefallen, dass Pünktlichkeit und Zuverlässigkeit anderswo ganz unterschiedlich ausgelegt wurden. Ähnlich war es mit der Einstellung zur Korruption. Obwohl sich vor allem in Osteuropa die einheimische Bevölkerung immer darüber bitter beschwerte, schien sie trotzdem als Teil des Alltags akzeptiert zu sein; in Balkanländern wurde sie oft euphemistisch als ‚zusätzliche Verwaltungsabgabe' bezeichnet. Im Nordkaukasus erklärte mir mein lokaler Kollege gar, die Bewohner würden uns Ausländer hassen, da wir ein „korruptes Pack" seien, das sich erst selbst das größte Stück vom Kuchen gesichert hätte, damit wir überhaupt bereit wären, dort zu arbeiten. Freilich lagen diese völlig aus der Luft gegriffenen Anschuldigungen daran, dass, wenn überhaupt, nur die wenigsten Normalbürger Kontakt zu uns Ausländern hatten. Angesichts der Sicherheitsregularien waren wir dazu auch gar nicht in der Lage, weshalb wir uns fast ausschließlich in einer Art ‚Expat-Blase' bewegten, das heißt unter uns blieben. Wie anderswo auch waren daher die lokalen Mitarbeiter diejenigen, die den unwissenden Ausländer am ehesten auf lokale Eigenheiten und dergleichen aufmerksam machten.

Anfangs in Serbien nutzte ich noch jedes Wochenende zu Ausflügen, um Land und Leute kennenzulernen, unmittelbar darauf, in Montenegro reduzierten sich derartige Trips merklich und später nutzte ich die freien Tage (leider) nur noch zur eigenen Entspannung zu Hause auf dem Sofa. Insofern muss ich heute feststellen, dass ich zwar in vielen Ländern herumgekommen bin, aber irgendwie auch nicht.

Für die Arbeit im jeweiligen Kontext spielt auch die Akteurslandschaft eine Rolle, denn eine Hilfsorganisation agiert niemals allein vor Ort. Deren Zahl, wie in BiH oder Sri Lanka kann mitunter in die Hunderte gehen. Zur ‚internationalen Helfergemeinschaft‘ kommen noch die Geber hinzu, die für das Fortbestehen einzelner Projektbüros sehr wichtig sind, um hoffentlich nachher Folgeprojekte zu bekommen.

Wie ich selbst hie und da beobachten konnte, kosteten einige Repräsentanten diese Position genüsslich aus, vor allem wenn man einen ersten Projektantrag mit ihnen besprechen wollte, indem man erst gar keinen Termin bekam, sondern manchmal geradezu arrogant abgewimmelt wurde. Zugegeben, angesichts der zum Teil hohen Zahl an vor Ort agierenden Hilfsorganisationen und deren ‚Run‘ auf die Geber ist es ein Stück weit nachvollziehbar, darüber hinaus ein Indiz für den Wettbewerb, dem Hilfsorganisationen ausgesetzt sind. Zu den Akteuren zählen schließlich neben den lokalen NGOs noch die Ämter, Behörden oder Ministerien, die je nach Kontext und Projekt hinzugezogen werden müssen.

All dies spielt sich vor dem Hintergrund der wirtschaftlichen und besonders politischen Situation vor Ort ab; letztere ein nicht unwichtiger Aspekt für den Gesamtzusammenhang des Kontextes, der allerdings erstaunlicherweise in meinem unmittelbaren Tagesgeschäft so gut wie keine Rolle spielte. Allenfalls spürten wir zum Beispiel einen Politikwechsel, indem Kontaktpersonen in Behörden oder Institutionen wegen des falschen Parteibuches ausgetauscht worden waren. Ansonsten fehlte mir schlichtweg die Zeit und besonders die Sprachkenntnisse, um die Tagespolitik im Einsatzland verfolgen zu können. Gewöhnlich dienten meine Mitarbeiter als Informationsquelle oder, wie in einigen Einsätzen, eine entweder von der deutschen Botschaft oder vom Roten Kreuz täglich per E-Mail versendete Übersicht verschiedener Zeitungsartikel, die für unsere Arbeit relevant sein konnten.

Dort, wo ich in einem bereits bestehenden Projektbüro arbeiten sollte, hatte ich meistens im Rahmen der Vorbereitung vorher in der Zentrale wichtige Informationen zum Kontext oder diverses Lesematerial darüber erhalten. Am hilfreichsten waren jedoch konkrete Kontaktpersonen, auch von anderen Hilfsorganisationen, an die ich mich vor Ort wenden konnte oder sollte. Den besten Überblick gewann ich aber in denjenigen Büros, wo mein Vorgänger den Amtsstab im Rahmen der Übergabe an mich persönlich weiterreichte. Dabei erfuhr ich nicht nur den Stand der Projekte aus erster Hand, sondern erhielt auch gezielte Informationen über meine künftigen Kollegen.

Dreimal war ich von Hilfsorganisationen beauftragt worden, um ein Projektbüro zu eröffnen: im Jahr 2000 in Serbien, 2007 im Kosovo und 2013 in der Türkei. Im ersten Fall wurde mir im Hinblick auf den Kontext lediglich mitgegeben, ich solle als Deutscher vorsichtig sein, da im Jahr zuvor die Bundeswehr an NATO-Lufteinsätzen beteiligt gewesen sei, und ich deshalb damit rechnen müsse, vor Ort als Feind empfangen zu werden. In der Realität war es dann genau andersherum, indem ich nahezu von allen aufgrund meiner Nationalität geradezu bewundert wurde – selbst im serbischen Außenministerium bei meinem obligatorischen Antrittsbesuch.

Einige Jahre später, im Kosovo, hatte ich zwar eine ungefähre Vorstellung vom Kontext, der sich im Wesentlichen um den schwelenden Konflikt zwischen Kosovaren auf der einen und Serben auf der anderen Seite drehte. Alle weiteren Informationen musste ich allerdings erst Schritt für Schritt sammeln, zumal meine Hauptaufgabe darin bestand, die Strategie für die künftige Arbeit zu konkretisieren.

Ganz anders war die Situation 2013 in der Türkei, wo ich für eine deutsche NGO die Arbeit in Antakya, im Südosten, anschieben sollte. Wie anderswo auch waren bei meinem Eintreffen bereits viele Organisationen vor Ort und führten von dort aus Hilfsmaßnahmen und Lieferungen nach Syrien durch. Darüber hinaus hatte sich bereits eine Koordinationsstruktur in Form des ‚NGO Forums‘ gebildet, das wöchentliche Meetings abhielt und wofür eine Mitgliedschaft notwendig war. Dessen Ziel war es, die gesamten Hilfsmaßnahmen abzustimmen, um möglichst Doppelungen zu vermeiden und vor allem auf mögliche Bedarfslücken in unterschiedlichen Bereichen hinzuweisen sowie nicht zuletzt für alle relevante Sicherheitshinweise zu geben.

Alles hatte einen offiziellen Anschein, wie ich es aus Einsätzen zuvor kannte. Stutzig machte mich lediglich die Tatsache, dass nicht, wie sonst üblich, Geländefahrzeuge mit dem Logo der jeweiligen Hilfsorganisation sichtbar in den Straßen waren. Außerdem, wie ebenfalls üblich, sah man nirgends ein Schild einer Hilfsorganisation an Gebäuden, wo deren Büro sich befand. Das lag daran, dass keine einzige offiziell registriert war. Im Grunde genommen bewegten sich alle illegal vor Ort, was von den Behörden jedoch offensichtlich geduldet wurde.

Das hatte zur Folge, dass es sich bei den Fahrzeugen ausnahmslos um weiße Mietwagen ohne Organisationsemblem handelte und es wurde tunlichst vermieden, die Büros zu kennzeichnen, gleichsam eine eigens auferlegte Unsichtbarkeit als Selbstschutz. Obendrein konnten keine Bankkonten auf den Namen der Organisation eröffnet sowie keine Verträge mit Lieferanten unterschrieben, geschweige denn lokales Personal ordnungsgemäß unter Vertrag genommen werden. Dazu war man mangels der offiziellen Registrierung nicht befugt. Eigentlich. Wir hatten es dennoch getan. Das Bankkonto eröffnete der Direktor der Organisation auf seinen Namen als Privatperson und für unser lokales Personal verwendeten wir organisationseigene Beraterverträge. Inwieweit unser Handeln rechtlich gültig war, hinterfragten wir erst gar nicht. Trotzdem waren alle auf der Hut, um nicht unnötig aufzufallen. Im etwa vierzig Kilometer entfernten Reyhanli, direkt an der syrischen

Grenze, gab es eine französische Hilfsorganisation, die es noch nicht einmal gewagt hatte, einen Übersetzer einzustellen, aus Angst, man würde dadurch „entdeckt" werden.

Die Situation war einigermaßen absurd, weil viele Organisationen über eine funktionierende Struktur verfügten und ihre Projekte in Syrien durchführten, obwohl sie das eigentlich nicht durften. Noch absurder war der Grenzübertritt nach Syrien nahe Reyhanli. Da sich die Regelungen am offiziellen Grenzübergang Bab-Al-Hawa fast täglich änderten – einmal durften nur Türken und Syrer, manchmal auch andere Ausländer die Grenze passieren; am nächsten Tag nur Syrer; dann wieder nur Türken bis zu dem Tag, als es nur noch Syrern erlaubt wurde. Deshalb nutzten die Hilfsorganisationen den Zutritt über ein Flüchtlingslager auf syrischer Seite, dessen Zaun die Staatsgrenze bildete. Um dort durchzukommen, benötigte man einen Ausweis einer syrischen Organisation, welcher den Inhaber als medizinisches Fachpersonal auswies. Da wir beabsichtigten, in Aleppo, im Norden Syriens, ein Projektbüro zu eröffnen, mussten zwei meiner Mitarbeiter vorab dorthin. Andere Hilfsorganisationen hatten uns den Kontakt einer lokalen auf medizinische Hilfe spezialisierten Organisation gegeben, wo wir unser Anliegen vorbrachten und mit der wir ohnehin ein Projekt, ein Fahrzeug als mobile Klinik für Syrien, realisieren wollten. Daraufhin erhielten meine Kollegen problemlos eine ID-Karte. Einer wurde zum Physiotherapeuten und der andere zum Gynäkologen, was ich persönlich durchaus kritisch sah, daran denkend, falls beim Durchqueren des Flüchtlingslagers ein plötzlicher Notfall auftreten würde. Obgleich ich nicht die Absicht hatte, nach Syrien zu fahren, wurde auch mir gleich ein Ausweis ausgestellt – man wisse ja nie – der mich zum Mikrobiologen stempelte.

Zunächst mussten sich meine beiden Kollegen in einer Baracke außerhalb von Reyhanli anmelden. Sie stand verlassen auf einem Parkplatz und machte den Anschein, als sei sie nur ein

Provisorium. Der dortige türkische Grenzbeamte diktierte ihnen, einem Deutschen und einem Neuseeländer, nun die Namen ihrer Eltern, die muslimisch (!) sein mussten. Die des Deutschen hießen plötzlich Ali und Aisha! Danach fuhr ich beide bis zu einer Schranke unweit des Lagers, wo wir auf denselben türkischen Beamten warteten. Sobald er eingetroffen war, winkte er sie an den Grenzzaun, der von Soldaten bewacht wurde. Vor diesen fragte er die beiden förmlich jeweils nach den Namen der Eltern. Wurden diese korrekt genannt, durften sie passieren. Ob die danebenstehenden Soldaten wussten, dass es sich dabei um ‚Theater‘ oder der Grenzbeamte eigenmächtig handelte, erfuhr ich nie. In dieser Situation Fragen zu stellen, war nicht angebracht; besser: gute Miene zu dem wahrlich skurrilen Schauspiel.

Obwohl die Registrierung für jede Hilfsorganisation höchste Priorität hatte – unser Geber, das AA, hatte dies ebenfalls gefordert – verfügten selbst die örtlichen Behörden in der Türkei über keinerlei Informationen, wie das offizielle Verfahren vonstattenzugehen hätte. Es wurde sogar gemunkelt, dass die letztmalige Registrierung einer ausländischen Organisation in den 1960er Jahren geschehen wäre! Deshalb sei es empfehlenswert, sich dafür einen Rechtsanwalt zu nehmen, was selbstverständlich mit enormen Kosten verbunden war.

In unserem Fall riet uns dieser, unsere Organisation sollte, wenn sie zuvor in kurdischen Gebieten tätig gewesen sein sollte, zunächst einmal alle diesbezüglichen Informationen von der Internetseite löschen. Ansonsten würde mit Sicherheit keine Erlaubnis der türkischen Behörden erfolgen. Die kam im Übrigen nie, da mein Arbeitgeber, anders als wir vor Ort, und trotz der Forderung des AA, bis zum Ende meines Einsatzes offenbar keinerlei Anstrengungen unternahm. Wie die Organisation es schaffte, nachher dennoch jahrelang unbehelligt zu arbeiten, blieb mir ein Rätsel.

Zweimal habe ich im selben Kontext gearbeitet. Drei Jahre nachdem ich das Büro im Kosovo eröffnet hatte – mein damaliger Einsatz dauerte lediglich fünf Monate – kehrte ich Anfang 2010 dorthin zurück, da die damalige Büro- und Projektleiterin gekündigt hatte. Obwohl sich das Land in der Zwischenzeit, im Jahr 2008, unabhängig von Serbien erklärt hatte und von vielen Staaten anerkannt wurde – von vielen aber auch nicht – habe ich keine wesentlichen Veränderungen im Hinblick auf den Kontext vorgefunden. Nach wie vor bestand der unterschwellige Konflikt zwischen Kosovaren und der serbischen Bevölkerung, nur hatte sich die Zahl der zur NATO-Mission gehörenden Streitkräfte merklich vermindert. Gleiches galt für die internationale Helfergemeinschaft. War diese bereits 2007 recht überschaubar gewesen, so fand ich 2010 nur noch ganz wenige internationale Hilfsorganisationen vor. Im Hinblick auf die Durchführung unserer Projekte schien sich bei den Mitarbeitern – einige hatte ich Jahre zuvor selbst eingestellt – eine Routine eingespielt zu haben, die darauf schließen ließ, dass insgesamt ein reibungsloser Ablauf gewährleistet war.

Im Sommer 2015 trat ich eine neue Stelle in Gaziantep, im Südosten der Türkei, an. In Syrien hatten sich mittlerweile die Kriegshandlungen ausgeweitet und die Bedrohungslage im nördlichen Nachbarland schien sich mit dem Aufkommen des Islamischen Staates (IS) massiv erhöht zu haben. Das Zentrum der internationalen Hilfsmaßnahmen für Syrien hatte sich von Antakya nach Gaziantep verlagert und die Akteurslandschaft, neben zuvor zwei syrischen sowie ausschließlich internationalen Hilfsorganisationen, war zwischenzeitlich auf weitere Geber, vor allem aber zahlreiche syrische NGOs angewachsen, die wie Pilze aus dem Boden geschossen waren. Der Grund dafür war die Tatsache, dass fast keine ausländische Organisation mehr selbst in Syrien aktiv war, sondern ihre Maßnahmen von in Gaziantep ansässigen syrischen NGOs durchführen ließ. Bei uns nannte man das ‚Fernsteuerung‘, was im eigentlichen Sinne nicht zutraf. Denn nicht mehr wir steuerten die Maßnahmen, sondern eben der jeweilige unter Vertrag genommene Projektpartner.

Anders als vielleicht erwartet, hatte das Leben in allen meinen Einsatzländern auf den ersten Blick den Anschein von einem Alltag, wie ich ihn auch zu Hause in Deutschland erlebe. Die Menschen gingen ihren Besorgungen nach, Geschäfte und Läden präsentierten ihre Waren, Autos schlängelten sich durch die Straßen und Restaurants und Cafés waren oft auch sehr gut besucht. Selbst aus der Zeit des Krieges in Bosnien und Herzegowina sind mir diese Bilder in Erinnerung.

Allenfalls nach dem Erdbeben in Düzce, im Nordwesten der Türkei 1999, und später in Grosny, der Hauptstadt Tschetscheniens, zeugten die überall sichtbaren Zerstörungen davon, dass kein normaler Alltag vorherrschte. Trotzdem gab es auch dort ein reges Treiben in den Straßen, sodass ich fast den Eindruck hatte, dass es sich bei der unmittelbaren Umgebung lediglich um Kulissen handelte.

Dass hinter dieser Wirklichkeit noch eine andere lag, dürfte anhand der Schilderungen oben klar geworden sein – insbesondere die Realität jener Menschen, die direkt von einer Katastrophe betroffen waren. Manchmal waren sie in Lagern untergebracht, manchmal hausten sie in Behelfsbaracken oder aber, wie in der Türkei 2013, zu Dutzenden zusammengepfercht in einem Bauernhof, dessen Besitzer ihnen freimütig Obdach gewährte. Mehr als seine Gastfreundschaft konnte er ihnen nicht bieten – und das war schon sehr viel. Dass diese durch immer mehr Opfer einer Katastrophe mitunter überstrapaziert wird und zu Konflikten führen kann, kennen wir selbst in Deutschland.

Nicht immer verliefen meine Auslandseinsätze so dramatisch wie etwa in Inguschetien oder herrschte ein strenges Sicherheitsregime. Trotz der fast überall herrschenden fragilen Lage gestaltete sich die tägliche Arbeit vergleichsweise ruhig, wie sie auch hierzulande hätte verlaufen können, abgesehen von den regelmäßigen Stromausfällen vor allem in Montenegro, Serbien und Kosovo. Zwar gab es hie und da Ausgangssperren oder Landstriche, in die man nicht reisen durfte, allerdings war meine Bewegungsfreiheit, anders als im Nordkaukasus, an meinem Standort nirgends eingeschränkt. Selbst in Gaziantep lief ich ohne ein Gefühl der Unsicherheit herum und ging meinen Besorgungen nach.

Die Frage, wie ich mich in all den unterschiedlichen Kontexten persönlich zurechtfand, kann ich ganz einfach beantworten: nämlich erstaunlich schnell und unproblematisch. Sicherlich dauerte es überall eine gewisse Zeit, bis ich mich an die Umstände gewöhnt hatte und selbstverständlich schränkten dort, wo strenge Sicherheitsregeln herrschten, diese den Alltag maßgeblich ein. Manchmal sogar mehr als ich erwartet hatte. Trotzdem musste ich mich mit den Umständen arrangieren.

Und da war ich nicht der Einzige, denn bemerkenswerterweise liefen mir überall vertraute Gesichter über den Weg, die ich während vorheriger Einsätze kennengelernt hatte; in Sri Lanka zum Beispiel ein UN-Mitarbeiter, der ebenfalls im Nordkaukasus gearbeitet hatte. Wenige Tage später traf ich mich dort mit einem ehemaligen Arbeitskollegen aus der Zeit in Serbien, der gerade dabei war, seine Mission für eine deutsche Regierungsorganisation zu beenden. Der begegnete mir erneut 2013 in der Türkei, wo er mittlerweile als selbstständiger Berater tätig war, genauso wie der damalige Büroleiter unserer Organisation in Bosnien, der wenige Tage davor seine Stelle als Sicherheitsbeauftragter einer französischen NGO angetreten hatte. Und nach einem der ersten Koordinationsmeetings in der Türkei, hätten wir fast einen Stammtisch gründen können, denn ich begrüßte nicht weniger als acht weitere Bekannte aus Inguschetien, die jetzt zum Teil für andere Hilfsorganisationen oder der UN arbeiteten. Dort übernahm am Ende ein Engländer meine Stelle, mit dem ich mich in Belgrad angefreundet hatte. Jahre später verabredeten wir uns mehrmals in Ankara, wo er, mittlerweile als Freiberufler, wochenlang ein EU-Projekt vorbereitete und ich zu Meetings aus Gaziantep hinflog.

Selbst bei jenem zweiten Einsatz in der Türkei, wo ich die meiste Zeit im Büro verbrachte, setzten sich die Wiedersehen fort. Eines Tages führte ein Arbeitskollege einen meiner Mitarbeiter aus dem ersten, den erwähnten ‚Gynäkologen‘, zu mir, der jetzt in unmittelbarer Nachbarschaft im UN-Büro für vertrauliche Recherchen und Kontakte in Bezug auf islamistische Strömungen in Syrien zuständig war. Weiterhin empfing ich mehrmals einen Desk Officer eines ehemaligen Arbeitgebers, der mir die Kooperation mit dessen syrischen Durchführungspartner schmackhaft machen wollte. Die Organisation besuchte ich danach mehrere Male in Antakya, wo ich zu meiner Freude ebenfalls meinen damaligen montenegrinischen Assistenten wiedertraf. Nachdem ihm sein Arbeitgeber eine unbefristete Stelle in der Zentrale als Controller angeboten hatte, emigrierte er samt Familie dorthin. Dann und wann kam er in die Türkei im Rahmen seiner neuen Funktion.

Eine mir ebenfalls aus Inguschetien bekannte Amerikanerin saß eines Tages zufällig in Moldawien in einem Restaurant am Nebentisch und in Tadschikistan spendierte mir ein Holländer ein Bier, als er mich in einer Bar beim freitäglichen ‚Jour fixe‘ der Expatriates wiedererkannt hatte. Damals im Nordkaukasus hatte er das Büro einer deutschen NGO geleitet und jetzt arbeitete er für die EU. Mit dabei war ein Landsmann von mir, der mich einmal in Serbien im Büro besucht hatte, als er für eine deutsche Regierungs-Organisation Informationen gesammelt hatte, und jetzt für ein anderes Hilfswerk dort als Projektmanager im Einsatz war. Schließlich begegnete ich in Georgien einer Österreicherin, die zehn Jahre zuvor eine Zeit lang im Kosovo in unserem Büro ein Praktikum absolviert hatte.

Insgesamt gab es keinen einzigen Einsatz, in dem ich nicht irgendeinen Bekannten wiedergetroffen habe. Einerseits waren es stets sehr ermunternde Momente und eine willkommene Abwechslung im sonst stressigen Alltag. Andererseits waren jene Begegnungen allerdings auch ein unmissverständlicher Ausdruck dessen, wie es Dozenten während des Aufbaustudiums humanitäre Hilfe genannt hatten, wonach die Karawane der Hilfsorganisationen stets weiterziehe; vom einen zum nächsten Kontext.

Das Bäumchen wechsle dich-Spiel der Helfer – hier für den einen, dort für einen anderen Arbeitgeber – war ein Umstand, der mich selbst von Beginn an betraf und sich bis zum Ende fortsetzte. Ich könnte fast sagen, dass diese ungewöhnliche Normalität eines Werdegangs geradezu typisch für das nichtnormale Gebiet humanitäre Hilfe zu sein schien. Welcher durchschnittliche Erwerbstätige kann schon eine ähnliche Zahl von Arbeitgebern (siehe unten) oder unterschiedlichen Standorten im Laufe von zwei Jahrzehnten vorweisen, so wie ich?

Die damit persönlich zusammenhängenden widrigen Faktoren spiegelten sich, so gesehen, in denen, die ich bisweilen vor Ort vorfand, beinahe wider. Um damit zurechtzukommen bedurfte es nicht unbedingt Darwins Formel „survival of the fittest", im Sinne vom Überleben des Stärkeren. Vielmehr entsprach es für mich mehr der Realität eines Gewohnheitstieres, und zwar nicht hinsichtlich der Ablehnung von Veränderungen, sondern, ganz im Gegenteil, deren, wohl oder übel, Akzeptanz und schrittweisen Anpassung selbst in stetig ungewohnter Umgebung; der britische Naturforscher hätte seine Freude an mir gehabt.

Gleichwohl möchte ich nicht behaupten, dass ich gegen all die Unannehmlichkeiten, mit denen ich im Ausland tagtäglich zu kämpfen hatte, völlig gefeit war oder diese ganz spurlos an mir abprallten. Allerdings hatte ich mich nun mal für einen Beruf entschieden, der sich eben von allen hierzulande unterschied und wenn es in meinen Einsatzländern keine Probleme gegeben hätte, wäre ich auch nicht dorthin entsendet worden. Nichtsdestoweniger bin ich froh, mich davon verabschiedet zu haben und jetzt, im Vergleich dazu, in einem Wohlfühl-Kontext bin, in dem ich tun und lassen kann, was ich will.

TEIL II
Die Praxis hier und dort

1 Arbeitgeber – organisiert, aber uneinheitlich

Bis ich 1994 zum ersten Mal als Volontär nach Kroatien ging, hatte ich keinerlei Bezug zu Hilfsorganisationen; allenfalls hatte ich von deren Existenz in Berichterstattungen aus Katastrophengebieten im Fernsehen oder dem anschließenden Einblenden vereinzelter Spendenkonten gehört. Die kurzen Begegnungen mit einigen von ihnen während der Freiwilligeneinsätze machten sie zwar greifbarer, aber den detaillierten und spannenden Erläuterungen einiger Dozenten im Rahmen des Aufbaustudienganges, vor allem Ärzten, galt zunächst mein höchster Respekt – weniger den Organisationen als Arbeitgeber, sondern den dramatischen Umständen, unter denen sie mitunter arbeiteten.

Es ist genau das, was vor allem NGOs am meisten ausmacht: Sie alle sind nah am Menschen in Not. Sie stehen ihm bei, helfen unabhängig davon, um wen es sich handelt (wenn sie können). Sie sind das Sprachrohr der Kriegs- und Katastrophenopfer, der Armen, der Unterbemittelten, Menschen mit Behinderung sowie insgesamt den Benachteiligten auf der Welt. Zu Hause geben sie den Opfern Namen, sodass deren Schicksal nicht mehr eines unter Vielen weit weg bleibt, sondern tatsächlich greifbar wird. Sie treten für deren Unterstützung ein, führen Kampagnen jeglicher Art durch, sammeln Spenden und vor Ort versuchen sie zum Wohle der Bedürftigen, ihr Bestes zu geben. Nicht zu Unrecht stellt deshalb so manch bekannter Prominenter oder Politiker einer Hilfsorganisation seinen Namen zur Verfügung, um noch mehr Aufmerksamkeit zu erzeugen und Gelder einzuwerben. Da mit an Bord zu sein, ob zu Hause oder vor Ort, gibt jedem, der für eine NGO arbeitet, ein Gefühl tatsächlich Sinnvolles zu tun. Unzählige Male habe ich genau diesen Satz gehört. Da stehen keine Produkte, Verkaufs- oder Umsatzzahlen im Mittelpunkt. Nein, da geht es um den

Menschen, um deren Überleben in einer Notsituation oder ihnen im Nachgang einer Katastrophe wieder auf die Beine zu helfen. Das ist es, was sich die humanitäre Hilfe sowie Entwicklungszusammenarbeit auf die Fahnen geschrieben haben: die Verbesserung der Lebensbedingungen, die Bekämpfung der Armut, ja ein Stück weit die Welt verändern und verbessern. Umso bestärkter war ich, ein Teil der Helfer-Gemeinschaft zu werden.

Zweifellos war mein Türöffner dafür das Aufbaustudium. So zufällig wie ich davon erfahren hatte, so zufällig las ich kurz vor dessen Ende, Anfang Juli 1999, eine Stellenanzeige als Koordinator in der Zentrale einer deutschen Organisation, am Schwarzen Brett direkt gegenüber unseres Seminarraums. Auf die ungewöhnliche Idee war offenbar ein dortiger Mitarbeiter gekommen, der dasselbe Studium zwei Jahre zuvor absolviert hatte. Eine Woche später hatte ich das Vorstellungsgespräch, drei Tage danach kam die Zusage, woraufhin ich am ersten August den Job antrat – zunächst auf ein Jahr befristet.

Nach einigen Monaten habe ich mitbekommen, dass die Organisation beabsichtigte, in Serbien ein Projektbüro zu eröffnen. Ohne groß nachzudenken, aber auch ohne große Erwartung fragte ich meinen Vorgesetzten, ob ich dafür infrage käme. Wenig später teilte er mir überraschend mit, man würde die Stelle erst gar nicht ausschreiben, sondern fest mit meinem Einsatz rechnen. Freudig sagte ich zu und unterschrieb einen weiteren Jahresvertrag als Büro- und Projektleiter. Zwei Monate vor dessen Ende winkte nach fast einem Jahr in Serbien ECHO, das damalige Büro für humanitäre Hilfe der EU, mit einem Projekt, an dessen Ausarbeitung ich mitgewirkt hatte und mir deshalb große Hoffnungen machte, dieses auch durchführen zu können. Die Signale aus der Zentrale dafür waren zunächst auch sehr positiv. Dann aber kam auf einmal die Absage mit der Begründung, man könne mir aus arbeitsrechtlichen Gründen keinen weiteren Vertrag gewähren. Denn ein folgender hätte demnach unbefristet sein müssen. Mein anschließender Einsatz in Montenegro bei einer anderen NGO endete nach zwei Jahren in derselben Konstellation mit dem gleichen Argument. In beiden Fällen hätte ich sehr gerne weitergearbeitet – keinesfalls hätte ich mich eingeklagt, wie ich betonte, was man aber befürchtete. Darauf wollte man sich nicht einlassen.

Auch in allen folgenden Einsätzen als Angestellter wurde ich immer nur befristet eingestellt, entweder je nach Projektlaufzeit oder zunächst auf sechs oder zwölf Monate. Das bedeutete, dass ich mir anschließend stets einen neuen Job suchen musste.

Wie anderswo auch verlief das Rekrutierungsverfahren bei Hilfsorganisationen formal nach den gleichen Regeln ab: Stellenausschreibung, Bewerbung, (hoffentlich) Einladung zum Vorstellungsgespräch sowie Zu- oder Absage. Meine in diesem Zusammenhang gemachten Erfahrungen sind von allerlei Anekdoten gespickt.

Nachdem ich aus Serbien zurückgekehrt war, geriet ich schon nach wenigen Tagen in Panik, da ich nicht wusste, wie und wo es beruflich weitergehen würde. Ohne groß nachzudenken, bewarb ich mich bei einer französischen Hilfsorganisation als Programmkoordinator in Tadschikistan. Weder wusste ich, wo das Land genau lag, noch interessierte mich der Inhalt der Tätigkeit. Nach einem positiv verlaufenen Telefoninterview wurde ich nach Paris zum persönlichen Gespräch eingeladen. Die Reisekosten würden mir selbstverständlich erstattet werden. Während des Interviews wurde ich dann plötzlich gefragt, ob ich denn auch bereit wäre, nach Afghanistan in eine ähnliche Position zu gehen. Das Land war damals unter Taliban-Herrschaft und was ich von dort gehört hatte, waren eigentlich nur Horrorgeschichten. Zudem schwirrten mir sofort die Fernsehbilder durch den Kopf, als die Gotteskrieger den damaligen Präsidenten Nadschibullah getötet und aufgehängt öffentlich zur Schau gestellt hatten. Mein Stirnrunzeln wurde stärker, als ich nach dem zu erwartenden Gehalt fragte: etwa achthundert Euro brutto (!). Dies sei nun mal das interne Gehaltsgefüge. Gelinde gesagt, war ich ziemlich verdutzt, bedankte mich für das Gespräch, wünschte dem Gesprächspartner viel Glück bei der Personalfindung und verabschiedete mich. Die fälligen Reisekosten habe ich nie ersetzt bekommen.

Ein anderes Mal hatte ich mich, wie ich später erst erfuhr, bei einer auf Missionierung spezialisierten evangelikalen Sekte beworben, die eine durchaus interessante Position als Leiter der humanitären Hilfe in der Zentrale in Deutschland ausgeschrieben hatte. Obwohl ich eigentlich zu der Zeit im Hinblick auf Interviews erfahren genug gewesen sein sollte, erinnere ich mich nur zu gut, dass ich mit gemischten Gefühlen hinfuhr. Denn meine Recherchen im Internet über den möglichen künftigen Arbeitgeber waren nicht sehr fruchtbar gewesen. Auf den ersten Blick handelte es sich um eine Hilfsorganisation und bei genauerer Betrachtung konnte ich zwar eine gewisse religiöse Orientierung erkennen, stutzig machten mich jedoch die ungewöhnlich hohen Spendeneinnahmen von mehreren Millionen Euro, deren Herkunft im Dunkeln blieb.

Bei dem Vorstellungsgespräch saßen mir dann vier Männer gegenüber: der Präsident der Organisation, der Vize-Präsident, der Leiter für politische Fragen sowie der Geschäftsführer. Bereits als sie sich mit ihren Funktionen vorstellten, musste ich innerlich schmunzeln, denn diese klangen geradeso, als würde ich den Vertretern einer riesigen Organisation gegenübersitzen. Zunächst wurde besonderer Wert auf meine religiöse Einstellung gelegt, was nach gut zwanzig Minuten darin gipfelte, dass der Präsident mich anblaffte, er hätte mich nun permanent danach gefragt, ob ich an Jesus Christus oder die Bibel glaubte, worauf ich noch immer keine eindeutige Antwort gegeben hätte. Dem Unsympath blieb ich sie schuldig.

Dafür hatte ich mich innerlich schon nach wenigen Minuten auf die Frage, ob ich dort wohl je arbeiten wolle, selbst entschieden – nämlich keinesfalls. Nachher habe ich mich eigentlich nur über mich selbst geärgert, dass ich nicht den Mut aufgebracht hatte, schon ihm mit dem Hinweis entgegentreten zu sein, ich wäre davon ausgegangen, ich hätte mich für einen Job beworben und nicht fürs Priesterseminar! Stattdessen saß ich den vier Herren weiterhin mit guter Miene zum bösen Spiel gegenüber und versuchte mich so gut wie möglich aus der Affäre zu ziehen, wobei ich allerdings jegliche Scheu fallen ließ. Auf die Frage des Vizepräsidenten, ob ich denn an der täglichen Morgenandacht noch vor dem Beginn des Arbeitstages teilnehmen würde, entgegnete ich ziemlich flapsig: „Nein, währenddessen könne ich eine Zigarette rauchen gehen." Ob ich in der Lage wäre, so der für Politik (!) Verantwortliche, in einer Sporthalle im Sudan einen religiösen Vortrag zu halten, beantwortete ich mit einem entschiedenen „Nein", da religionsphilosophische Fragen nicht unbedingt zu meinen Alltagsthemen gehörten. Lediglich der Geschäftsführer sprach vom Inhalt der humanitären Arbeit, sodass ansatzweise eine Diskussion entstand, der die Inquisitoren mit versteinerten Gesichtern folgten. Der Clou an der ganzen Geschichte war, dass ich tatsächlich eingestellt werden sollte, als ich anderntags telefonisch zu einem zweiten Besuch, um die künftigen Kollegen kennenzulernen, gebeten wurde. Ich lehnte dankend ab und konnte die heruntergefallene Kinnlade des Geschäftsführers durch den Telefonhörer förmlich spüren.

Schließlich ist es mir - gewissermaßen als Krönung des Anekdotenschatzes – einmal passiert, dass ich mittels zuvor einigermaßen veranstalteten Brimboriums in Form von diversen E-Mails hin und her wegen der Terminfindung, zum Interview von einer deutschen Hilfsorganisation erst eingeladen und gleich wieder ausgeladen wurde.

Aufgrund des regen Austauschs von Nachrichten war selbstverständlich meine Erwartung geweckt, dass ich unbedingt eingestellt werden sollte. Jedoch war ich in Spanien im Urlaub gewesen, weshalb ein Ersatztermin angesetzt wurde und ich deswegen den Aufenthalt früher als gedacht abbrach. Wie besprochen meldete ich mich telefonisch und wartete geduldig auf den Rückruf. Wenig später teilte mir dann zu meiner Verblüffung der Gesprächspartner mit, man hätte im Moment leider keine Zeit und würde sich wieder melden, wenn entsprechende Stellen ausgeschrieben werden würden.

Selbstverständlich passieren derartige Geschichten sicherlich auch in anderen Branchen, trotzdem sah ich mich damals veranlasst, als Antwort auf die abrupte Absage dem zuständigen Mitarbeiter den Hinweis zu geben, dass ich dieser Episode in meinem noch zu schreibenden Buch mit dem Titel ‚Professionelle Unprofessionalität' mindestens einen Absatz widmen würde.

Viele Jahre später, im Jahr 2021, hatte ich mich trotzdem nochmals bei derselben Organisation für einen Job in deren Zentrale beworben, da ich damals unbedingt hierzulande Fuß fassen wollte und, laut Stellenanzeige, der überwiegende Teil der Arbeit im Homeoffice erledigt werden könnte. Nachdem ich mich mit der Personalerin in mehreren Telefonaten darauf geeinigt hatte, wollte sie plötzlich nichts mehr davon wissen und beharrte darauf, dass es sich um ein Missverständnis gehandelt hätte und ich nicht mehr zum Gespräch kommen müsste – ein Déjà-vu, das ich mir eigentlich hätte denken können, woraufhin ich erneut den Hinweis auf das noch zu schreibende Buch hinschickte – diesmal mit dem Zusatz, dass sie in Zukunft mit keiner weiteren Bewerbung meinerseits mehr rechnen müsse.

Dagegen verlief das Procedere bei denjenigen Organisationen, die mich hinterher einstellten, meistens ohne größere Vorkommnisse und vergleichsweise schnell. Mit zunehmender Erfahrung war es sogar so, dass ich von Arbeitgebern, für die ich bereits gearbeitet hatte, ohne Bewerbungsverfahren engagiert wurde oder, wie in einem Fall, lediglich nach einem Telefoninterview. Am ausgeprägtesten war das Verfahren bei der deutschen Gesellschaft für Internationale Zusammenarbeit (GIZ), wo allein das Interview am selben Tag in mehreren Etappen und unterschiedlicher Besetzung erfolgte: zunächst eine Vorstellungsrunde; dann wurde mir ein Thema gegeben, wofür ich eine halbe Stunde Zeit zur Vorbereitung bekam, um dieses dann zu präsentieren; nachher wurde ausgiebig darüber diskutiert. Anschließend wurde mir noch ein sogenannter kritischer Zwischenfall vorgestellt, um herauszufinden, wie ich als Führungskraft in der Situation reagieren würde. Das Problem war die fehlende Bereitschaft mir unterstellter Mitarbeiter einen Ministerbesuch vorzubereiten, und wie ich sie dazu ermutigen würde. Zur Verblüffung aller entgegnete ich, dass es sich dabei meines Erachtens um ein völlig unrealistisches Szenario handeln würde. Denn zum einen wäre das nicht nur ein einmaliges Ereignis, sondern jedwede Nicht-Beteiligung hätte unter Umständen auch negative Auswirkungen auf das Arbeitsverhältnis jedes Einzelnen, indem möglicherweise kein Folgeprojekt bewilligt werden würde. Damit schien ich sie überzeugt zu haben. Am Ende gab es noch ein Gespräch mit einer Psychologin, in dem sie meine Stressresistenz abklopfte.

Insgesamt war ich als Angestellter von 2000 bis Anfang 2022 in zwölf Auslandseinsätzen für zehn Organisationen tätig, unter ihnen einige, für die ich mehrmals im Einsatz war. Die Dauer variierte von vier Monaten bis zu vier Jahren. Hinzukamen fünfzehn Kurzeinsätze bis zu zwei Monaten als selbstständiger Berater für sieben Auftraggeber. Darunter waren wiederum einige NGOs, bei denen ich zuvor bereits angestellt gewesen war. Allen Arbeitgebern war gemeinsam, dass sie Non-Profit-Organisationen waren, die sich in drei Gruppen unterteilen lassen.

Die meisten von ihnen waren NGOs: Arbeiter-Samariter-Bund e.V. (ASB), arche noVa e.V., HELP – Hilfe zur Selbsthilfe e.V., Caritas International, Caritas Luxembourg, Caritas Österreich, Caritas Schweiz und Kolping International. Das Hauptmerkmal von ihnen ist, wie der Name vermuten lässt, dass eine NGO keine staatliche Einrichtung bzw. Organisation ist. Allerdings wurden die Projekte, für die ich verantwortlich zeichnete, fast ausschließlich mittels öffentlicher Gelder, zum Beispiel von der Bundesregierung oder der Europäischen Union (EU), finanziert. Da in der humanitären Arbeit bestimmte Prinzipien, unter anderem Unabhängigkeit und Neutralität, gelten, wird die staatliche Unterstützung mitunter kritisch gesehen, da NGOs sich dann dem Vorwurf ausgesetzt sehen, sie seien der ,verlängerte Arm' einer Regierung – wes Brot ich ess, des Lied ich sing.

Dieses grundsätzliche Dilemma wurde in meiner beruflichen Praxis von keinem meiner Arbeitgeber je infrage gestellt, und wenn, dann wurde diese Kröte allenfalls intern geschluckt oder beiläufig erwähnt, kritisch hinterfragt aber nie. Nach außen, im Rahmen der Korrespondenz mit dem Geber und der organisationseigenen Öffentlichkeitsarbeit, wurde sich nicht nur artig für die Zuwendung bedankt, sondern auch stets stolz präsentiert., wozu die Nehmerorganisation im Übrigen verpflichtet war.

Ein anschauliches Beispiel war der Kontext in Serbien, zumindest in den ersten Monaten. Dort war die Vorgabe seitens des AA, dass dessen Gelder ausschließlich oppositionellen Gemeinden zugutekommen durften, obwohl die Menschen in „regimetreuen" genauso litten. Persönlich fand ich diesen Ansatz damals einerseits fragwürdig, andererseits aber auch alternativlos. Denn der deutschen Öffentlichkeit wäre kaum zu vermitteln gewesen, dass mit dessen Steuergeldern die vermeintlichen Träger des im Westen verhassten Milošević unterstützt worden wären. Vielmehr sollte, nach meinem Verständnis, die einseitige Hilfsleistung indirekt zu einem Regime-wechsel beitragen, indem der Bevölkerung signalisiert wurde, unter welchen Umständen das ganze Land profitieren würde – ein Fingerzeig auf die möglichen Motive, damals eindeutig politische, die sich hinter der Hilfe verbergen können.

Nur einmal arbeitete ich für eine Regierungsorganisation, der deutschen Gesellschaft für internationale Zusammenarbeit (GIZ), eine vom Staat legitimierte Einrichtung, welche in dessen Auftrag handelt. Die GIZ ist ein gemeinnütziges Bundes-unternehmen, das sich als Dienstleister der internationalen Zu-sammenarbeit sieht und dessen Hauptauftraggeber das BMZ ist. Während eine NGO zum Beispiel eine Zuwendung der Bundesrepublik für ein bestimmtes Projekt bekommt, wird die GIZ dafür beauftragt. Deren Hauptgeschäft konzentriert sich gewöhnlich auf Beratungstätigkeiten im Rahmen der Entwick-lungszusammenarbeit (EZ), um anderswo möglichst partner-schaftlich mit Regierungen und ihren Behörden Strukturen aufzubauen oder zu reformieren, die langfristig zur Verbesse-rung der Lebensverhältnisse beitragen sollen, wofür, anders als in der humanitären Hilfe, wesentlich längere Projektlauf-zeiten und vor allem erheblich höhere Mittel zur Verfügung stehen. Das bemerkte ich vom ersten Tag an, obwohl wir in ei-nem äußerst fragilen Kontext arbeiteten, der mehr dem Tages-geschäft wie bei NGOs glich und mit entwicklungsorientierter Nothilfe umschrieben werden kann.

Das Rote Kreuz, für das ich zweimal tätig war, das deutsche und österreichische, ist für mich eine gesonderte Kategorie. Es ist zwar eine Nicht-Regierungs-Organisation, allerdings nimmt es eine Sonderstellung ein, da es in vielen Ländern, auch in Deutschland, eigens gesetzlich verankert ist. Dieser Umstand hat seinen Ursprung in den Genfer Konventionen und ihren Zusatzprotokollen von 1949. Im hiesigen Gesetz heißt es: „Das Deutsche Rote Kreuz e. V. ist die Nationale Ge-sellschaft des Roten Kreuzes auf dem Gebiet der Bundesrepublik Deutschland und freiwillige Hilfsgesellschaft der deutschen Behörden im humanitären Bereich. Es beachtet die Grundsätze der Internationalen Rotkreuz- und Rothalbmond-Bewegung."* Die Tatsache, dass es ein Rotkreuzgesetz gibt und häufig ehemalige Spitzenpolitiker Präsident der Organisation sind, kommentierte einmal eine ehemalige Kollegin, dass für sie das Rote Kreuz „zweifelsfrei eine Regierungsorganisation" wäre, alldieweil es darüber hinaus aus dem Bundeshaushalt, laut Paragrafen, Abs. 2, Zuwendungen zur Verfügung gestellt bekommt.

In meiner beruflichen Praxis war es so, dass das im Land ansässige Rote Kreuz oder andere ausländische Rotkreuzgesellschaften so gut wie nie an regelmäßigen Koordinationstreffen verschiedenster NGOs teilnahmen, mit Ausnahme im Nordkaukasus, wo das IKRK, das Internationale Komitee des Roten Kreuzes, ein ähnlich gelagertes Projekt wie unseres, auch von ECHO finanziert, durchführte und vorzüglich mit uns zusammenarbeitete.

Anderswo spürte ich als unter Vertrag genommener Rotkreuzler, dass es grundsätzlich eine gewisse Scheu gab und wohl gibt, mit anderen Hilfswerken zusammenzuarbeiten. In erster Linie dürfte das daran gelegen haben, dass für jedwede ausländische Rotkreuzgesellschaft das lokale Rote Kreuz der ausschließliche Durchführungspartner ist, das heißt, dass in den allermeisten Fällen sämtliche Projekte über interne Kanäle realisiert werden. Dabei spielte es keine Rolle, ob es sich um private Spendengelder oder öffentliche Zuwendungen handelte.

Prinzipiell habe ich große Hochachtung vor der Arbeit des Roten Kreuzes im jeweiligen Land. Jedoch möchte ich nicht verhehlen, dass ich die Auslandshilfe durchaus kritisch sehe. Denn, hierbei ist, nach meiner Erfahrung, jeweils das lokale Rote Kreuz in dem Land der erste ‚Beneficiary' (Begünstigter) und nicht immer unbedingt die betroffene Bevölkerung. Interessanterweise habe ich genau diesen Punkt bereits bei meinem ersten Einsatz in meinem Abschlussbericht bemerkt und viele Jahre später in meinem zweiten.

Zwar ist unbestritten, dass das jeweilige lokale Rote Kreuz der betroffenen Bevölkerung hilft, allerdings können dabei, wenn ein Projekt von einer ausländischen Rotkreuzgesellschaft finanziert wird, durchaus Dispute hinsichtlich bestimmter Gruppen oder Schwerpunkte im Rahmen der Arbeit zwischen beiden auftreten. In der Praxis klang das so, dass der Gastgeber immer das Sagen hatte. Mehrmals geriet ich mit dem jeweiligen lokalen Vorstand aneinander, der oder die sich geradezu als Platzhirsche oder Provinzfürsten gerierten. In einem Fall, einem Bauprojekt, wo ich insbesondere Defizite in der Baubegleitung festgestellt hatte, wurde ich gar mit dem Ausspruch: „Wir lassen uns von Ihnen nichts vorschreiben!", brüskiert, obwohl das betreffende Projekt vollständig von ‚meinem' Roten Kreuz finanziert wurde.

In nahezu allen meinen Auslandseinsätzen hatte ich die Führungsposition des jeweiligen Büros inne. Verantwortlich war ich demnach für die Administration, das Personal, die Finanzen und die Projekte vor Ort. Je nach Organisation wurde diese Position anders betitelt: Head of Office (Büroleiter), was die Verantwortung für die Projekte einschloss; Head of Mission (Missionsleiter), was im Prinzip das Gleiche war; nur mochte ich diesen Begriff überhaupt nicht, da er vorspiegelte, dass ich Chef einer sehr großen Institution wäre; Teamleader (Teamleiter), als welcher ich ebenfalls die oben erwähnten Aufgaben hatte; und Projektmanager, als ich ein einziges Vorhaben leitete.

Neben der Führungsposition führte ich stets weitere Funktionen aus. An erster Stelle die des Übersetzers, da ich zugleich die Schnittstelle der Kommunikation zwischen der Zentrale und dem Feld gewesen bin. Nicht selten musste ich daher Informationen, Mitteilungen oder Nachrichten, welche ich auf

Deutsch bekommen hatte, den Kollegen auf Englisch übermitteln. Meine Hinweise, der Einfachheit halber, künftig Nachrichten auf Englisch zu schreiben, wurden bei einigen Arbeitgebern geflissentlich übergangen oder völlig ignoriert. Es gab aber auch jene, bei denen die Kommunikation routinemäßig auf Englisch geschah.

An dieser Stelle muss ich etwas klarstellen. In den ‚Katastrophenbegegnungen' 2019 hatte ich behauptet, dass ich mich im Ausland im Vergleich zu den Kollegen in der Zentrale oft als Fremdkörper und nicht als gleichwertiger Mitarbeiter bei diversen Organisationen gefühlt hatte, in der Annahme nicht richtig dazuzugehören. Die Gründe dafür hatte ich damals im bisweilen fehlenden Verständnis der Zentrale für das Feld gesehen sowie die Tatsache meiner stets befristeten Anstellung. Obendrein dürfte mich die Aussage meiner allerersten Führungskraft in der Zentrale dazu verleitet haben, der nämlich der Ansicht war, dass Auslandsmitarbeiter, vor allem die deutschen, lediglich „überbezahlte Vagabunden" seien, die den Arbeitgeber wechselten geradeso wie er das tägliche Hemd! Im Nachhinein und bei genauerer Betrachtung bezog sich meine Aussage wohl stets auf die ersten Monate nach Antritt einer neuen Stelle und dürfte deshalb etwas übertrieben gewesen sein. Denn, einerseits, wie überall, ist es völlig normal, dass man sich nicht nur erst an die neuen Aufgaben, sondern auch an die neue Arbeitsumgebung und an neue Kollegen gewöhnen muss, bis sich Abläufe einspielen. Andererseits konnte ich nicht davon ausgehen, dass, außer der Personalabteilung und meinem Vorgesetzten, andere Kollegen automatisch von meiner Befristung Kenntnis hatten. Und die zweifelsohne verächtliche Meinung jenes Vorgesetzten dürfte darauf zurückzuführen sein, dass er selbst bis dahin nie in der Fremde gearbeitet hatte. In dem Fall sah es dann so aus, dass die Auslandsmitarbeiter ihn gar nicht ernst genommen hatten und wir in der Zentrale ebenfalls große Zweifel an seiner Kompetenz hatten. Wahre Kollegialität sieht wohl anders aus.

Als tatsächlicher Fremdkörper bin ich mir manchmal lediglich bei meinem allerletzten Einsatz in Georgien vorgekommen. In der Zentrale gab es diverse Computerprogramme, die dem finanziellen Controlling dienten und in die ich als Teamleiter Projektdaten stets aktualisieren sollte, was in der Einarbeitungszeit jedoch nicht erwähnt worden war. Als man dann von mir die Eingabe verschiedener Informationen forderte, konnte ich nicht liefern, da es hieß, generell würden entsendete Mitarbeiter keinen Zugang zu den entsprechenden Programmen bekommen – aus Sicherheitsgründen.

Weiterhin übte ich im Rahmen des Projektmanagements stets auch die Funktion des Controllers aus, nicht nur im Hinblick auf die Finanzen, sondern auch vor allem den Fortschritt der Maßnahmen. Während ich dafür mit den Jahren eine gewisse Geübtheit entwickelte und jeweils zuverlässige Mitarbeiter hatte, kam ich allerdings bei dem Projekt mit dem bei weitem größten Budget, immerhin etwa 35 Mio. Euro, an meine Grenzen. Denn mangels eines Finanzmanagers musste ich die ersten fünfzehn Monate auch diese Aufgabe übernehmen. Der Nachteil waren unzählige Überstunden einschließlich Wochenendarbeit; von Vorteil war jedoch, dass ich mich intensiv mit dem organisationseigenen SAP-System und finanztechnischen Begriffen auseinandersetzen musste, was dazu beitrug, mein grundsätzliches Verständnis für das organisationseigene Finanzmanagement merklich zu schärfen.

Bei kleineren Hilfsorganisationen war ich oft auch Logistiker. Dabei musste ich mich um die Fahrzeuge sowie, vor allem in Serbien, um die Beschaffung von Hilfsgütern kümmern. Das bedeutete, Ausschreibungen vorzunehmen und auszuwerten bis hin zur Vertragserstellung mit Lieferanten sowie der anschließenden Organisation von Hilfsgüterverteilungen.

Dort, wo ich unerfahrene lokale Kollegen hatte, nahm ich die Rolle des Beraters und Trainers wahr. Prinzipiell geschah dies durch On-the-Job-Training. Im Projektmanagement hieß das, die Kollegen durch alle Phasen des Projektzyklus (siehe unten) zu begleiten und Rede und Antwort bei den entsprechenden Prozessen zu stehen.

Ferner war in Montenegro ein Aspekt meiner Rolle, einen lokalen Kollegen so ‚vorzubereiten‘, dass er unmittelbar nach meinem Weggang die Leitung des Büros übernehmen konnte. Er war ein Jahr zuvor von meinem Vorgänger angestellt worden, dem ich zu jenem Glücksgriff – die Bewerbung bestand aus einer fünfzeiligen E-Mail (!) ohne Lebenslauf – kurz nach meiner Übernahme nur beglückwünschen konnte. Meine nunmehrige Vorarbeit gelang mir offenbar sehr gut, denn mein ehemaliger Mitarbeiter führte das Büro noch mehr als zehn Jahre erfolgreich weiter. Später, bei meinem zweiten Einsatz im Kosovo, war es dann er, auf dessen Tipps und Hilfe ich angewiesen war, um die angestrebte ISO 9001 Zertifizierung zu erreichen, die er im Jahr zuvor im Montenegro-Büro als Managementbeauftragter gefeiert hatte und wir danach ebenfalls. Mit ihm bin ich noch heute freundschaftlich verbunden.

Personalplanung, die Einstellung von lokalen Kollegen sowie die Führung der mir unterstellten Mitarbeiter gehörte ebenfalls immer zu meinen Aufgaben, wobei sich die Verfahrensweisen bei den NGOs und dem Roten Kreuz mehr oder weniger glichen. Lediglich internationale Mitarbeiter wurden ausschließlich von den Zentralen rekrutiert. Bei der GIZ hatte ich zunächst angenommen, dass sie es ebenso handhaben würde, begriff allerdings sehr schnell, dass dort der Begriff ‚Projektverantwortlicher‘ im wahrsten Sinne des Wortes galt, worin die Rekrutierung internationaler Kollegen ausdrücklich einbezogen war. Die Organisation stellte lediglich die notwendigen Prozesse zur Verfügung, an die ich mich tunlichst zu halten hatte.

Im Übrigen wurde mir dort auch klipp und klar vermittelt, dass ich für das Vorhaben, das ich leitete, unter Umständen sogar haftbar gemacht werden konnte. Zwar bezog sich dies insbesondere auf fahrlässiges Verhalten, angesichts des fragilen Kontextes, wo ,mein' Vorhaben implementiert wurde, war ich indes nicht der einzige Projektleiter, dem dieser Punkt bisweilen große Bauchschmerzen bereitete.

Wo ich für NGOs arbeitete, war die Öffentlichkeitsarbeit ebenfalls Bestandteil meiner Aufgaben. Das beinhaltete das Verfassen von Pressemitteilungen an lokale Medien, Interviews sowie einmal in Serbien einen Fernsehauftritt in einem Morgenmagazin. Darüber hinaus erreichten mich gelegentlich Anfragen aus den Zentralen, offenbar auch zur medialen Weiterreichung, kurze Zusammenfassungen unserer Maßnahmen zu skizzieren oder aus aktuellen Anlässen ein kurzes Statement abzugeben. Glücklicherweise war es jene Zeit, als Soziale Medien noch nicht so verbreitet waren, ansonsten hätte ich damit rechnen, auch jene regelmäßig füttern zu müssen, gerade ich, der ich bis heute nur einmal einen Account eröffnet hatte, ihn aber wieder löschte.

Die jeweilige verantwortliche Position verlangte auch die Ausarbeitung sowie permanente Anpassung von internen Prozessen. Im Wesentlichen bezogen sich diese auf das Projektmanagement. Vor allem bei der GIZ bekamen wir ständig Projektanträge von lokalen Hilfsorganisationen. Um die interne Verarbeitung dieser zu gewährleisten, habe ich zum Beispiel eine sogenannte Standard Operations Procedure (SOP), einen Leitfaden, verfasst. Darin war Schritt für Schritt festgeschrieben, wie wir im Team mit den Projektanträgen intern verfuhren. Nach und nach erweiterten wir dieses Procedere, wonach wir auch Kriterien für die Auswahl der Partner sowie die Vergabe von Projekten festlegten. Hierbei wurde ich besonders von meinem Stellvertreter, aber auch von den anderen Teammitgliedern unterstützt.

In Sri Lanka, wo mein lokales Team unterschiedlichen Bevölkerungsgruppen (Muslime, Singhalesen, Tamilen) angehörte, musste ich allzu oft den Streitschlichter bzw. Mediator spielen. Das mag sich harmlos anhören. Wenn allerdings ein Mitarbeiter seinen Kollegen mit dem Tod bedroht, dann ist eine solche Warnung in solchen Gesellschaften keinesfalls auf die leichte Schulter zu nehmen. Ansonsten gab es fast täglich kleinere Auseinandersetzungen im Team, die ich stets mit Unterstützung anderer internationaler Kollegen lösen konnte. Trotzdem nahmen sie im Rückblick einen großen Teil meiner Arbeitszeit ein.

Schließlich war ich bei NGOs immer für das Thema Sicherheit zuständig. In den Anfangsjahren auf dem Balkan war das irgendwo in den Aufgabenbeschreibungen versteckt, wahrscheinlich so gut, dass es nie erwähnt wurde und somit keinerlei Rolle spielte. In Sri Lanka musste ich dagegen gefühlt permanent an unserem Securityplan feilen, auf den Gott sei Dank nie zurückgegriffen werden musste. In zwei Einsätzen gab es allerdings auch eigens einen Sicherheitsbeauftragten, für dessen Empfehlungen ich die Verantwortung meinem Team gegenüber übernehmen musste.

Neben den Auslandseinsätzen als angestellter Mitarbeiter habe ich eine Zeitlang als selbstständiger Berater für Hilfsorganisationen gearbeitet. Meistens handelte es sich um kurze, allenfalls mehrwöchige Aufträge. Das Gros waren Projektevaluationen sowie Projektfortschrittsberichte. Einmal wurde ich in der Türkei von der Internationalen Organisation für Migration (IOM), die zum System der Vereinten Nationen gehört, beauftragt, das bereits erwähnte Bezahlkarten-Projekt zu evaluieren. Weiterhin wurde ich im Bereich Organisationsentwicklung engagiert, wo ich zum Beispiel in Tadschikistan die Arbeit des dortigen lokalen Finanzkoordinators strukturieren sollte. In Moldawien hatte ich für den lokalen Partner, einer

NGO, ein Organisationshandbuch erstellt, welches nachher als Grundlage für andere Länderbüros des Auftraggebers diente.

Alles in allem habe ich mich durch die Vielseitigkeit der Aufgaben während meiner Auslandstätigkeit zu einem Generalisten entwickelt, der nahezu in allen Arbeitsbereichen einer Hilfsorganisation vor Ort – in den einen mehr, in den anderen weniger – Kenntnisse erlangte, vor allem aber im Projektmanagement.

Wo ich die Führungsposition innehatte, wurde mir zwar inhaltlich eine große Gestaltungsfreiheit zugesichert, jedoch wurde diese in der Praxis von Organisation zu Organisation mitunter sehr unterschiedlich ausgelegt und bewegte sich von einer Laissez-faire Politik über gelegentliche ,Einmischung' bis hin zu minutiösem Mikromanagement. Lediglich bei der GIZ hatte ich die alleinige Entscheidungskompetenz im Rahmen des von mir verantworteten Vorhabens.

Besonders positiv ist mir die Zusammenarbeit von Zentrale und Feld bei HELP – Hilfe zur Selbsthilfe e.V. in Erinnerung, denn diese fußte auf gegenseitiger Unterstützung, vor allem wenn ein Bericht fällig war. Ob in puncto Personal- und Büromanagement oder Kommunikation mit dem Zuwendungsgeber, man überließ mir dies völlig selbstständig und mischte sich so gut wie gar nicht ins Tagesgeschäft ein. Ich nahm das nicht nur als einen Vertrauensbeweis mir gegenüber, sondern auch als besondere Wertschätzung meiner Arbeit wahr.

Ganz anders war es in Montenegro bei einer anderen NGO. Zugegeben, damals hatte ich noch nicht allzu viel Erfahrung und war zunächst froh gewesen, Unterstützung aus der Zentrale zu bekommen. Allerdings artete diese so aus, dass viele Entscheidungen dort und nicht vor Ort getroffen wurden, häufig ohne mich als Verantwortlichen miteinzubeziehen. Andersherum wurden Hinweise und Handlungsempfehlungen meinerseits, insbesondere den lokalen Partner betreffend, völlig ignoriert. Einige Jahre später im Kosovo beim selben Arbeitgeber hatte sich die Einflussnahme weitestgehend geändert, trotzdem wurden auch dort von mir vor Ort vollzogene Entscheidungen bisweilen nicht nur infrage gestellt, sondern sogar rückgängig gemacht.

Ähnlich war es später in der Türkei, als ich für eine deutsche NGO ein Projektbüro eröffnete. Ziel war es, die Struktur aufzubauen, um ein Hilfsprojekt, finanziert vom AA, in der Türkei und Syrien durchführen zu können. Dabei handelte es sich, laut dem Direktor, um das bis dahin finanziell größte Projekt der Organisation überhaupt, weshalb ihm höchste Priorität eingeräumt werden sollte. Die Eröffnung des Büros sowie die Vorbereitung und anschließende Verteilung von Hilfsgütern in der Türkei stellten wir vergleichsweise schnell auf die Beine. Sehr störend war jedoch die Tatsache, dass offenbar jeder Mitarbeiter in der Zentrale kreuz und quer mit mir und meinen lokalen Kollegen kommunizierte.

Schuld daran waren sicherlich die heutigen Möglichkeiten der Kontaktaufnahme per Mobiltelefon, per E-Mail, Facebook, X (vormals Twitter), Skype und dergleichen, obwohl man sich fast gar nicht mehr vorstellen kann, wie die Arbeit bzw. Verständigung vor dem Internetzeitalter abliefen. Ich kann mich jedenfalls noch gut daran erinnern, als man noch nicht permanent online war, sondern sich erst immer ins Netz einwählen musste, um zum Beispiel eine E-Mail zu verschicken. Dokumente hatte man damals gewöhnlich gefaxt und Auslandsgespräche ohnehin auf ein absolutes Minimum reduziert, da die Kosten zum Teil astronomisch waren. In Serbien wurden pro Woche private Telefongespräche bis zu zehn Minuten vom Arbeitgeber übernommen.

Heute dagegen ist man gewöhnlich ständig per Mobiltelefon online, sendet wie selbstverständlich alle möglichen Dokumente per E-Mail und führt selbst Telefongespräche oder -konferenzen übers Internet fast zum Nulltarif durch. Die ständige Erreichbarkeit sowie die viel geringeren Kosten als früher senkten natürlich die Hemmschwelle, mal kurz das Feld oder umgekehrt die Zentrale zu kontaktieren.

Das Einzige, was damals in der Türkei erreicht wurde, war komplette Verwirrung bei allen Beteiligten. Mein Vorschlag, eine Kommunikationsmatrix, das heißt ein Regelwerk darüber zu erstellen, wer mit wem in welchem Bereich kommuniziert, wurde völlig ignoriert. Schließlich hätte, so die zuständige Referentin in der Zentrale, insbesondere der Direktor ein Recht darauf, mit wem auch immer zu sprechen, und vor allem, wann er wollte!

Was die Zusammenarbeit Zentrale und Feld sowie die Gestaltungsfreiheit und Entscheidungskompetenz betraf war mein allerletzter Einsatz als Teamleiter Südkaukasus geradezu katastrophal, und zwar in jeder Hinsicht. Ich hatte das anfangs bereits anklingen lassen. Denn dort standen Anspruch und Wirklichkeit einander diametral entgegen.

Mein Auftrag als Teamleiter mit Sitz in Tiflis/Georgien war, eine Bürostruktur zu schaffen, mit der die Projekte umgesetzt werden sollten; allerdings nicht, wie ich fälschlicherweise angenommen hatte, nach den Gegebenheiten vor Ort, sondern das gewünschte Organigramm wurde mir gleich am ersten Tag in der Zentrale vorgelegt. Keineswegs war es eine Neustrukturierung, denn die Büros in Georgien und Jerewan/Armenien bestanden zu diesem Zeitpunkt nicht nur bereits seit fast neun Jahren, sondern zum Teil waren die entsprechenden Mitarbeiter ebenso lange vor Ort. Von Anfang an hatte mich das stutzig gemacht, zumal ich mich gefragt hatte, was in den Jahren zuvor passiert war und warum ich ausgerechnet zu jenem Zeitpunkt eingestellt worden war. Es hieß lediglich, dass mein Vorgänger gekündigt hätte. Aus welchen Gründen behielt man für sich. Schon die Konstellation erwies sich als äußerst problematisch, denn die mir unterstellten Mitarbeiter waren auf mehrere Standorte verteilt: zwei in Tiflis, einer in Jerewan sowie drei in der Zentrale. Über Letztere meinte mein

Vorgesetzter, behalte er sich die Weisungsbefugnis vor, obwohl sie mir formal unterstellt waren. Darüber hinaus mischten auch dessen zwei Vorgesetzte, die sich eine Stelle teilten,
kräftig im Tagesgeschäft mit. Einer von ihnen vereinbarte zum
Beispiel über meinen Kopf hinweg ein, wenn auch, kleines Projekt mit einem unserer Partner. Genaueres erfuhr ich nicht. Offenbar war es Usus, dass sämtliche Entscheidungen ausschließlich in der Zentrale gefällt wurden und die Büros vor
Ort hatten diese auszuführen, obwohl in der Strategie der Organisation der Aspekt ‚Lokalisierung' hervorgehoben war.

Meinem Verständnis nach handelte es sich dabei um die
schrittweise Übertragung von Kompetenzen von der Zentrale
hin zum Feld. Und hierfür sollte ich die notwendige Vorarbeit
leisten. Dort war es dann so, dass weder Anmerkungen zu
noch Vorschläge für notwendige Veränderungen, die ich emp-
fahl, überhaupt in Betracht gezogen wurden. Darüber hinaus
wurden Personalentscheidungen getroffen, die ich nicht nachvollziehen konnte und in die ich erst gar nicht einbezogen worden war, obwohl sie zu meinem Verantwortungsbereich zählten (siehe die anfangs erwähnte Kündigung eines meiner Mitarbeiter). Schließlich führte mein direkter Vorgesetzter, der in
der Zentrale saß, hinter meinem Rücken eine parallele Kommunikation mit mir unterstellten Kollegen, was in meinen Augen einem Tabubruch gleichkam, weil ich davon erst von
ihnen erfahren hatte.

Insgesamt wurde ein Grad an Intervention selbst bei Kleinig-
keiten seitens der Zentrale praktiziert, welcher das Normalmaß bei weitem überstieg, weshalb ich mir des Öfteren die
Frage stellen musste, wofür ich eigentlich eingestellt worden
war. Ich kam jedenfalls zu dem Schluss, dass die sogenannte
Lokalisierung zwar theoretisch gewünscht, aber keineswegs
praktisch gewollt war.

Hinzu kam, dass merkwürdigerweise fast sämtliche Projektmanager in der Zentrale ansässig waren, deren jeweilige Vor-

haben allerdings weit entfernt stattfanden. Eine Konstellation, wie ich sie bis dahin nie erlebt hatte. Das traf auch auf eine sehr junge mir unterstellte Mitarbeiterin in der Zentrale zu, die formal ein Projekt in Armenien leitete. Dem Projektassistenten vor Ort übertrug sie permanent Aufgaben, die er erledigen sollte und für seine Entscheidungen gegebenenfalls geradestehen müsste. Allerdings hatte sie weder den kompletten Über-, geschweige denn Durchblick des implementierten Projektes, noch kannte sie die relevanten Partner vor Ort. Des Öfteren musste ich sie daher auf ihre Verantwortung als Projektmanagerin hinweisen, die sie nicht einfach dem Kollegen im Feld in die Schuhe schieben könnte. De facto managte er das Vorhaben ohnehin fast im Alleingang. So gesehen, waren die Funktionsbezeichnungen in der Zentrale in meinen Augen ein Etikettenschwindel, denn in Wirklichkeit gingen die Kompetenzen eines Projektmanagers nicht über die eines Sachbearbeiters hinaus. Es sei denn, die Rolle wurde so verstanden, als würde ein Beifahrer der Meinung sein, er säße am Steuer, obwohl er gar nicht im Fahrzeug war.

Kurios waren aber auch die Aufgaben der Auslandsmitarbeiter, denn je nach Projekt, hatten sie unterschiedliche Rollen. Zum Beispiel gab es im Büro in Jerewan nur einen einzigen lokalen Kollegen, welcher in einem EU-Vorhaben Projektassistent war, gleichzeitig in einer laufenden ADA-Maßnahme Projektmanager (ADA: Austrian Development Agency) und der künftig zusätzlich Country Coordinator werden sollte. Gewöhnlich handelte es sich bei dieser Position um den höchsten Repräsentanten meiner Organisation in einem Land, der auch für den lokalen Partner der erste Ansprechpartner war. Als ich nachfragte, ob dies auch in unserer Konstellation – mit mir als Teamleiter – der Fall sein würde, hieß es, nein, der erste Ansprechpartner sei ich. Den Kollegen ernannte ich dann zum Projektmanager, was die Zentrale allerdings nach meinem

Weggang rückgängig machte, indem sie ihn tatsächlich zum Country Coordinator beförderte.

Der Finanzmanager, in meinem Büro gegenüber, war zugleich Projektleiter eines länderübergreifenden Projektes in der Ukraine, Georgien und Armenien, eine weitere Mitarbeiterin, mit der ich das Büro teilte, leitete eine Maßnahme in Georgien und sollte künftig Country Coordinator von Georgien werden und ich war neben dem Teamleiter gleichzeitig Projektmanager einer EU-Maßnahme in Armenien. Allerdings war diese Aufgabe in der Stellenausschreibung unerwähnt geblieben. Darüber wurde ich an meinem ersten Arbeitstag informiert, ohne Gehaltsaufschlag, versteht sich. Somit bekleideten vier Personen im Feld, mich eingeschlossen, neun Positionen, wobei die lokalen Kollegen in Tiflis und Jerewan zusätzlich für alle sonstigen Anfragen aus der Zentrale und gegebenenfalls Rückübersetzungen dorthin zuständig waren. Hinzu kam noch, das hatte ich selbst miterlebt, dass sie von Kollegen in der Zentrale kontaktiert wurden, die weder etwas mit Georgien noch Armenien zu tun hatten. All diese Verschränkungen, Überschneidungen und Rollenverständnisse mit formalen Kompetenzen, die gar keine waren, begriff ich erst, als ich selbst einige Tage vor Ort war.

Offenbar hatte sich die Organisation eine Realität konstruiert, die von ihren Mitarbeitern ohne Wenn und Aber mitgetragen wurde, meiner eigenen Auffassung allerdings in keinster Weise entsprach. Daher hatte ich meine Aufgabe so begriffen, diese eierlegende-Wollmilchsäue-Struktur zu entwirren – ein Verständnis, wie es offensichtlich nicht verstanden werden wollte.

Deshalb blieb mir auch gar nichts anderes übrig, das Missverständnis unmissverständlich zum Bergfest meines laufenden Jahresvertrages zu beenden und verabschiedete mich damit keineswegs von einem durch eine Katastrophe verursachten Einsatz, eher in katastrophaler Manier, ganz sicher aber von einer katastrophalen Organisation.

Ins Bild passten auch deren Vorgaben zur Berichterstattung. Denn vierteljährlich musste ein Fortschrittsbericht an die Zentrale geschickt werden, was mit einem immensen Zeitaufwand verbunden war. Auf meine Nachfrage, wozu diese Berichte dienten, da die Geldgeber ganz andere Berichtszeiten hatten, erhielt ich keine Antwort. Von dem einen, welchen ich fristgerecht abgeschickt hatte, hörte ich nie wieder etwas.

Denn, generell galt, dass dem Geldgeber gegenüber Rechenschaft abgelegt wurde, was in Form von eben solchen Fortschrittsberichten und am Ende eines Abschlussberichts sowie Verwendungsnachweises geschah. Dafür hatte nicht nur jede Organisation ihre eigenen Regeln bzw. Formate, sondern auch die Geldgeber. Je nach Projektlaufzeit galten bestimmte Fristen. Nahten diese, dann wurde, zumindest bei NGOs, der narrative Teil vor Ort verfasst, der dann in der Zentrale um die Finanzen ergänzt wurde. Lediglich in einem Vorhaben mit seinen vier Gebern mussten wir vier verschiedene Berichte regelmäßig zu den vorgegebenen Terminen anfertigen, weil deren Beiträge erst nach und nach beigesteuert worden waren. Der Einfachheit halber war ursprünglich vereinbart worden, immer lediglich einen einzigen Report anzufertigen, der die gesamte Maßnahme abbilden und somit allen Gebern zur Verfügung gestellt werden sollte. Nachher pochte jedoch jeder darauf, einen eigenen zu bekommen, weil die Mittel in ganz unterschiedlichen Bereichen eingesetzt wurden. In der Realität bedeutete dies, dass wir in gewisser Weise ständig an Berichten arbeiteten.

Generell war die Krux beim Verfassen, um möglichst viele unnötige Nachfragen zu vermeiden, dem oftmals theoriebehafteten, in seinem weit entfernten Büro sitzenden Leser die Situation so verständlich zu machen, ohne dabei auf die Art von Amtsdeutsch oder -englisch zu verzichten, welches in der

Alltagssprache normalerweise keine Anwendung findet. Das beste Mittel war daher, sich jeweils an dem Projektantrag zu orientieren, dessen Begrifflichkeiten, wie zum Beispiel: Stabilitätsaufbau, Wirkungssynergien, Fokusgebiet oder Kapazitätenentwicklungsmaßnahmen, zu übernehmen und gemäß den geplanten Zielen den Stand der Dinge darzulegen.

Hilfsorganisationen tendieren in den Berichten dazu, insbesondere die positiven Aspekte des Projektes hervorzuheben und negative, wenn überhaupt, nur am Rande zu erwähnen. Der Grund ist meistens, dass man annimmt, das Projekt könne als schlecht geplant angesehen werden und damit eine Auswirkung auf die Vergabe künftiger Mittel haben. Dabei ist den Gebern völlig bewusst, dass in der Regel immer irgendwelche Probleme auftreten, und gerade diese wollen sie hören.

Ich erlebte ein einziges Mal in all den Jahren, dass eine Organisation sehr wichtige Informationen in einem Bericht bewusst unterschlagen wollte. Darin ging es um ein Projekt im Bereich Altenpflege. Um dieses bewilligt zu bekommen, galt die Bedingung, dass der Geldgeber achtzig Prozent finanziert und die restlichen zwanzig von der Hilfsorganisation akquiriert werden müssten. Bei der Antragstellung hatte der Beitrag des Hilfswerkes noch nicht exakt festgestanden, wobei der zuständige Mitarbeiter nach mehreren Monaten feststellte, dass es eine erhebliche Finanzierungslücke in dem Projekt gab. Daher hatte er die zuständige Referentin des Gebers kontaktiert und um Rat gebeten. Als der Vorgesetzte dies erfuhr, warf er dem Kollegen Sabotage vor!

Denn bei allen Arbeitgebern galt die Maxime: Make the donor happy! Am ehesten konnte man das erkennen, wenn wir, egal wo ich gearbeitet hatte, Besuch bekamen. Dafür wurden Programme ausgearbeitet, die eine meist All-inclusive-Betreuung einschlossen. Verständlicherweise wollte man sich und die Projekte immer in ein gutes Licht rücken, indem die erreichten Ziele stolz präsentiert wurden. Dafür diente gewöhnlich ein besonderes Ereignis, zum Beispiel die Übergabe von Hilfsgütern oder die Einweihung einer renovierten Schule. Dahinter stand die Absicht, dass den Vertretern nicht nur das Ergebnis des finanzierten Projektes vor Augen geführt wurde, sondern ihnen auch die Gelegenheit gegeben werden sollte, mit den Menschen, die von der Hilfe profitierten, direkt in Kontakt zu kommen. Ein positiver Nebeneffekt sollte der stetige Hinweis sein, dass die Geber sehen oder erfahren konnten, weitere Hilfe sei unbedingt notwendig. Andererseits konnten sich die Menschen bei derlei Anlässen direkt bei denjenigen bedanken, die die Unterstützung ermöglicht hatten, was ihnen, den Gebern, sicherlich das Gefühl gab, genau das Richtige unterstützt zu haben.

Ich bekam dabei die Gelegenheit, die Verantwortlichen, mit denen ich bis dahin lediglich telefonischen Kontakt hatte, auch persönlich kennenzulernen und durch ausgiebige Gespräche eine ‚nähere' Beziehung aufzubauen. Jedenfalls hatte ich danach stets den Eindruck, dass es sich bei fast allen nicht nur um Bürokraten handelte, sondern, dass sie ausnahmslos auch an den Menschen interessiert waren. Abends begann dann der ungezwungene Teil, indem wir die Geber zum gemeinsamen Essen luden. Die Rechnung bezahlten fast immer wir, nachher wurde sie wiederum über das Projekt abgerechnet – wir waren Gastgeber, ohne dem Gast geben zu müssen. Manchmal war es aber auch so, dass sie die Zeche übernahmen. Geschah es besonders freigiebig, war davon auszugehen, dass sie hinterher ebenfalls intern geschäftlich buchten.

In den Gesprächen ging es oft genug anfänglich um den Kontext, über den die meisten erstaunlich gut informiert waren. Manche kannten darüber hinaus die Akteurslandschaft viel besser als wir; ein untrügliches Zeichen, dass wir nicht der einzige Nehmer waren. Ferner wussten sie selbstverständlich sehr gut, welche Projekte wir durchführten, dafür kannten sie weniger die Herausforderungen und Probleme in der Implementierung, die sie besonders interessierten, vor allem wenn es um die Kooperation mit lokalen Behörden ging.

Wenn wir nicht schon vorher beim ‚Du' gewesen waren, wurde es jetzt bei einem Toast beschlossen, und die Unterhaltung ging schnell vom Allgemeinen zum Persönlichen über: Wo ich sonst noch gearbeitet hätte? Ob ich auch schon für andere Organisationen tätig gewesen wäre? Seit wann ich beim Arbeitgeber angestellt sei? Wie ich jetzt das Land und dessen Umstände wahrnähme, wie ich meine Wochenenden gestaltete, bis hin, ob ich verpartnert sei. Nicht immer, aber öfter wurde anschließend mein Arbeitgeber bzw. meine eigenen Konditionen ins Spiel gebracht, vorzugsweise von denen, die mich schon länger zumindest fernmündlich oder -schriftlich kannten, ohne jedoch dezidierte Auskünfte zu verlangen. Grundsätzlich wollte man wissen, ob die Bedingungen für mich akzeptabel seien und wie ich die Arbeit in und die betreffende Organisation überhaupt empfände.

Von der stetigen Befristung war bereits die Rede. Bei den meisten NGOs gab es sogar eine Klausel, wonach im Falle eines vom Hilfswerk unverschuldeten Projektabbruches – zum Beispiel durch unvorhergesehenes Kriegsgeschehen – der Arbeitsvertrag sofort beendet werden konnte. Für mich persönlich zunächst überraschend, fehlte dieser Passus in meinem ersten Kontrakt bei der GIZ, unbestritten ein Indiz dafür, dass normalerweise in vermeintlich stabileren Kontexten gearbeitet wird. Dessen Laufzeit waren zunächst achtzehn Monate – der längste, den ich bis dahin je bekommen hatte und dem noch zwei weitere folgen sollten.

Die Wochenarbeitszeit war unterschiedlich geregelt. Bei den meisten NGOs gab es vertraglich zwar eine gedeckelte Stundenzahl, allerdings musste ich diese nicht immer dokumentieren oder mitteilen. Nur die Caritas Luxembourg und das österreichische Rote Kreuz (ÖRK) verlangten von mir, einen Stundenzettel auszufüllen. Das geschah allerdings nur aus formalen Gründen, da es arbeitsrechtlich erfüllt werden musste. Angehäufte Überstunden wurden von der jeweiligen Software nur begrenzt zugelassen, wobei deren tatsächliche Zahl ohnehin bei keinem Arbeitgeber eine Rolle spielten, geschweige denn eine Extravergütung. Bei der sonst überregulierten GIZ hätte ich die Möglichkeit gehabt, meine Stunden online zu erfassen, allerdings rieten mir alte Hasen davon ab, denn wenn ich die wirklich geleistete Zahl eingeben würde, wäre damit zu rechnen, dass sie von den Sachbearbeitern in der Zentrale nicht geglaubt werden würde. Deshalb entschied ich mich für die Nichterfassungsoption, wonach dann nur die tarifliche Regelzeit automatisch galt. Immerhin hatte ich die Möglichkeit, bei hohem Arbeitsaufwand einen Tag im Monat freizunehmen, was ich jedoch erst nach einigen Monaten erfuhr. Von da an nahm ich das Angebot dankend an, da meine Arbeitszeiten in der Tat ein Ausmaß hatten, welches sofort jeden Gewerkschafter auf den Plan gerufen hätte.

Beim Deutschen Roten Kreuz (DRK) gab es damals sogar eine Sechs-Tage-Woche! Ursprung dieser Regelung, so hieß es, sei die praktische Erfahrung von Nothilfeeinsätzen gewesen, bei denen davon auszugehen war, dass Mehrarbeit anfallen würde; wahrscheinlich dürfte es versicherungstechnische Gründe gehabt haben. Obwohl mir dadurch mehr Urlaubstage, vertraglich versteht sich, zustanden, waren es, auf die Fünf-Tage-Woche hochgerechnet allerdings weniger! Diese Regel galt nur für ins Ausland entsendete Kräfte. In unserer Praxis sah das so aus, dass trotz der im Einsatzland gesetzlich vorgeschriebenen Fünf-Tage-Woche die Auslandsmitarbeiter samstags ihre Zeit im Büro absaßen; die lokalen Mitarbeiter waren im Wochenende und Behörden hatten ohnehin geschlossen. Meinen internationalen Mitarbeitern hatte ich daher seinerzeit bereits Home-Office (!) verordnet, in dem Wissen, dass diese sowieso nicht wirklich arbeiten konnten, genau wie ich. Zudem hieß es beim Roten Kreuz im Vertrag, anfallende

Überstunden seien mit dem Gehalt abgedeckt. Beim ÖRK nannte man dies einen „all-in"-Vertrag.

Hinsichtlich der Urlaubstage hielten sich die meisten Organisationen an gesetzliche Vorgaben, und zwar in dem Land, in dem die Zentrale ihren Sitz hatte. Bei den Feiertagen galt generell, dass lediglich die Feiertage vor Ort als solche gewertet wurden. Wenn ich in muslimischen Ländern arbeitete – also fast immer – war deshalb um Ostern oder Pfingsten klar, dass die Zentrale nur eingeschränkt erreichbar war. Dafür wurde die Regelung für unser Weihnachtsfest großzügiger ausgelegt, da angenommen wurde, dass Auslandsmitarbeiter dieses zuhause in Deutschland mit ihren Familien feierten. Dann galten die heimischen Feiertage auch für mich. In dieser Hinsicht kurios war die Bestimmung, als ich in Georgien war. Dort wird das Weihnachtsfest nach orthodoxer Tradition erst im Neuen Jahr gefeiert und die Regierung hatte die restlichen Wochentage kurzerhand ebenfalls zu Feiertagen erklärt. Bis dahin war ich in Deutschland gewesen und wollte mir dementsprechend jene Tage im Nachhinein als arbeitsfreie Tage gutschreiben lassen. Daraufhin hieß es, wenn ich die Tage in Georgien verbracht hätte, wären sie mir als Feiertage anerkannt worden. Da ich mich jedoch im Ausland aufgehalten hätte, seien diese als gewöhnliche Arbeitstage zu werten! Im Kosovo, zumindest, als ich dort war, galt jeder religiöse Feiertag, ob muslimisch, christlich oder orthodox, als arbeitsfrei; am 9. Mai sogar der sogenannte Europatag, obwohl das Land nach wie vor weit entfernt von einer EU-Mitgliedschaft ist.

Im Hinblick auf das Gehalt gab es gravierende Unterschiede, wobei jede Organisation nach ihrer eigenen Regelung bzw. Gehaltsskala vorging. Meistens bekam ich ein dreizehntes Monatsgehalt, beim ÖRK sogar ein vierzehntes.

Bei deutschen Organisationen erhielt ich neben einem Grundgehalt noch eine Pauschale für jeden Tag im Ausland, die steuerfrei gewesen ist – beim DRK nicht – ‚all-in'. Auch bei der Caritas Luxembourg erhielt ich kein Tagegeld zusätzlich. Dafür war dort die Basisvergütung höher, außerdem überwies man mir etwa acht Wochen nach meinem ersten Einsatz einen unerwarteten Geldregen in fünfstelliger Höhe – für jeden im Ausland geleisteten Monat etwa achthundert Euro, was weder mir noch dem zuständigen Desk Officer zunächst bewusst war. Ferner konnte ich der Überweisung nicht entnehmen, wer sie ausgestellt hatte, sodass ich den Teufel tat, sie anzurühren, da ich davon ausging, es hätte sich um eine Fehlbuchung gehandelt. Tatsächlich war es eine Sonderregelung im Zusammenhang mit dem Auftrag, für den ich engagiert worden war, die in späteren Jahren (leider) abgeschafft wurde.

Dadurch, dass ich überwiegend im Ausland tätig war, griff bei mir gewöhnlich die sogenannte 180-Tage-Regelung. Diese besagt, wenn man mehr als sechs Monate im Kalenderjahr im Ausland arbeitet, zahlt man in Deutschland keine Einkommenssteuer. Damit erhielt ich stets ein vergleichsweise hohes Gehalt. Bei NGOs belief sich dieses zwischen 2.500 und 4.500 Euro netto, einschließlich der Tagespauschale. Fast doppelt so hoch war die Grundvergütung bei der GIZ plus Auslandszulage, wohlgemerkt eher an der oberen NGO-Marge. Die Zulage war je nach Einsatzland gestaffelt und richtete sich neben den Lebenshaltungskosten vor Ort auch an die Umstände, nach dem Motto: je härter, desto höher. Hinzu kam noch eine Ausreise- sowie Rückkehrpauschale, die jeweils mehrere Tausend Euro betrug. Weiterhin noch eine sogenannte variable Vergütung, welche sich nach der Bewertung der Führungskraft im Mitarbeitergespräch richtete, sowie ein Bonus, je nachdem, ob und wie die Zielvorgaben, auf welche sich im Mitarbeitergespräch im Jahr davor geeinigt worden war, erreicht wurden. Insofern konnte ich mich dahingehend keineswegs beschweren, ganz im Gegenteil verdiente ich so viel wie nie zuvor.

Im Vergleich zum öffentlichen Dienst hierzulande und vielen NGOs dortzulande bietet das Gehaltssystem der GIZ eine geradezu fürstliche Entlohnung, obendrauf noch alle anderen Benefits, die selbst mich überraschten, weshalb die Aussage eines befreundeten Diplomaten nicht ganz von der Hand zu weisen war, dort verdiene man sich „dumm und dämlich". Umso erstaunter war ich als langjährige Mitarbeiter mir gegenüber erwähnten, dass viele, wenn sie innerhalb des Unternehmens den Job im Ausland wechseln wollten, ihr Augenmerk weniger auf den Inhalt der neuen Aufgaben richteten, sondern in erster Linie auf die zu erwartende Entlohnung. Trotzdem schien es problematisch zu sein, für das eine oder andere Land, Personal intern zu rekrutieren, wofür mir jegliches Verständnis fehlte. Denn insgesamt, soweit ich das beurteilen kann, liefert die Organisation ein Rundum-Sorglos-Paket, das seinesgleichen sucht, vor allem für diejenigen, die unbefristet angestellt sind. Weder hege ich Neid, vielleicht ein bisschen Bewunderung, aber noch mehr Verwunderung. Wünschenswert wäre es daher, wenn Mitarbeiter giz'scher Prägung vorübergehend einmal am Tisch der NGO-Welt Platz nähmen, um sich zu vergegenwärtigen, dass zum Essen kein Thron und kein goldenes Besteck benötigt werden.

An dieser Stelle ist ein kurzer Exkurs vonnöten, da ich neben deutschen auch bei ausländischen Organisationen unter Vertrag war, und Vater Staat in Form der Steuererklärung, die stets ein nicht leicht zu durchdringender Dschungel gewesen ist, zwangsläufig ebenfalls ein Wörtchen mitreden möchte. Maßgeblich war grundsätzlich, ob ich unbeschränkt steuerpflichtig war, und als Verheirateter war ich das, auch wenn ich im Ausland arbeitete und meine Frau daheim ihrem Beruf nachging. Für das Finanzamt galt, dass mein Lebensmittelpunkt nicht dort, sondern in Deutschland wäre. Trotzdem war es bei heimischen NGOs nicht ganz so problematisch.

Komplexer stellte sich die Situation bei der GIZ dar, weil man statt einer Einkommenssteuer eine sogenannte Hypotax einbehielt, die sich danach richtete, ob es mit dem Staat, in welchem ich im Einsatz war, ein Doppelbesteuerungsabkommen gab. Selbst dann wurde noch zwischen unterschiedlichen Konstellationen unterschieden, die mir anfangs zwar von internen Fachleuten erklärt wurden, für mich allerdings wie eine Fremdsprache erschienen.

Schwieriger war es bei nicht-deutschen Arbeitgebern, von denen ich in ein Drittland entsendet wurde. Dann musste ich im Stammland der Organisation meine Steuer erklären, deren Ergebnisse in die deutsche einflossen. Nachdem ich im Kosovo gearbeitet hatte, warf das Finanzamt hinterher die Frage auf, welches Steuerrecht dort galt, obwohl sich das Land Jahre zuvor unabhängig erklärt hatte. Die dafür notwendige Recherche und Korrespondenz musste ich übernehmen und nicht mein damaliger Steuerberater, dessen stattliches Honorar sich zwar an den Regelsätzen richtete, was er ausdrücklich betonte, obwohl er nur die Übermittlerrolle spielte. Am Ende wurde von mir amtlicherseits sogar eine eidesstattliche Erklärung gefordert, dass ich im Kosovo nur einer einzigen Tätigkeit nachgegangen war.

Beim österreichischen Finanzamt musste ich erst einmal nachfragen, welche Art von Erklärung, sprich welches Formular ich ausfüllen müsse, was ich erst nach vielen telefonischen Versuchen einschließlich musikalisch unterlegten Warteschleifen in Erfahrung brachte. Nach längeren Ausführungen meinerseits teilte mir der Finanzbeamte mit, ich solle Formular E7 ausfüllen, „des is ja nit so lang und schwoar (schwer)". Neun Monate später wählte ich wieder die Nummer, um den Bearbeitungsstand zu erfragen, musste mir erst wieder minutenlanges Gedudel anhören, bevor die Frau am anderen Ende der Leitung meinte, „Sie ham jo den falschen Bogn ausgfüllt, mir ham des scho loong erledigt!" „Moment, bekomme ich denn

einen Bescheid, denn das deutsche Finanzamt braucht einen?"
„Des woaß i nit, ba-ba". Bekommen habe ich dann einen, der
eine Nachzahlung meinerseits auswies!

Aufgrund der Komplexität des Themas kann ich daher jedem, der bei einer ausländischen Organisation arbeiten möchte, nur den Rat geben, sich vorher genauestens über die steu-
errechtliche Situation zu informieren. Dasselbe gilt im Übrigen
für die Krankenversicherung, besonders, wenn man bei einem
ausländischen Arbeitgeber angestellt ist. Zum einen sollte man
sich detailliert darüber aufklären lassen, was die dortige Krankenversicherung abdeckt. Außerdem sollte man sich, besonders als Deutscher bei einem ausländischen Arbeitgeber, vorab
ebenfalls darüber informieren, ob man nach einem Auslandseinsatz nahtlos und unproblematisch wieder in eine deutsche
Krankenversicherung übernommen wird. Hierfür hatte ich
zum Beispiel, als ich in Serbien arbeitete, eine Anwartschaft,
die mich monatlich etwa fünfundzwanzig Euro gekostet hatte,
ohne dass ich irgendeinen Anspruch auf medizinische Leistungen zu Hause hatte.

Im Hinblick auf meine Unterbringung vor Ort gab es drei
Möglichkeiten: erstens, die Unterkunft wurde von der Organisation gestellt und ich war dort mit anderen Kollegen untergebracht. Zweitens, ich konnte mir eine Wohnung nehmen, deren Kosten bis zu einem bestimmten Betrag übernommen wurden, und drittens, wie beim ASB und der GIZ, wo ich die Miete
selbst bezahlen musste. Wobei bei der GIZ die Regel bestand:
wenn die Miete einen bestimmten Prozentsatz des Gehalts
überstieg, wurde ein Teil davon übernommen.

Meinen Unterkünften habe ich in den ‚Katastrophenbegegnungen' ein eigenes Kapitel gewidmet, da deren Bandbreite
von Bruchbude bis komfortable Single-Wohnung reichte. Ausgerechnet bei meinem letzten Einsatz in Georgien logierte ich
in einem viel zu großen Appartement, dem bis dahin luxuriö-
sesten meiner ganzen Laufbahn, fast im Zentrum von Tiflis,

welches sicherlich der Traum jeder normalen georgischen Familie gewesen wäre. Die Miete trug der Arbeitgeber.

Dieser übernahm gewöhnlich auch die Kosten für Dienstreisen. Bis ich bei der GIZ begann, waren diese, besonders ins Ausland, eher die Ausnahme als die Regel. Anfangs war ich selbst noch davon beeindruckt, dass ich gelegentlich zu Meetings oder dergleichen flog. Obwohl nicht in der Business-Klasse kam ich mir trotzdem richtig wichtig vor, abgesehen von den vielen unnötig verbrachten Stunden auf Flughäfen. Angesichts der Vielzahl von dienstlichen Flügen bei der GIZ wurden diese jedoch mehr und mehr zur Last, denn jede Geschäftsreise war unweigerlich mit Stress verbunden. Meistens bedeutete es sehr frühes Aufstehen, Bangen, ob der Fahrer rechtzeitig kommt und hoffentlich nicht allzu viel Verkehr zum Flughafen war. Nach Jordanien oder Libanon für ein zweistündiges Meeting zu reisen bedeutete einen Tag Hinflug mit Umstieg in Istanbul, am nächsten Tag das Treffen und am dritten Rückflug. Kaum eine Woche verging, in der ich nicht im Flugzeug saß, manchmal sogar zwei- oder dreimal. Hinzu kamen das monatliche Managementmeeting im Landesbüro sowie häufige Flüge nach Istanbul, wo einer unserer Geber sowie andere für uns wichtige Organisationen ihren Sitz hatten. Eines Tages meinte ein Referent der deutschen Botschaft bei einem Besuch, dass seiner Ansicht nach GIZ-Mitarbeiter viel zu viel fliegen würden. In die Diskussion wollte ich mich nicht einmischen, entgegnete ihm aber spitzzüngig, ob er meine, wir würden das „aus Spaß an der Freud' tun". Denn auch alle übrigen betroffenen Kollegen empfanden die Vielfliegerei alles andere als angenehm.

Generell war bei längeren Einsätzen vertraglich festgelegt, dass der Arbeitgeber pro Jahr einen privaten Heimflug bezahlte. In dieser Hinsicht waren allerdings alle sehr kulant, indem meistens vereinbart wurde, dass ich in die Zentrale kommen sollte, weshalb weitere Heimflüge als Dienstreise angerechnet wurden. Meistens hatte ich meinen Urlaub ohnehin damit verbunden.

Das Thema Fortbildung von Mitarbeitern spielte in der Anfangszeit, aber auch später bei NGOs keinerlei Rolle. Weder wurde ich auf solche hingewiesen, noch wurde mir angeboten, ich könne selbst nach passenden suchen. Das mag zum einen daran gelegen haben, dass dafür, zumindest für Auslandskräfte, kein Budget zur Verfügung stand, und zum anderen, an den in der humanitären Hilfe normalerweise kürzeren Projektlaufzeiten. Wenn wir solche für Partner organisierten, zum Beispiel zum Thema Projektmanagement, nutzte ich die Gelegenheit ebenfalls für mich. Lediglich beim Roten Kreuz war eine ganze Reihe von Online-Schulungen obligatorisch, um überhaupt beginnen zu können. Allerdings handelte es sich nicht um fachliche, sondern die Inhalte, wie zum Beispiel Korruption, Gender oder Sicherheit kreisten um die Organisation und wie mit ihnen intern verfahren würde; in gewisser Weise eine Art Gehirnwäsche zur Hinführung oder Festigung der Corporate Identity. Dagegen konnte ich bei der GIZ, mit Einverständnis meiner Führungskraft, zu allen möglichen Inhalten in der hauseigenen Akademie Kurse belegen, die zu Lasten des Projektes gingen. Allerdings mussten sie selbstverständlich einen Bezug zu meiner Arbeit oder Position haben. Hinzu kamen verpflichtende Fortbildungen vor allem für Führungskräfte, an denen ich teilnehmen musste.

Ich hatte oben erwähnt, dass ich bisweilen von Besuchern neben den akzeptablen Bedingungen auch danach gefragt wurde, wie ich es generell in der betreffenden Hilfsorganisation empfände. Ich hatte das nie als ein mit gespitztem Ohr, auf der Suche nach negativen Aspekten zielendes Verhör aufgefasst, was der Frager stets auch ausdrücklich betonte. Vielmehr deutete der Ton, mit dem die Frage gestellt worden war, eher daraufhin, dass ich sie auch hätte unbeantwortet lassen können. Dann hätte ich allerdings womöglich ein Gefühl des

Misstrauens hervorgerufen und mein Gegenüber hätte vermuten können, ich wolle etwas verheimlichen. Deshalb hatte ich stets ganz offen mein Empfinden mitgeteilt, ohne zu weit ins Detail zu gehen. Glücklicherweise fanden solche Unterhaltungen nie statt, als ich besonders negative Erfahrungen mit meinem Arbeitgeber gemacht habe.

Die Frage, wie gut oder schlecht man sich in einer Organisation aufgehoben fühlt, hat viel mit der Organisationskultur zu tun, die man anhand unterschiedlicher Indikatoren bewerten kann. Bei einer wissenschaftlichen Vorgehensweise müsste ich jetzt erst einmal das Sujet sowie dessen Ausarbeitung vorab möglichst genau definieren, was aber die Gefahr bergen würde, sich mit theoretischen Erklärungen zu sehr auseinandersetzen zu müssen, damit jeder Hauch von Begründung fundiert untermauert würde. Dagegen finden sich zur Meinungsäußerung über einen Arbeitgeber im Internet Bewertungsportale, die bestimmte Aspekte vorgeben, wie zum Beispiel Image, Arbeitsatmosphäre, Gehalt, Umgang, Karriere oder Vorgesetztenverhalten. Ich beschränke mich auf einige wenige Aspekte, da für mich zum Beispiel das Gehalt in dieser Hinsicht überhaupt nicht ausschlaggebend war. Darüber hinaus waren einige meiner Einsätze viel zu kurz, als dass ich eine grundsätzliche Aussage machen könnte.

So gesehen ist es fast unfair, wenn ich die weiter oben titulierte Katastrophenorganisation als ganze so bezeichnen würde. Demnach entspräche meine Bewertung stilistisch einem Pars pro Toto, was dem Arbeitgeber wegen meines beschränkten Blicks gegenüber wohl nicht ganz gerecht käme. Gelegentliche Kontakte mit anderen Abteilungen ließen zumindest darauf schließen. Eine Hyperbel, also Übertreibung ist es deshalb, nach meiner Beobachtung, nicht gewesen. Als Euphemismus – beschönigend – könnte meine Bezeichnung Katastrophenorganisation allenfalls verstanden werden, wenn darin das Wort Katastrophe als Zustand und nicht Zweck verstanden würde. Das geeignetste Stilmittel dürfte deshalb eine, wenn auch leicht modifizierte Synästhesie darstellen, die von der Verschmelzung diverser Sinneseindrücke und Wahrnehmungen charakterisiert ist. In diesem Fall waren es die Töne, die ich aus der Zentrale vernommen hatte, die nicht nur meinem Urteil zugrunde lagen, sondern meine Erkenntnis unterstrichen, dass die Hilfsorganisation unbedingt selbst Hilfe in Anspruch nehmen müsse.

Bei fast allen meinen Arbeitgebern wurde von Beginn an das Duzen gepflegt, selbst zu Vorgesetzten. Manchmal wurde darauf explizit gleich am Anfang hingewiesen, womit sich die rituellen Besieglungen ersparen ließen. Dort, wo es keinen Hinweis gab, empfand ich es, trotz aufgelockerter Atmosphäre, komisch, mir völlig wildfremde Menschen so anzusprechen, als sei man altbekannt miteinander. Indessen nahm mir diese Art von Umgang nicht nur die Scheu oder Schüchternheit, die man stets in neuer, unbekannter Umgebung fühlt, sondern rief sofort ein Gefühl der uneingeschränkten Akzeptanz und Zusammengehörigkeit hervor. Selbst vermeintlich hierarchische Distanzen schrumpften, und wenn obendrauf noch gegenseitig Sympathiepunkte vergeben wurden, stand einer guten Kooperation nichts im Wege.

Welchen Unterschied das entkrampfende Duzen macht, erlebte ich bei meinem ersten Job in der Zentrale sowie dem ersten nach meiner Auslandskarriere hierzulande. In beiden Fällen bestanden meine direkten Vorgesetzten auf das Siezen, wodurch die Kommunikation mit ihnen mehr formal als kooperativ und schon gar nicht kollegial ablief. Im ersten Fall als Anfänger war ich noch viel zu eingeschüchtert, im zweiten ließ mich das zwar kalt, war aber umso befremdlicher, weil die Führungskraft keinerlei Hehl daraus machte, dass seine Sympathie den Du-Sagern und nicht Sie-Sagern galt. Eine kuriose Parallele gab es bei beiden: kurz nach meinem Ausscheiden, erfuhr ich, dass beide entlassen worden waren!

Der ungezwungene Umgang soll selbstverständlich nicht darüber hinwegtäuschen, dass überall Friede, Freude, Eierkuchen herrschte. Denn wie überall verlief die Arbeit nie völlig reibungslos. Trotzdem hatte ich stets das Gefühl, dass ich in einer solchen Atmosphäre Probleme oder Kritik eher ansprechen konnte als vielleicht in einer streng auf Hierarchie wert legenden Organisation.

Der Prozess der Aufnahme und Einarbeitung, neudeutsch: Onboarding, gestaltete sich durchaus unterschiedlich. Bei den allermeisten Hilfsorganisationen, für die ich tätig gewesen bin, verbrachte ich daher anfangs stets mindestens einen, manchmal aber auch mehrere Tage in der Zentrale. In Österreich musste ich gar, bevor ich ins Einsatzland ging, wie es hieß aus sozial-versicherungstechnischen Gründen, einen ganzen Monat in der Zentrale verbringen.

Dabei waren die persönlichen Kontakte mit denjenigen in der Zentrale am wichtigsten, mit denen ich später vom Feld aus ständig zu tun hatte. Am eingehendsten verlief diese Prozedur bei der GIZ, wo im Zeitraum von drei Wochen ein Stundenplan abgearbeitet wurde, welcher mich mit allen Aspekten des Unternehmens und der Arbeit bekannt machte und durch welchen ich mich gut auf meine Feldarbeit vorbereitet fühlte.

Bei den meisten Einsätzen war ich vor Ort die Führungskraft, wohingegen mein direkter Vorgesetzter in der Zentrale saß. Und zwar weniger in fachlicher, sondern mehr in disziplinarischer Hinsicht. Das bedeutete zum Beispiel, dass ich von ihm meinen Urlaub genehmigen oder sonstige verwaltungstechnische Fragen abklären lassen musste. Darüber hinaus ging es häufig um interne Prozesse in der Zentrale, mit denen ich weniger vertraut war. Inhaltliche, das heißt auf Projekte oder sonstige Gesichtspunkte auf vor Ort bezogene Fragen wurden zum Teil per Telefon rasch geklärt. Dass dem jedoch nicht immer so gewesen ist, sondern ganz im Gegenteil man sich in meinen Zuständigkeitsbereich stark, in wenigen Fällen sogar zu stark einmischte, hatte ich schon anklingen lassen, kann mir aber gut vorstellen, dass es anderswo ebenfalls vorkommt.

Aufgrund der Distanz zwischen Zentrale und Feld war das Thema Personalführung durch meine Vorgesetzten unterschiedlich ausgeprägt. Vor allem zu Beginn, als ich noch recht wenig Erfahrung hatte, bestand ein zum Teil sehr enger Austausch, was meine eigene Situation oder mein Agieren betraf, sodass ich immer den Eindruck hatte, ‚geführt' zu werden und mich sehr gut aufgehoben fühlte. In späteren Einsätzen reduzierten sich derlei Kontakte merklich, da ich inhaltlich und auch sonst immer weniger Unterstützung aus der Zentrale benötigte. Dort, wo es trotzdem notwendig war, wurde mir diese Unterstützung meist mehr als bereitwillig entgegengebracht.

Lediglich bei der GIZ war meine Führungskraft ebenfalls vor Ort, mit der ich eine kollegiale Zusammenarbeit hatte, wie man sie sich nur wünschen konnte. Bei ihr fand ich stets ein offenes Ohr und wo ich Defizite hatte, machte sie mich darauf aufmerksam. Nicht nur in diesem Fall, sondern auch anderswo, aber nicht überall (siehe oben), war die Zusammenarbeit meines Vorgesetzten und mir vor allem von Vertrauen und ständiger Kommunikation geprägt, so wie es auch sein sollte. Schließlich, und hier beziehe ich ausdrücklich alle meine Arbeitgeber während der Auslandsarbeit ein, war allen ein Punkt gemeinsam: nämlich das Interesse an meiner Arbeit sowie den Mitarbeitern.

Ähnlich verhielt es sich mit der Wertschätzung meiner Arbeit, hing allerdings auch immer von der Persönlichkeit der mir vorgesetzten Person ab: Der eine lobhudelte mehr als der andere, wobei man sich oft genug dann, wenn es der andere nur selten tut, mehr freut; nach dem Motto: Keine Nachricht ist eine gute Nachricht; soll heißen, je weniger der Kontakt von der Zentrale zu mir gesucht wurde, desto höher empfand ich das als Anerkennung oder als Vertrauensbeweis im Hinblick auf meine Leistung.

Bei den Arbeitgebern, wo das jährliche Mitarbeitergespräch obligatorisch war, kam die Wertschätzung spätestens dann aufs Tapet, meistens anhand vorgegebener Prozesse und Formulare. Am ausgeprägtesten war dies bei der GIZ, und es genoss hohe Priorität. Das Gleiche galt für mich als Führungskraft in Bezug auf meine Mitarbeiter. Dafür vorgesehene Termine mussten penibel eingehalten und die Abläufe genauestens dokumentiert werden. Als ich beim ersten Mal einen Termin für die Abgabe meiner Mitarbeiterbewertungen verschwitzte, bekam ich einen ordentlichen Rüffel vom Landesdirektor!

Ein weiteres Instrument der GIZ hinsichtlich der Wertschätzung, aber auch der Bewertung von Führungskräften, war das sogenannte ‚Feedback for Managers', welches mir bis dahin nie begegnet war. Mithilfe eines standardisierten Verfahrens bewerten die Mitarbeiter dabei die Leistung ihres Vorgesetzten. Je nach Größe des Teams musste dafür ein externer Moderator engagiert werden. Die meist eintägigen Workshops endeten mit einer schriftlichen Vereinbarung, die von der Führungskraft unterschrieben und an die Personalabteilung geschickt werden musste. Bei meinem letzten Feedback for Managers hieß es darin zum Beispiel, dass ich meine Mitarbeiter noch detaillierter über die monatlichen Managementmeetings informieren sollte. Wünschenswert wäre es, wenn ein derartiges Verfahren generell eingeführt werden würde, zumal Kritikpunkte angesprochen wurden, die mir als Führungskraft (möglicherweise) nicht ganz so bewusst gewesen waren. Dass es noch eine Stufe höher gehen kann, erlebte ich im gleichen Einsatz, als ich nämlich den Projektmanager unseres britischen Auftraggebers bewerten musste – das sogenannte ‚360 Grad Feedback'.

Ein Punkt erstaunte mich bei der GIZ, den ich in der Form weder vorher noch nachher bei anderen Arbeitgebern je erlebt hatte. In Anbetracht des fragilen Kontextes lag stets ein möglicher Abbruch der Projekte in der Luft, was insbesondere unter den lokalen Mitarbeitern für ständige Unruhe und Unsicherheit sorgte. Sie fürchteten um ihre Jobs. Daher wurde ihnen regelmäßig, auch seitens der Zentrale, versichert, dass man sich selbst in diesem Fall kümmern würde. Und das war in der Tat so. Auch ich musste deshalb regelmäßig mögliche Szenarien vorlegen, welcher meiner Mitarbeiter anhand seiner fachlichen Expertise und Fähigkeiten in welches andere Projekt unter Umständen wechseln könnte. Bei diesen theoretischen Überlegungen blieb es keineswegs. So musste zum Beispiel ein Vorhaben erheblich gekürzt werden und die betreffenden Mitarbeiter wurden in andere übernommen. Bei jener Fürsorge wurden internationale Mitarbeiter jedoch nicht berücksichtigt, da man offenbar davon ausging, dass sie problemlos in anderen Ländern eingesetzt werden könnten. Obwohl nie offen ausgesprochen, hätte man vermuten können, die Besorgnis hätte mehr dem möglichen Abbruch der Maßnahmen und damit verbundenen möglichen negativen Konsequenzen seitens des Gebers ihre Ursache gehabt, so war es doch auch eine Wertschätzung für das Personal. Zugegeben, ich selbst machte mir darüber weniger Gedanken, hätte mir aber eine solche ‚Zuwendung‘ für mich und meine stets ungewisse Zukunft sicherlich zumindest bei anderen Arbeitgebern bisweilen gewünscht. Anzufügen ist allerdings, dass die GIZ in dieser Hinsicht vor allem finanzielle Spielräume hatte, welche NGOs keineswegs zur Verfügung standen.

Insgesamt gesehen würde ich mit einigen Abstrichen in puncto Organisationskultur allen Hilfswerken ein sehr gutes Zeugnis ausstellen. Durchweg herrschte, trotz aller Schwierigkeiten und Herausforderungen, eine angenehme Stimmung, in der es Spaß machte, zu arbeiten – zumindest in meiner unmittelbaren Arbeitsumgebung vor Ort.

Wenn ich eine Rangliste der Arbeitgeber erstellen müsste, bei denen ich am liebsten gearbeitet habe, stünde die GIZ, trotz der immensen Bürokratie, eindeutig auf Platz eins. Und zwar nicht ausschließlich wegen des hohen Gehaltes, sondern als Gesamtpaket betrachtet. Allerdings war die Art und Weise, wie wir arbeiteten, nicht die typische der GIZ an anderen Orten, wo der Schwerpunkt die Entwicklungszusammenarbeit ist. Hie und da begegnete ich deren Mitarbeiter in anderen Einsätzen und merkte sofort, ohne Details ihrer Tätigkeit zu kennen, dass ich mich dort wohl weniger wohlfühlen würde. Unser Kontext dagegen entsprach mehr dem Agieren, wie ich es zuvor bei NGOs erlebt hatte.

Gewiss bin ich wohl im Herzen immer ein NGOler geblieben, obwohl mein Urteil ihnen gegenüber nicht ganz so euphorisch ausfällt. Hier war es bei der Caritas Luxembourg, für die ich mehrmals im Einsatz war, sicherlich am angenehmsten. Die Zusammenarbeit mit der Zentrale war sehr gut und auch dort hatte ich eine Gestaltungsfreiheit vor Ort, die - mit Einschränkungen ganz am Anfang - hervorzuheben ist. Nach wie vor bin ich mit einigen Kollegen bis heute freundschaftlich verbunden.

Obwohl ich nicht so lange bei HELP – Hilfe zur Selbsthilfe e.V. arbeitete, habe ich neben der vorzüglichen Kooperation auch die Beschäftigten in bester Erinnerung behalten. Später wurden mir mehrmals von der Organisation Jobs angeboten, allerdings war ich entweder anderswo unter Vertrag oder es handelte sich für mich persönlich um ‚No-go-Areas': Afghanistan, Somalia oder Irak. Es gab aber auch Arbeitgeber, für die ich nie mehr hätte arbeiten wollen, selbst wenn sie mir große Verlockungen geboten hätten. Bei jenen fiel mir jedenfalls der Katastrophenabschied nicht allzu schwer.

Dagegen ist meine Meinung, was das Rote Kreuz betrifft, zwiespältig. Einerseits hegte ich große Bewunderung und Respekt für die Arbeit im jeweiligen Land. Andererseits denke ich, dass das Rote Kreuz nur etwas für ausgewiesene Rotkreuzler ist, das heißt, für diejenigen, die schon seit frühester Jugend in, vielleicht sogar mit ihm sozialisiert wurden.

Denn, es ist nicht nur eine einzige Organisation an einem Standort, sondern eine weltweit tätige Institution, die sich aus drei Organisationen zusammensetzt: der Rotkreuzgesellschaft eines Staates, der Internationalen Föderation der Rotkreuzgesellschaften (IFRC) sowie dem Internationalen Komitee des Roten Kreuzes (IKRK). In deren gesamten Hilfsgeschäft werden ganz eigene Termini und insbesondere daraus abgeleitete Abkürzungen verwendet, mit denen ich mich sehr schwertat. Darüber hinaus merkte ich von Anfang an, dass das Rote Kreuz auf humanitäre Hilfseinsätze spezialisiert ist und weniger auf entwicklungsorientierte Nothilfe. Selbst im Tagesgeschäft drehte sich alles immer wieder an erster Stelle um das Rote Kreuz. Kein Wunder, dass man nicht über den Tellerrand hinausschaute, geschweige denn, die Kooperation oder Koordination mit anderen Organisationen suchte.

Hinzu kam noch die Visibility, also Öffentlichkeitsarbeit, nach außen. Bei jedem Ereignis im Rahmen der Projektarbeit ist mir schon die Vielzahl der Fahnen, Banner und sonstigen Embleme so sehr aufgefallen, dass es mir fast schon peinlich war. Es glich fast einem Kult. Und der musste offenbar gepflegt werden. Ähnlich war es, als der Präsident des IFRC einem meiner Einsatzländer einen Besuch abstattete. Nach den offiziellen Gesprächen genoss dieser sichtlich das Bad in der „Rotkreuzmenge", die sich in einer Halle eingefunden hatte. Vor allem all die jungen Freiwilligen begrüßten ihn frenetisch, als ob er ein Popstar gewesen wäre. Deshalb wird sich jeder Neue, vor allem Nicht-Rotkreuzler, der zuvor bei anderen Hilfsorganisationen gearbeitet hat, diese Art der Organisationskultur zum Teil sehr befremdlich empfinden – mir ging es jedenfalls so.

Selbst wenn sich der eine oder andere Arbeitgeber für mich selbst in gewisser Weise bisweilen als eine Katastrophenbegegnung erwiesen hatte, ändert das nichts daran, dass ich persönlich in jeder Hinsicht profitierte. Schließlich wird man nur aus Erfahrung klug. Verwerflich ist höchstens, wie ich es einmal mit eigenen Augen erlebte, dass die Mitarbeiter einer Hilfsorganisation die Sektkorken knallen ließen (tatsächlich!), als das Spendenkonto im Rahmen eines bewaffneten Konfliktes rasant in die Höhe schnellte.

Trotz der vielseitigen Aufgaben in allen meinen Auslandseinsätzen war meine Hauptaufgabe für die Durchführung von
Hilfsmaßnahmen im Allgemeinen Sorge zu tragen und im Besonderen hie und da selbst Projekte zu managen. Wenn ich die
Leitung eines Büros übernahm, waren die Aktivitäten meistens bereits bewilligt oder mitten in der Implementierung. Nur
als ich das Kosovobüro 2007 eröffnete, musste erst einmal die
organisationseigene Strategie mit den künftigen Schwerpunk-
ten erarbeitet sowie das Zielgebiet genau definiert werden.

Die Gesamtzahl der Projekte, für die ich während all meiner
Auslandseinsätze verantwortlich zeichnete, summierte sich
auf weit über 150. Die meisten wurden entweder von mir un-
terstellten lokalen und internationalen Kollegen oder unter
Vertrag genommenen Partnerorganisationen durchgeführt; 33
Vorhaben leitete ich selbst.

Wenn nicht gerade Spendengelder zur Verfügung stehen,
wie zum Beispiel nach dem Tsunami 2004 in Sri Lanka, beantragen Hilfsorganisationen normalerweise Projekte bei staatlichen Institutionen - in Deutschland je nach Kontext entweder
beim AA oder BMZ. Ferner existieren bei der EU allerlei Geld-
töpfe, die gerne auch von darin ansässigen Hilfsorganisationen
angezapft werden.

Dass dem so ist, erkennt man in Katastrophengebieten an einem zuweilen dichten Schilder-Dschungel, auf denen Hilfsorganisationen ihre Projektinformationen sowie den jeweiligen
Finanzier präsentieren. Einerseits wird damit die Pflicht zur
Öffentlichkeitsarbeit seitens des Gebers erfüllt, andererseits
wird damit der Bevölkerung die geleistete Hilfe transparent illustriert. Zwar wird nicht jede Organisation Flagge zeigen, allerdings kann die Zahl der Hilfsorganisationen oder NGOs,
die im Katastrophenfall tätig werden, im einen oder anderen

Fall sogar mehrere Hundert (!) ausmachen. Als ich zum Beispiel in Sri Lanka ein Jahr nach dem verheerenden Tsunami von 2004 entlang der Ostküste fuhr, stand etwa alle hundert Meter ein Schild – und zwar auf einer Strecke von Dutzenden von Kilometern!

Neue Mittel einzuwerben, stand bei einigen NGOs weit oben in meiner Aufgabenbeschreibung, und zwar vorzugsweise bei Gebern wie ECHO, dem ehemaligen Büro für humanitäre Hilfe der EU, das 2010 in Generaldirektion ECHO mit weitergehenden inhaltlichen Zuständigkeiten umbenannt wurde. Denn dort konnten die sogenannten Overhead-Kosten ins Budget einfließen, die vom AA zum Beispiel nicht übernommen wurden. Dabei handelte es sich um Ausgaben, die nicht direkt mit den geplanten Aktivitäten zusammenhingen, sondern meistens die Verwaltung in der Zentrale beinhalteten, die gewöhnlich pauschal mit sieben Prozent der Gesamtkosten veranschlagt wurden.

Bei meiner Ankunft in Serbien galt es einerseits ein bereits vom AA bewilligtes Projekt auf die Beine zu stellen, andererseits bekam ich fast im Wochenrhythmus Nachfragen aus der Zentrale, wie es um ECHO stehe. Monatelang waren jegliche Kontaktversuche mit deren Hauptbüro in Belgrad meinerseits gescheitert. Wir hatten extra einige Ideen skizziert, um wenigstens einmal einen Termin zu bekommen. Zur dortigen Verantwortlichen stießen wir jedoch nie vor, sondern wurden stets schon am Telefon abgewimmelt. Die Zentrale reagierte darauf immer mit wiederkehrendem Unverständnis, als ob sich die humanitäre Welt nur um uns drehen und ECHO uns sehnsüchtig erwarten würde.

Dann wurden eigens zwei Mitarbeiter geschickt, die mich darin unterstützen sollten. Mit Einem von ihnen hatte ich ein Treffen im Norden Serbiens bei einer Vertreterin von ECHO in deren Außenstelle vereinbart, um zumindest über sie einen soliden Kontakt herzustellen, da sie keinerlei Entscheidungskompetenz hatte. In dem dann folgenden Gespräch sagte der Kollege wortwörtlich zu ihr: „Wir würden tun, was Sie wollten; selbst, wenn es sich um die Lieferung von Waffen handele!"

Ansonsten hieß es für mich, immer wieder den Kontakt zu möglichen Gebern zu suchen, per Telefon oder E-Mail, wenn ich denn die Kontaktdaten hatte; vor und nach Koordinationsmeetings zumindest ein kurzes Gespräch oder eine Visitenkarte zu ergattern. Im Prinzip galt es, jede erdenkliche Gelegenheit zu nutzen, denn es konnte auch für meine eigene Zukunft eine nicht unwichtige Rolle spielen.

In der Türkei 2013 wurde ich gar nach einem Meeting des NGO-Forums vom ECHO-Vertreter, einem Italiener, gezielt angesprochen, ob ich ihn denn nicht mehr erkennen würde, da auch er damals im Nordkaukasus, allerdings für eine andere NGO, gearbeitet hätte. Lediglich sein Name schien mir irgendwann einmal begegnet zu sein, ich erinnerte mich aber weder wann noch wo. Trotzdem nickte ich zustimmend zu seinen Ausführungen und ließ gelegentlich ein „Oh, yes!", „Really" oder „Of course" einfließen, um ihm zu signalisieren, als würde ich nicht aufs Hinterstübchen, sondern dem Eingangsportal meines Gedächtnisses zurückgreifen. Dann erzählte ich ihm von unserem Vorhaben, das noch ganz am Anfang stand, und fragte nach der Möglichkeit einer künftigen Zusammenarbeit, was er mit einem definitiven vielleicht beantwortete. „Lass uns mal auf ein Bier zusammen gehen" verabschiedete er sich daraufhin mit einer Unverbindlichkeit, woraus ich verbindlich las, dass es bei der Unverbindlichkeit bleiben würde und sich damit in die lange Liste meiner erfolglosen Mitteleinwerbung einreihte, deren Bilanz ohnehin keinen positiven Saldo aufwies.

Aufhübschen könnte ich sie allenfalls mit der erfolgreichen Antragstellung an UNDP, dem Entwicklungsprogramm der Vereinten Nationen, damals in Inguschetien. Einerseits handelte es sich aber um ein sehr kleines Projekt (Budget: 66.000 Euro) und andererseits waren interessierte NGOs dazu ausdrücklich aufgefordert worden. Weiterhin wäre es vermessen, wenn ich für die drei Millionen Euro die Lorbeeren einstreichen würde, die wir damals in Serbien von einer amerikanischen NGO bekommen hatten (siehe unten). Die Paten dafür, meine damaligen Kollegen aus Kroatien, waren nämlich zur rechten Zeit am rechten Ort, und zwar in meinem Büro, just an dem Tag, als die Gringos auf der Suche nach Durchführungspartnern waren. Der sich am Ende jenes Einsatzes in Serbien anbahnende ECHO-Vertrag erscheint ebenfalls nicht auf meiner Haben-Seite, da wir dazu namentlich vom Geber, aber erst auf politischen Druck des AA, aufgefordert worden waren. Immerhin konnte sich die dortige Verantwortliche, eine deutsche Landsfrau, an meinen Namen erinnern („Hatten wir nicht schon des Öfteren telefoniert, Herr Fischer?"), und als es so weit war, mich anblaffte, ob ich mich beim AA über sie beschwert hätte. Die mehreren Millionen Euro, die nach und nach in der Türkei meinem Vorhaben von einigen ausländischen Organisationen zugeschossen wurden, hatte ich zwar selbst nicht initiiert, immerhin betonte eine Mitarbeiterin in der Zentrale, dass die Ursache dafür vor allem dank des von mir sehr gut geleiteten Projektes gewesen wäre.

Mir zugutehalten kann ich immerhin, dass ich bei der Akquise nie Foul spielte, so wie ich es in der Türkei bei einer deutschen NGO einmal erlebte. Unser Ziel war es, in Nordsyrien ein Büro zu eröffnen, um ein großangelegtes Projekt durchzuführen, welches vom AA finanziert werden sollte. Zuvor hatte der Direktor vor Ort in Syrien eine tschechische Hilfsorganisation besucht, und gemäß seinem Kalkül, sämtlich erforderliche Informationen eingeholt, nachdem er ihnen versprochen hatte, einige Komponenten übernehmen zu können. Die Bewilligung ließ nicht lange auf sich warten, dafür ließ er die Tschechen auf ihren Einsatz warten – und zwar vergeblich, indem er von etwaigen Absprachen plötzlich nichts mehr wissen wollte. Im Übrigen hatte er deren Projekt eins zu eins kopiert!

Ohne dieses Hintergrundwissen war ich, an meinem zweiten Tag in der Türkei, bei einem Meeting unseres Direktors mit den Tschechen anwesend und war erstaunt über die Reserviertheit, mit der man uns begegnete! Meinem Chef riet ich daher anschließend, er solle am Abend auf ein Bier mit dem Prager gehen, wozu wiederum er „keine Lust hätte" und ließ die Katze aus dem Sack, in einer Art, die so klang, als erwartete er meine Bewunderung für seinen Coup, die ich mir verkniff, stattdessen von dem Moment an wusste, mit welchem Charakter ich es zu tun haben würde.

Die Vorgehensweise von der Antragstellung bis zum Ende eines Projektes richtete sich nach dem im humanitären Bereich allgemein akzeptierten sogenannten Project Cycle Management (PCM). Trotz unterschiedlicher Termini entspricht es im Wesentlichen dem klassischen Projektmanagement bis auf die detaillierte Ausarbeitung der einzelnen Arbeitspakete. Das PCM verläuft in sechs Phasen, einem Kreislauf entsprechend. Zunächst wird in einem ersten Schritt das Programm festgelegt. Angenommen in Land X bebt die Erde und eine Hilfsorganisation entscheidet sich, dort Hilfe zu leisten (1), nachdem dort internationale Unterstützung angefragt worden ist. Im nächsten Schritt wird der notwendige Bedarf (2), im Fachjargon Assessment genannt, ermittelt. Daraufhin wird die Organisation einen entsprechenden Projektantrag (3) formulieren und an potenzielle Geldgeber schicken. Wird der Antrag angenommen, womit die Finanzierung (4) gesichert ist, kann die Durchführung (5) beginnen und gegen Ende oder nach Abschluss der Maßnahme wird diese in einem letzten Schritt mittels einer Evaluation (6) ausgewertet. Bei dieser Erklärung handelt es sich um eine sehr vereinfachte Darstellung, denn in Wirklichkeit beinhalten die einzelnen Phasen eine Vielzahl von weiteren Schritten, die den oben genannten Arbeitspaketen entsprächen und zum Beispiel detailliert in Microsoft Project genauer illustriert werden könnten. Allerdings ist mir keine einzige Organisation begegnet, geschweige denn bekannt, die es so praktiziert.

Ein Instrument des PCM ist der sogenannte Logical Framework Approach (LFA), welcher sich für mich stets als sehr gutes Hilfsmittel erwies. Ich bin sogar ein Fan davon. Darin wird das Projekt in einer vierspaltigen Matrix dargestellt, in welcher in der ersten Spalte aufsteigend die Aktivitäten, Resultate, der Zweck und ein übergreifendes Ziel jeweils in Wechselwirkung zu Umfeld- und Systembedingungen (Spalte 4) aufgeführt sind, ergänzt durch Indikatoren (Spalte 2) und anhand welcher Quellen diese gemessen oder dokumentiert werden (Spalte 3). Diese vereinfachte, aber übersichtliche Darstellung hilft dem Betrachter, die Logik des Vorhabens nachzuvollziehen bzw. zu hinterfragen. Zu lesen ist sie von unten nach oben und jeweils von rechts nach links, also zickzack beziehungsweise quer und kreuz.

Wenn es sich beispielsweise um die Verteilung von Nahrungsmittelpaketen handelt, dann trägt man unter Aktivitäten, deren Beschaffung ein. Der Indikator wäre der zur Verfügung stehende finanzielle Betrag und die Quelle der Verifizierung die entsprechende Rechnung. Dabei wird angenommen, dass die Nahrungsmittel vor Ort verfügbar sind, ein Faktor, den das Projekt nicht beeinflussen kann. Das Resultat wäre dann, dass die Pakete verteilt wurden und so weiter. Mit dem Ausfüllen beginnt man allerdings nicht oben oder unten, sondern beim Zweck, denn die Frage ist: warum benötigen die Betroffenen dieses Projekt? In unserem Beispiel wäre der Zweck, Betroffene Menschen mit Nahrungsmitteln zu versorgen, da sie nicht genügend für den täglichen Bedarf zur Verfügung haben. Beim übergreifenden Ziel handelt es sich meistens um eine allgemeinere Floskel bzw. ideale Vorstellung; hier zum Beispiel,

dass das Projekt zur Verbesserung der Situation im Land beitragen würde.

Je nach Organisation werden für die erste Spalte, vor allem
in englischer Sprache, bisweilen andere Termini verwendet,
sodass es in der Praxis durchaus irritierend sein kann. Dann
heißt der Zweck (purpose) outcome und Ergebnisse (results)
outputs. Deshalb ist es ratsam, die Bedeutung der einzelnen
Begriffe vorab zu klären. In der Türkei hatte bei uns im Team
der Logframe eines anderen Gebers für das Projekt zunächst
für allerlei Verwirrung gesorgt, da er Outcome für Output ver-
wendete, weshalb wir zunächst nicht wussten, was wir wo einzutragen hatten. Prinzipiell bildet der Logframe somit das gesamte Projekt ab, welches im Projektantrag ausführlich beschrieben ist. Darüber hinaus musste das geplante Vorhaben je
nach Geber und Kontext bestimmte Querschnittsthemen ein-
schließen; in den allermeisten Fällen Geschlechtergerechtigkeit
und Umwelt, hie und da zusätzlich Konfliktprävention.

Obwohl sich Geschlechtergerechtigkeit (Gender) grundsätzlich auf unterschiedliche Gruppen bezieht, zum Beispiel auch
ältere Menschen, ging es in erster Linie um die besondere Be-
rücksichtigung von Frauen im Rahmen der Maßnahmen, was
in patriarchalisch oder muslimisch geprägten Gesellschaften
jedoch oft genug allenfalls kosmetischen Charakter hatte. Den
Umweltgedanken konnte ein Projekt zwar widerspiegeln,
Stichwort: Abfallvermeidung, oder mittels einzuhaltender
Standards, Stichwort: tiergerechte Haltung. Weitergehende
Auswirkungen oder eine Bewusstseinsänderung der Empfänger war bestenfalls theoretisch beabsichtigt, in der Praxis allerdings meistens nicht mehr als ein untauglicher Versuch; genauso wie die Konfliktprävention, die eher dem Schmetter-
lingseffekt entsprach, in der Hoffnung, dass Maßnahmen auf
der Mikroebene einen Impakt auf der Makroebene hinterließen, in Wirklichkeit aber die Menschen so viel interessierte,
wie der berühmte umgefallene Sack Reis in China.

Jeder Geldgeber hat für die Antragstellung normalerweise sein eigenes Format mit entsprechenden Formularen. Gewöhnlich gab es davor bereits Gespräche mit ihm über die Art, die Zielgruppe und das Zielgebiet des Projektes sowie die Aussichten des Antrags darauf, ob er bewilligt werden würde.

Wenn die Signale positiv waren, wurden bei NGOs alle notwendigen Kräfte intern mobilisiert, um den Projektantrag auszuarbeiten. Wie bereits erwähnt bekam ich in Serbien eines Tages Besuch einer amerikanischen NGO, welche Durchführungspartner für ein groß angelegtes Projekt im Bereich Infrastruktur suchte. Am selben Tag waren bei mir zufällig Kollegen aus Kroatien und führten das Gespräch am Vormittag. Für den Abend hatten wir uns mit den Amerikanern in deren Hotel verabredet. In der Zwischenzeit lief die Maschine an und alle Mitarbeiter im Büro begannen sämtliche verfügbaren Daten zu sammeln, um für den Abend gerüstet zu sein. Dabei ging es um die Länge einzelner Straßen, Anzahl der Strommasten sowie allerlei andere Details. Diese wurden in der Eile kurz auf einer Seite zusammengefasst und abends präsentiert. Die anschließende Diskussion verlief sehr gut und wenige Tage später erhielten wir den Zuschlag. Immerhin handelte es sich um drei Millionen Euro.

Ähnlich und doch anders war es in der Türkei. Dort hatte mich der Vertreter einer anderen multinationalen Organisation eher nebenbei angesprochen, ob wir unter Umständen ein Zwei-Millionen-Euro-Projekt im Landwirtschaftssektor - präziser drückte er sich nicht aus - in Syrien für sie übernehmen könnten. Wir einigten uns darauf, dass er erst einmal bei seiner Organisation nachfragen würde, ob dies überhaupt infrage käme und mir dann Bescheid gäbe.

Leichtsinnigerweise erwähnte ich jene allgemein gehaltene Interessensbekundung gegenüber der Zentrale, die für mich den realen Beweis des Schmetterlingseffekts nach sich zog. Denn dort lief sofort der interne Apparat an: Mein E-Maileingang wurde geflutet mit Anfragen von Mitarbeitern deren Namen ich zuvor nie gehört hatte: ob eine Projektskizze vorläge, wer dafür aus der Zentrale miteingebunden sei; ob es ein ausgearbeitetes Budget gäbe, wer dafür aus der Zentrale miteingebunden sei; außerdem verlangte man von mir eine detaillierte Personalplanung selbstverständlich mit der Frage verbunden, wer dafür aus der Zentrale miteingebunden sei? Nachdem ich all die Anliegen nicht beantworten konnte – wie auch, ich hatte ja nur die ganz allgemeine Anfrage weitergeleitet – hieß es sogar, vor Ort wäre der Projektverantwortliche alles andere als kooperativ!

Letztlich war es ein Sturm im Wasserglas, denn noch bevor ich den Interessensbekunder wieder traf, wurde ohnehin vom Hauptauftraggeber, einem deutschen Ministerium, eine Zusammenarbeit mit jener Organisation untersagt, da sie bereits aus Mitteln eines anderen Bundesministeriums finanziert wurde, weshalb es kaum nachvollziehbar gewesen wäre, wenn Mittel eines Ministeriums in ein Projekt fließen würden, das von einem anderen bereits unterstützt wurde.

Das finanzielle Volumen einzelner Projekte belief sich bei den NGOs von mehreren zehn bis zu mehreren hunderttausend Euro. Lediglich bei meinem ersten Einsatz in der Türkei für eine deutsche NGO war das Budget etwa 1,2 Mio. Euro mit einer Laufzeit von sechs Monaten. Zuvor im Kosovo waren wir von der Luxemburger Regierung für ein mehrjähriges Projekt beauftragt worden, dessen Budget mehrere Millionen Euro betrug. Jedoch stellte das Vorhaben bei meinem zweiten Einsatz in der Türkei alles in den Schatten. Denn einschließlich der ausländischen Geldgeber belief sich das Gesamtbudget auf nahezu 35 Millionen Euro! Überhaupt sprach man dort ohnehin nur in Millionenbeträgen.

Ich erinnere mich noch gut daran, als wir vor Ort 2015 über die zu erwartenden, bereits zugesagten Mittel verschiedener Geber für mehrere Vorhaben informiert wurden. Dabei handelte es sich nicht mehr um einstellige, sondern zweistellige Millionenbeträge, die einem Angst und Bange machen konnten, angesichts des Kontextes und der, damals zumindest, alles andere als ausreichenden internen Strukturen. Schließlich mussten die Gelder umgesetzt werden. Darüber hinaus lernte ich, wie einfach eine Organisation an solche Beträge kommen kann. Während, wie oben beschrieben, in NGOs alle möglichen Ressourcen zur Antragstellung mobilisiert wurden, um selbst kleine Projekte zu bekommen, arbeitete ich fast allein an einem Zehn-Millionen-Euro-Antrag für einen britischen Geldgeber. Am Ende gab es noch nicht einmal eine Endversion des Antrages, sondern lediglich eine, wo noch die Änderungen (in MS Word) angezeigt waren.

Neben der proaktiven Antragstellung gab es schließlich den sogenannten ‚Call for Proposals'. Das bedeutete, dass auf einschlägigen Internetseiten von Gebern Hilfsorganisationen zur Einreichung von Projektvorschlägen bis zu einem bestimmten Stichtag aufgerufen wurden. Dies war zum Beispiel beim ÖRK der Fall, wo bereits Monate vorher feststand, zu welchem Themenbereich ein Antrag beim Geber eingereicht werden konnte. Eine ähnliche, allerdings informellere Version präsentierte UNDP viele Jahre zuvor im Nordkaukasus. Im Rahmen eines Koordinationstreffens aller NGOs teilte eine anwesende Vertreterin von UNDP mit, dass mit ihrem verbleibenden Budget bis Jahresende – das Meeting fand Mitte September 2004 statt – eine Reihe von Kleinstprojekten finanziert werden könnten. Daher waren die Hilfsorganisationen bei Interesse aufgerufen, innerhalb von zehn Tagen eine Projektskizze einzureichen, welche mehrere Grundbedingungen erfüllen musste. Zurück im Büro besprach ich mich mit meinem lokalen Koordinator, der sofort eine Idee hatte, die wir schriftlich in ein Formular übertrugen. Wenige Tage später erhielten wir die Zusage. Obwohl es ein sehr kleines Projekt war, stand dahinter selbstverständlich die Hoffnung, hinterher möglicherweise größere zu bekommen.

Bevor ein Projekt durchgeführt werden konnte, war gewöhnlich die Zustimmung oder Bewilligung des Geldgebers notwendig, und zwar in schriftlicher Form. Die darin vereinbarte Laufzeit gab den Zeitraum vor, in welchem Ausgaben abgerechnet werden konnten. Folglich waren die vorbereitenden Kosten, wie zum Beispiel die Bedarfsermittlung, davon ausgeklammert. Kleinere, finanzschwache Hilfsorganisationen sind hier besonders im Nachteil, deshalb ist für sie auch ein rasches Verfahren notwendig, da sie häufig keine Mittel zur Vorfinanzierung haben. Die großen haben in dieser Hinsicht sicherlich einen Wettbewerbsvorteil, was allerdings nicht automatisch bedeutet, dass sie effektiver wären. Eher habe ich die Erfahrung gemacht, je mehr Mitarbeiter eine Organisation hat, desto höher ist der bürokratische Aufwand und die damit verbundene Gefahr, sich hauptsächlich mit sich selbst zu beschäftigen.

Im Hinblick auf die Durchführung von Projekten muss ich noch zwischen direkter Durchführung sowie Remote Management (Fernsteuerung) unterscheiden. Ersteres bezieht sich auf jene Einsätze, bei denen wir direkten Kontakt mit den betroffenen Menschen hatten und die Maßnahmen selbst eng steuern und begleiten konnten. Dagegen verfuhren wir in Tschetschenien per Fernsteuerung. Infolge der Sicherheitslage war es Ausländern dort staatlicherseits nicht gestattet, über Nacht zu bleiben. Deshalb hatten wir lokale Kollegen, die die Hilfsverteilungen durchführten und die ich nur punktuell vor Ort besuchen konnte. Trotzdem konnten wir das Projekt von Inguschetien aus gut lenken, indem wir ihnen die jeweiligen Verteilungspunkte mitteilten und für die Beschaffung und Lieferung der nötigen Güter sorgten. Obendrein kam der dortige zuständige Projektkoordinator mindestens einmal pro Woche in unser Büro nach Nazran, um uns jeweils auf den aktuellen Stand zu bringen und sonstige Anliegen zu besprechen.

Dagegen war es im Rahmen des Syrien-Projekts, bei meinem zweiten Einsatz in der Türkei, allen Projektmitarbeitern vom Hauptauftraggeber nicht gestattet, überhaupt nach Syrien zu fahren. Deshalb wurden alle Aktivitäten von lokalen Partnern vor Ort durchgeführt. Zwar nannte man dies innerhalb unserer Organisation ebenfalls Fernsteuerung, allerdings konnte von Steuerung unsererseits keine Rede sein, da sie allein in den Händen des Durchführungspartners lag. Der hielt uns regelmäßig auf dem Laufenden, doch selbst wenn wir Änderungen oder Korrekturen vorschlugen, lag die Umsetzung wiederum beim Partner, sodass wir die tatsächliche Implementierung so gut wie gar nicht beeinflussen konnten.

Unabdinglich waren daher professionell arbeitende Partner, denen wir volles Vertrauen schenken konnten, ja mussten. Die meisten der damals existierenden waren erst ab 2013 gegründet worden, was deren fachliche Kompetenzen stark einschränkte und in dem unter Internationalen kursierenden geflügelten Wort: „Gestern noch Ladenbesitzer, heute Projektmanager" seinen Ausdruck fand.

Je nach Organisation gab es bestimmte Verfahren, um die Tauglichkeit eines Partners überprüfen zu können. In unserem Fall war es die sogenannte kaufmännische Eignungsprüfung, worin Angaben zu internen Prozessen und Kontrollmechanismen gemacht und mit Dokumenten, das heißt internen Prozessen, belegt werden mussten. Im Rahmen unseres Vorhabens haben wir diesen Prozess schrittweise dahingehend ausgeweitet, indem wir erst einmal allgemeinere Informationen vom potenziellen Partner verlangten sowie Referenzen von anderen Geldgebern. Denn mehr und mehr hatten wir Projektvorschläge von syrischen Organisationen erhalten, die zum Beispiel auf medizinische Vorhaben spezialisiert waren, mit unseren Geldern jedoch im Bereich Landwirtschaft tätig werden wollten.

Obwohl wir keine Geberorganisation waren, betrachteten uns die syrischen NGOs als solche, de facto entsprach es auch der Realität. Ihre Projekte mussten sie wie anderswo auch nach unserem projekteigenen standardisierten Verfahren einreichen, sprich beantragen. In Anbetracht der allzu oft kryptisch formulierten Anträge, aus denen nicht klar hervorging, was der Partner eigentlich vorhatte, änderten wir das Verfahren dahingehend, dass uns das geplante Vorhaben erst einmal anhand einer Power-Point-Präsentation detailliert vorgestellt werden musste. Meist artete diese in stundenlange Diskussionen aus, welche am Ende jedoch für beide Seiten mehr als hilfreich waren. Einerseits begriffen wir so, was der Partner genau plante, und andererseits lernte dieser, worauf wir besonderen Wert legten. Mitunter kam es sogar vor, dass wir im Laufe solcher Gespräche ein geplantes Projekt völlig veränderten – weniger das Ziel, sondern den Weg dorthin. Waren beide Seiten damit einverstanden, sollte der Partner den Antrag entsprechend umformulieren.

In diesem Zusammenhang begegnete ich, wie auch in anderen Einsätzen, dem grundsätzlichen Problem, dass viele dachten, sobald das Wort humanitär in den Text eingearbeitet war, stünde einer Finanzierung nichts mehr im Wege. Im Kosovo mutierten Schulmaterialien plötzlich zu überlebenswichtigen Hilfsgütern; Instandsetzungen von öffentlichen Gebäuden (!) in Serbien oder ein Dienstfahrzeug für den ehrenamtlichen Direktor des Partners in Sri Lanka wurden zur humanitären Angelegenheit; Rhetorikworkshops in Moldawien wurden als Grundbedürfnisse begründet, die erfüllt werden müssten, damit man Menschen in Not helfen könnte. In der Türkei hatte ich von einer Organisation unterschiedlichste Projektvorschläge stets im gleichen Format bekommen. Darin wurde in einem Kapitel immer wieder betont, dass die geplante Maßnahme im Einklang mit dem humanitären Völkerrecht, den Menschenrechten und dergleichen stünde. Was aber die Lieferung von Kühen an Bauern, die wir finanzieren sollten, damit zu tun hatte, erschloss sich mir nicht.

Demzufolge erwiesen sich in der Türkei die Präsentationen zwar als äußerst praktikabel, deuteten jedoch auf ein Dilemma im Hinblick auf die Rolle der Empfänger hin. Gemäß dem PCM, so wie ich es gelernt habe, soll ein Projekt stets die betroffenen Menschen im Fokus haben. Hier diskutierten allerdings zwei Parteien über Verfahren, von denen die Beneficiaries ausgeschlossen wurden, aufgrund des Kontextes meistens sogar mussten. Anderswo mögen wir sie berücksichtigt haben, in aller Regel bestimmten trotzdem wir ihren Bedarf, den wir in einen Projektantrag darlegten und an den potenziellen Geber weiterreichten.

Im Rahmen meines Fernstudiums ‚Development Management' hatte ich einmal einen Artikel des Briten Robert Chambers, Dozent und Fachmann für Entwicklung, gelesen, der Entwicklungszusammenarbeit schlicht und ergreifend mit „Good change", im Sinne von positiver Veränderung, definiert hatte. Meiner Ansicht nach brachte er Entwicklung bzw. Entwicklungszusammenarbeit damit auf den Punkt, da er damit alle möglichen Themen und Bereiche miteinschloss. Obwohl er in längerfristigen Dimensionen dachte, können, meiner Meinung nach, durchaus humanitäre Maßnahmen in seiner Definition miteinbezogen werden, weil auch sie eine Veränderung – wenn auch kurzfristig – für die Betroffenen bewirken sollen. Ein ehemaliger Vorgesetzter legte hier Widerspruch ein und je länger ich darüber nachdenke – zu Recht.

Denn, so der Kollege, Veränderung zum Positiven ist jene aus unserer, das heißt der christlich-abendländischen (oder kapitalistischen?) Sicht - eben wie wir sozialisiert wurden. Wird das allerdings überall so gesehen? Würden die Empfänger unserer Hilfe dem ebenso zustimmen? Dabei fällt mir Heinrich

Bölls lesenswerte ‚Anekdote zur Senkung der Arbeitsmoral' ein, die das sehr anschaulich verdeutlicht.* Darin geht es um einen Touristen, der einem einheimischen Fischer in Südeuropa, der sich schlummernd in der Sonne aalt, erklärt, was er tun sollte, um seinen Profit zu steigern, damit er sich irgendwann zur Ruhe setzen und beruhigt dösen könne. Am Ende entgegnet der Fischer, dass er das auch jetzt schön könne und keine weiteren Anstrengungen unternehmen müsse.

Mir selbst ist es nie passiert, dass ein Begünstigter, ein Projektpartner oder selbst beteiligte Behörden eines unserer geplanten Projekte offen infrage stellten, ganz nach dem Motto: Einem geschenkten Gaul schaut man nicht ins Maul. Beschwerden kamen, wenn überhaupt, allenfalls von denjenigen, die nicht von einem Projekt profitierten, weil sie zum Beispiel nicht der Zielgruppe angehörten. Allerdings muss ich gestehen, dass bei keiner von mir verantworteten Hilfsmaßnahme meines Wissens je ein direkt betroffener Empfänger an deren Ausarbeitung direkt beteiligt war, lediglich hatten wir sie zuvor, wo möglich, über geplante Maßnahmen informiert – theoretisch spielten sie die Hauptrolle, praktisch waren sie jedoch nicht mehr als Statisten.

Dass sie allerdings auch mit einer Situation völlig überfordert sein können, erlebte ich 2004 im Nordkaukasus unmittelbar nach dem Überfall auf die Mittelschule Nr.1 in Beslan (Nordossetien-Alanien) durch tschetschenische Terroristen, die hunderte Schüler und Lehrer tagelang als Geiseln festhielten. Bei deren Befreiung kamen über 330 von ihnen zu Tode. Sechs Wochen danach führte mich ein noch immer sichtlich traumatisierter Lehrer durch das Gebäude und erzählte mir in jedem Klassenzimmer, was genau sich darin ereignet hatte. Es musste der reinste Horror gewesen sein, den ich anhand seiner flüsternden Erklärungen sprachlos nun selbst zu spüren schien. Vielen anderen ging es scheinbar genauso, die schluchzend durch diesen Ort des Grauens schritten. Überall wurden von den Besuchern Wasserflaschen abgestellt, um daran zu erinnern, dass die Geiseln während der ganzen Zeit in der Schule nichts zu trinken bekommen hatten. Am Ende wusste ich nicht, wen ich mehr verachten sollte: die Geiselnehmer, die unbarmherzig Kinder in ihre Gewalt gebracht hatten; die Spezialkräfte, die gleichermaßen unbarmherzig bei der Befreiung vorgegangen waren, wobei sie, laut dem Lehrer, mit einem Panzer eine Granate ins Gebäude gefeuert hatten, obwohl sich darin noch viele Geiseln befanden; oder der grassierenden Korruption der Polizisten an den Checkpoints, die einen ganzen Transporter voller Terroristen offenbar unbehelligt hatten passieren lassen; vor allem, da allgemein bekannt war, dass auf der zweispurigen Straße auch zwei verschiedene Tarife galten: rechts reihten sich jene ein, die nicht bezahlen wollten. Deshalb dauerte deren Abfertigung sehr lange. Links dagegen fuhren jene, die es eiliger hatten: 100 Rubel, einschließlich Öffnen des Kofferraums. Für 200 Rubel musste lediglich der Ausweis vorgelegt werden!

Für dieses verhältnismäßig überschaubare, gleichwohl kaum weniger schreckliche Ereignis strömten anschließend Unmengen an Hilfsgütern und Geldern ins Land. Ich wurde von einer Hilfsorganisation hingeschickt, um ein Projekt auszuarbeiten, das mit der Spende in Höhe von etwa 150.000 Euro des Verbandes deutscher Unternehmer mit Sitz in Moskau finanziert werden sollte.

Nach unserem Rundgang begleitete mich der Lehrer zum Vertreter eines Hilfskomitees, das von Eltern und Lehrern der Schule gebildet worden war. Auf meine Frage, was sie ihrer Meinung nach am dringendsten benötigten, antwortete mir der Mann erstaunlicherweise, dass ich ihnen das bitte schön sagen solle, da ich doch viel mehr Erfahrung hätte!

Zunächst vertröstete ich ihn mit dem Hinweis, ich müsse mir erst selbst ein Bild der bereits laufenden und geplanten Maßnahmen anderer Akteure machen. Von offizieller Seite hatten wegen des enormen Aufkommens der Hilfe staatliche Stellen die Koordination übernommen. Neben dutzenden von Flugzeugen voll mit allerlei Hilfsgütern, spontan organisierten Hilfstransporten, philanthropischen Einzelgängern, die wahllos Bargeld an den Haustüren der Menschen überreichten, gab es nicht wenige Hilfsorganisationen, die plötzlich über beträchtliche Spendengelder verfügten, die ganz gezielt für die Opfer des Terroraktes bestimmt waren. Koordination bedeutete hier vor allem Kontrolle, da die Behörden weder wussten, welche Art von Hilfe eingetroffen, noch, an wen sie übergeben worden war. Um genauere Details eruieren zu können, lud das Koordinationskomitee alle internationalen Hilfsorganisationen zu einem Meeting nach Wladikawkas in Anwesenheit mehrerer Minister ein.

Welche Rolle die Betroffenen spielten, merkten alle Anwesenden sehr schnell – nämlich keine. Unverblümt wurde mitgeteilt, dass man die zu ergreifenden Hilfsmaßnahmen nicht nur vorschreiben, sondern auch bei jedem Schritt innerhalb derer die entscheidende Stimme hätte. Darüber hinaus hieß es, dass nur bestimmte einheimische Firmen in sämtliche Aktivitäten eingebunden werden durften und der Zuschlag ohne die Hilfswerke erfolgen würde. Als Begründung wurden die besseren Orts- und Menschenkenntnisse sowie professionelle Expertise des eigenen Personals genannt. Ein Schelm, der dabei Böses dachte. Jedenfalls hagelte es in dem Meeting, wo diese Bedingungen ausgesprochen worden waren, zunächst zwar nur leise Proteste, später hat sich dann aber auch keine einzige NGO zu Recht darauf eingelassen.

Anschließend berichteten die Minister der Reihe nach über die unterschiedlichsten Nöte und Bedürfnisse der Betroffen, in der Hoffnung, dass die eine oder andere Lücke noch geschlossen werden könnte, ohne konkreter zu werden. Zum Schluss war der Sportminister an der Reihe und schlug den etwa dreißig anwesenden Vertretern von Hilfsorganisationen vor, ein Fußballstadion mit einem Fassungsvermögen von 30.000 Zuschauern zu finanzieren, denn das würden die Einwohner am dringendsten benötigen! Aus den Blicken und Mienen meiner Helferkollegen war nicht nur Fassungslosigkeit herauszulesen, sondern auch große Zweifel, ob vor allem die direkt betroffenen Menschen, dem ohne Weiteres zugestimmt hätten. Persönlich hielt ich dieses Statement für eine Geschmacklosigkeit sondergleichen, die aus einer Welt gekommen zu sein schien, die mit der Realität überhaupt nichts zu tun hatte.

Nachdem ich mir einen Überblick über die geplante Hilfe vieler Organisationen verschafft hatte, entschieden wir uns, die ortsansässige Blutbank auszustatten. Zunächst rief dies beim Spender Verwunderung hervor, da unser Vorhaben für ihn offensichtlich nicht unmittelbar mit dem Terrorakt zusammenzuhängen schien. Allerdings waren viele Familien nicht nur mit allerlei Hilfsgütern sowie Geldern überschüttet worden, sondern zahlreiche Hilfsorganisationen planten auch die Einrichtung von Zentren, in denen den Menschen psychosoziale Unterstützung zuteilwerden sollte, um die Traumata zu behandeln. Eine zwar sinnvolle Maßnahme, jedoch wurde, meiner Ansicht nach, nicht noch ein weiteres Zentrum benötigt. Obendrein schien der unmittelbare Bedarf anderweitig weitgehend gedeckt worden zu sein, bis auf die Blutbank. Glücklicherweise konnte ich den Spender davon überzeugen, sodass wir am Ende dessen Einverständnis bekamen. Wenn wir auch die betroffenen Menschen völlig außen vor gelassen hatten, waren wir der Meinung, dass sie künftig trotzdem davon profitieren würden.

Ganz anders waren viele Gespräche in der westlichen Provinz Punjab in Pakistan, die ich im Rahmen einer Projektevaluierung als selbstständiger Berater dort führte. Dort wären die Menschen froh gewesen, wenn sie nur ein bisschen von Hilfsmaßnahmen hätten profitieren können. Denn sie fühlten sich komplett vergessen. In der sehr ländlichen Gegend gehörten weder ausländische Helfer noch Hilfsorganisationen zum alltäglichen Bild. In all den Jahren war ich in keiner ärmeren Gegend gewesen. Die zumeist einfachen Bauernfamilien mussten tagtäglich ums Überleben kämpfen, was noch dadurch erschwert wurde, dass regelmäßige Überschwemmungen die ohnehin geplagten Menschen heimsuchten. Selbst von dem Bisschen, das ihnen zum nackten Überleben übrigblieb, gaben sie etwas ab, um ihren Willen zur Einsatzbereitschaft zu zeigen, damit zum Beispiel eine Straße gepflastert, die Errichtung einer Schule oder Gesundheitsstation ermöglicht werden würde. All dies hatten sie, nach eigener Aussage, in Eigenleistung vollbracht. Mit Sicherheit hätten sie gerne sogar nur eine Statistenrolle eingenommen, wenn sie nur irgendeine Unterstützung bekommen hätten.

Solche Momente hinterließen mich immer in einem Zustand der Machtlosigkeit und Ohnmacht, wo die Not so offensichtlich war und es trotzdem niemanden zu interessieren schien. Dabei denke ich auch an die Lebensumstände der Roma im Kosovo, die zum größten Teil unerträglich waren. Dabei denke ich an jene psychiatrische Klinik in Südserbien, scheinbar abgelegen von jeglicher Zivilisation, wo die Patienten allesamt zusammengepfercht im Duschraum völlig nackt dastanden und mit einem Wasserschlauch abgespritzt wurden. Ich fühlte mich an Filme aus Konzentrationslagern erinnert. Dabei denke ich an jene Gefängniswärter in Moldawien, die sich von den Besuchern, die Lebensmittel für ihre Verwandten oder Freunde mitbrachten, erst einmal selbst bedienten. Und schließlich denke ich an jenen afghanischen Häftling in einem Gefängnis in Tadschikistan, der mich flehend darum bat, ihm zu helfen, da er zu Unrecht inhaftiert worden sei. Zwar hatte ich seinen Fall dem Internationalen Roten Kreuz gemeldet, was aus ihm wurde, erfuhr ich allerdings nie.

Zweifellos haben Hilfsprojekte den Zweck, Sinnvolles zu bewirken, und damit es von Katastrophen betroffenen Menschen besser geht, wird von den Hilfsorganisationen beeindruckend viel geleistet, in häufig unwirklichen, nicht zu vergessen, gefährlichen Kontexten. Dem gebührt hohe Anerkennung. Letztlich geht es allerdings immer ums Geld und möglichst hohe Umsätze. Je größer diese sind, desto größer ist das Renommee, das wiederum die Bereitschaft von staatlichen Gebern erhöht, einer Organisation Drittmittel zur Verfügung zu stellen - viele von ihnen finanzieren sich ausschließlich darüber.

Dass Staaten Hilfe aus purer Nächstenliebe leisten, darf jedoch bezweifelt werden. Meistens stehen handfeste Interessen dahinter. Zugegeben, während meiner Auslandstätigkeit hatte ich das so gut wie nie hinterfragt. Für mich galt es, Projekte zu entwickeln, durchzuführen und möglichst erfolgreich zu beenden. Das erwartete mein Arbeitgeber von mir; das war mein Job. Und bereitwillig habe ich mitgespielt. Politische oder selbst wirtschaftliche Motive, die dem mitunter zugrunde gelegt waren, ließen sich nicht immer klar erkennen. Dort, wo sie auf der Hand lagen, wie zum Beispiel in Serbien, wurden sie nicht infrage gestellt. Und Hilfsorganisationen lassen sich gerne einspannen. Kritische Töne werden möglichst vermieden. Tatsächlich gibt es nur ganz wenige Organisationen, die gelegentlich lautstark ihre Meinung äußern, wofür ich sie insgeheim immer bewundert habe. Ich selbst war dazu nie in der Lage – laut meinem jeweiligen Arbeitsvertrag durfte ich politische Stellungnahmen sowieso nicht äußern – ansonsten hätte ich nicht nur meinen eigenen Arbeitsplatz, sondern möglicherweise den ganzen Einsatz gefährdet.

Im gesamten Hilfssystem wird häufig von einer Partnerschaft auf Augenhöhe gesprochen. In Wirklichkeit ist es so: Wer das Geld hat, der hat das Sagen. In der Praxis bedeutete das, der Geber bestimmt die Spielregeln, nach denen sich die ‚Nehmerorganisation‘ zu richten hatte. Gleiches galt auf der

Mikro- oder Projektebene, wenn wir lokale Partner unter Vertrag genommen hatten. Obwohl ich im Syrienkontext stets versuchte, die Zusammenarbeit auf Augenhöhe mit unseren Partnerorganisationen tatsächlich zu praktizieren, saß trotzdem ich am längeren Hebel, indem ich zum Beispiel das vorgelegte Budget oder die darin aufgeführten Personalpositionen sehr oft – völlig zu Recht – reduzierte.

Die Frage ist allerdings, welche Alternative es für die Machtkonstellation zwischen Geber und Nehmer gibt bzw. wer entscheidet, was für die Betroffenen wirklich das Beste ist?

Meiner Ansicht wird eine gleichberechtigte Partnerschaft nie erreicht werden. Dadurch dass ausschließlich mit Steuergeldern hantiert wird, tragen die Geber die Verantwortung dafür, dass die Hilfsgelder effizient und effektiv eingesetzt werden. Das ist unbestreitbar. Ansätze, um Nehmerländer mehr in die Pflicht zu nehmen, gab es in der Vergangenheit insbesondere in der Entwicklungszusammenarbeit beispielsweise durch die sogenannte Budgethilfe. Darunter verstand man den direkten Transfer von Finanzmitteln in den Staatshaushalt eines Landes, wodurch die „Partnerregierung"*, so das BMZ auf seiner Internetseite, selbst bestimmen konnte, wie sie jene Gelder einsetzen wollte. Diese Maßnahme war allerdings nicht unumstritten gewesen. Jedenfalls führten Korruption und Misswirtschaft in Empfängerländern dann dazu, dass viele Geberländer diese Art der Hilfe wieder einstellten.

Auf der Projektebene habe auch ich kein Allheilmittel. In Sri Lanka diskutierte ich einmal mit einer dänischen Kollegin, warum die Präsenz internationaler Mitarbeiter überhaupt vor Ort notwendig sei (siehe nächstes Kapitel). Neben der Frage des Vertrauens spielten sicherlich auch Erwägungen im Hinblick auf Korruption und Misswirtschaft eine Rolle. Darüber hinaus gilt auch hier, dass man als Projektmanager in der Verantwortung steht, die zur Verfügung gestellten Gelder ordnungsgemäß sowie effizient und effektiv einzusetzen. Für die Einbeziehung der Betroffenen mag hie und da noch Luft nach oben sein. Allerdings ist es völlig unrealistisch, sie in ihrer Gesamtheit an einer Projektplanung teilhaben zu lassen. Praktisch, logistisch und zeitlich ist das gar nicht möglich. Ohnehin wird man die Bedürfnisse aller nie unter einen Hut bringen können, weshalb Hilfsleistungen prinzipiell nie vollkommen gerecht sein werden. Außerdem haben Hilfsorganisationen mittlerweile in allen möglichen Kontexten Erfahrungen gesammelt, sodass sie diese auch in anderen einsetzen können. Schließlich wird im Rahmen der humanitären Hilfe Einzelfallunterstützung ohnehin nicht geleistet.

Im Klartext heißt das, dass es letztlich in der Praxis wir waren, die entschieden, was gut für die Menschen ist. In humanitären Kontexten, wo es in erster Linie um die Deckung der Grundbedürfnisse für die Betroffenen geht, würde ich davon ausgehen, dass die Hilfe nicht nur von ihnen dankbar angenommen, sondern auch in deren Sinne als zweckmäßig angesehen wurde.

Es gab jedoch auch Ausnahmen. So landeten etwa in Sri Lanka unzählige Container voll mit Decken und Winterkleidung aus aller Welt, schließlich ereignete sich der Tsunami im Dezember, und wurden ungeöffnet gelagert, denn aufgrund des dortigen Klimas – gewöhnlich kann man den Weihnachtsabend dort in Strandbekleidung genießen – wurden sie schlicht und ergreifend nicht benötigt. Deshalb – das sah ich mit eigenen Augen – verrotteten die Spenden im Hafen der Hauptstadt Colombo.

In ein besonders peinliches Projekt war ich selbst in Serbien involviert. Noch bevor ich dort überhaupt eintraf, war von der Zentrale Milchpulver beschafft worden, dessen Verteilung an mehrere Krankenhäuser ich organisieren sollte. Anhand von Fernsehbildern war ein Mitarbeiter auf diese Idee gekommen. Dumm nur, dass die verantwortlichen Ärzte vor Ort allesamt diese Art von Hilfe ablehnten, da sie dem Stillen der Mütter

Vorrang gaben. Hinzu kam noch, dass die Verpackungen des Pulvers, obwohl in Deutschland hergestellt, in kyrillischer Schrift etikettiert waren – und zwar auf Russisch. Auf meine entsprechende Nachfrage wurde lediglich geantwortet, man hätte gedacht, dass es sich um dieselbe Sprache handelte! Jedenfalls waren die Menschen vor Ort alles andere als begeistert, da sie annahmen, dass das Pulver eigentlich für den russischen Markt produziert, dort aber abgelehnt worden wäre oder den hygienischen Standards nicht entsprochen hätte; weshalb sie lediglich ein Abfallprodukt geliefert bekämen. Freunde habe ich mir damit jedenfalls nicht gemacht. Stattdessen suchte ich vor Ort mit unschuldiger Miene ständig nach Ausflüchten, bis wir das Problem gelöst hatten und die Päckchen letztlich einer lokalen Organisation zur Verteilung übergaben – sollten sie sich doch mit ihren Landsleuten herumschlagen.

Es kann sogar passieren, dass man zu noch drastischeren Mitteln greifen muss. Später in Montenegro hatte eine Airline großzügig mehrere Tausend kleiner Kulturbeutel gespendet, gefüllt mit Zahnbürste und Zahnpasta, Rasierzeug und allerlei anderen kleinen Artikeln, die sonst an Passagiere in der Firstclass verteilt worden waren. Von der Zentrale wurden die Beutel der Einfachheit halber und ohne unser Wissen mit auf einen LKW voll mit Schulmöbeln geladen, der zu uns geschickt wurde. Vor Ort wurden wir nun vom Zoll darauf aufmerksam gemacht, dass die Beutel, da sie Zahnpasta enthielten, ein hygienisches Unbedenklichkeitszertifikat seitens der Behörden benötigten. Unseren guten Beziehungen zu den Beamten war es zu verdanken, dass wir den Transport in Empfang nehmen konnten und versprachen, das notwendige Dokument zu besorgen, bevor wir die Täschchen verteilen würden. Allerdings stellten wir fest, dass das Haltbarkeitsdatum der Zahnpasta bereits abgelaufen war – deshalb wohl die großzügige Spende! Obwohl vermeintlich unbedenklich, wären die Beutel sicherlich nicht gerade wohlwollend sowohl von den Behörden als auch den Empfängern aufgenommen worden. Also sahen wir uns gezwungen in einer Nacht- und Nebelaktion die Tuben den Beuteln zu entnehmen, sie zu einem Abfallcontainer zu bringen und anzuzünden, womit sich zumindest ein Teil der Hilfe sprichwörtlich in Rauch auflöste.

Generell sind Sachspenden, vor allem wenn es sich um gebrauchte Artikel handelt, ohnehin nicht gerne gesehen, da mit ihnen ein ungemein hoher zeitlicher, logistischer und damit finanzieller Aufwand verbunden ist: Kleidung und Schuhe, zum Beispiel, müssen sortiert, gegebenenfalls aussortiert und damit entsorgt werden, wofür wiederum Personal und Geld benötigt werden. Abgesehen davon wird sich auch die Verteilung solcher Hilfsgüter vor Ort immer äußerst schwierig gestalten lassen, da sie nie gerecht sein kann und bisweilen sogar Unruhe und Schlimmeres unter den Empfängern stiften kann und wird, wie ich in Kroatien erleben musste.

Eines Tages fuhr ein Lastwagen im Auftrag einer ausländischen Hilfsorganisation voll beladen mit den verschiedensten gespendeten Dingen wie Waschmaschinen (!), zum Teil nagelneuen Mountainbikes, kleineren Haushaltsgeräten bis hin zu dreckiger Kleidung – was bei uns sonst im Sperrmüll gelandet wäre – ins Flüchtlingslager, wo ich als Freiwilliger im Einsatz war. Ohne mit irgendjemandem zu sprechen, luden die beiden Fahrer einfach alle Güter ab und brausten davon. Selbstverständlich stürzten sich die Menschen darauf, was zu einer üblen Schlägerei führte! Innerhalb weniger Augenblicke war unsere Arbeit mit den Flüchtlingen offensichtlich zunichte gemacht worden. Während wir irgendwie versucht hatten, das Zusammenleben der Menschen einigermaßen erträglich zu gestalten, versuchte nun jeder, verständlicherweise, das beste Stück abzukriegen. Leider führten Nachforschungen, woher die vermeintliche Hilfe gekommen war, zu keinem Ergebnis.

In eben jenem Flüchtlingslager hatten wir einmal Schuhe an die Flüchtlinge verteilt. Ein ganzer LKW davon, in Deutschland gespendet und in blaue Säcke verstaut, sollte in verschiedenen Flüchtlingslagern in Kroatien verteilt werden. Wir hatten bereits von Tumulten aus anderen Lagern gehört, daher wollten wir die Verteilung möglichst so organisieren, um gerade keine Auseinandersetzungen erleben zu müssen.

Deshalb überlegten wir uns ein ausgeklügeltes System, das wir noch vor der Verteilung, zuerst einmal den Flüchtlingen erklärten. Zunächst sortierten wir die Schuhe – übrigens entdeckten wir dabei eine ganze Menge einzelner Schuhe, die wir wegwerfen mussten – und platzierten sie im großen Saal geradeso wie in einem Schuhgeschäft nach Größen geordnet. Danach unterteilten wir die Campbewohner in Gruppen zu je zwanzig Erwachsenen, jeweils einer pro Familie. Die Kinder schlossen wir aus, da die Eltern oder Großeltern deren Schuhe aussuchen sollten. Diejenigen der ersten Gruppe durften sich jeweils ein Paar pro Person aussuchen; die folgenden dann zwei Paar und schließlich durfte am Ende die erste ihr zweites Paar abholen. Zwar war dieses Procedere von den Bewohnern angenommen worden und tatsächlich war es zu keinerlei Auseinandersetzungen gekommen. Allerdings hatten wir auch tagelang Zeit für die Vorbereitung. Die Zahl der Flüchtlinge war recht überschaubar und schließlich mussten wir Freiwilligen auch nicht bezahlt werden. Professionell arbeitende Hilfsorganisationen haben normalerweise nicht derartige Kapazitäten.

Abgesehen von der ganzen Logistik, die mit Sachspenden verbunden ist, bergen sie einen weiteren, wahrscheinlich den entscheidenden Nachteil in sich. Denn damit kann unter Umständen der lokale Markt negativ beeinflusst werden, oder, im Extremfall, ganz zum Erliegen kommen. Welcher Schuhverkäufer wäre wohl begeistert, wenn potenzielle Kunden die Ware anderswo kostenlos bekommen. Nicht selten werden Sachspenden darüber hinaus auf dem lokalen Markt verhökert

– ein Zeichen dafür, dass der Bedarf entweder nicht da war oder die gut gemeinten Gaben nicht akzeptiert wurden.

Im Hinblick auf die Sinnhaftigkeit von Maßnahmen für die Betroffenen sah es in der entwicklungsorientierten Nothilfe etwas anders aus, wo ich in entsprechenden Einsätzen zahlreiche Vorhaben verantwortete. Dabei ging es hauptsächlich darum, die Grundlage dafür zu schaffen, dass Betroffene mithilfe von einkommensschaffenden Maßnahmen wieder in Lohn und Brot kommen. Wenn es sich dabei zum Beispiel um Saatgut oder Geräte für einen Landwirt handelte, dann war das sicherlich positiv zu betrachten und in seinem Sinne, da davon ausgegangen worden war, dass er seine Tätigkeit fortsetzen wollte.

Wenn es jedoch um Ausbildungsmaßnahmen ging, deren Zweck am Ende die Selbstständigkeit in einem völlig neuen Arbeitsbereich war, dann hegte ich stets große Zweifel. Selbstverständlich war jeder ausgewählte Teilnehmer zuerst einmal froh für jede Art von Förderung. Ob sie allerdings immer seinen eigenen Lebensplänen, Vorstellungen oder Fähigkeiten entsprach, steht auf einem anderen Blatt. Jedenfalls war es in meiner beruflichen Praxis so, dass zum Beispiel die Art der Kurse von uns und damit indirekt auch vom Geldgeber bestimmt wurde und nicht von den Begünstigten.

Egal wo ich im Einsatz gewesen bin, außer im Rahmen von humanitären Projekten, habe ich stets angeregt, dass die Begünstigten oder lokalen Partnerorganisationen zu den Projekten möglichst einen eigenen Beitrag beisteuern sollten. Daher betonte ich fast immer, dass wir keine all-inclusive-Organisation seien. Eine Eigenleistung der Betroffenen, ob finanziell oder anderswie würde in jedem Fall bewirken, dass sie das Projekt nicht nur ernst nähmen, sondern auch eine gewisse Verantwortung dafür trügen – es wäre ihr eigenes Projekt – und so in jedem Fall am Erfolg interessiert wären. Punktuell habe ich dies auch erreicht, selbst wenn der Beitrag nur symbolisch gewesen ist. Meistens war es aber so, dass den Empfängern dies gar nicht in den Sinn kam, da sie immer davon ausgegangen waren, ein Gesamtpaket geschnürt zu bekommen. Da die Zielgruppe in solchen Fällen nie die Ärmsten der Armen ist, müsste, meiner Ansicht nach, stets ein Eigenbeitrag als Voraussetzung für jegliche Maßnahmen verlangt werden, um von einer bloßen Nehmermentalität wegzukommen. Um diesen Effekt erzielen zu können, müssten allerdings alle Hilfsorganisationen an einem Strang ziehen. Damit dies erreicht werden kann, müssten wiederum alle Geldgeber dies als Grundbedingung für die Vergabe bzw. Bewilligung von Projekten einführen – einige verlangen dies bereits zumindest von den Hilfsorganisationen. Zwar würde dies sicherlich dazu führen, dass die Projekt- und damit Antragsausarbeitung länger dauern würde. Jedoch würde dieser auf einem viel besser begründbaren Fundament basieren, welches möglicherweise die Zustimmung beschleunigen würde.

Ich muss allerdings zugeben, dass auch dann nicht immer der Projekterfolg garantiert ist. So sollte ich einmal ein Vorhaben in Montenegro evaluieren, worin es darum gegangen war, in einer Gemeinde die Wasserleitungen zu reparieren sowie die Installation von Wasseruhren, weil die Einwohner nachher verbrauchsabhängig dafür bezahlen sollten. Hierfür hatten noch vor Projektstart ausnahmslos alle Anwohner ihr Einverständnis gegeben und ein entsprechendes Dokument unterschrieben, dass ihnen künftig ihr Wasserverbrauch in Rechnung gestellt werden würde. Als ich die Betroffenen danach fragte, kam heraus, dass kein einziger je bezahlt hatte und es künftig auch nicht tun würde. Grund dafür war, so die Begründung, dass selbst der Gemeindevorsteher, der ebenfalls unterzeichnet hatte, dem nicht nachkommen würde. Ich sprach ihn also an, worauf er mir antwortete, dass das Wasser aus den Bergen käme und damit ohnehin den Menschen gehörte. Es sei daher nicht einzusehen, warum man für etwas bezahlen solle, das man besitze. Von seiner Unterschrift, die ich ihm unter die Nase hielt, wollte er plötzlich nichts mehr wissen. Meine Empfehlung an meinen Auftraggeber war daher, künftig in jener Gemeinde keinerlei derartige Maßnahmen mehr zu realisieren.

Zurück zur Auswahl der lokalen Partnerorganisationen. Wenn ich in anderen Einsätzen mit ihnen zusammengearbeitet hatte, führten wir keinerlei Prüfungen durch. Wichtig war lediglich, ob es sich um eine registrierte Organisation handelte. Besonderen Wert legten wir auf die Art des Projektes, wenn dieses für uns sehr interessant war. Meistens waren es ohnehin Organisationen, die auf das jeweilige Thema spezialisiert waren. Darüber hinaus waren die Projektsummen relativ niedrig. Beim Roten Kreuz entfielen derlei Maßnahmen gänzlich, da das lokale Rote Kreuz der natürliche Partner gewesen ist. Zwar war die Konstellation bei der Caritas Luxembourg ähnlich, dass nämlich die lokale Caritas zwar Gastgeber, jedoch nicht unbedingt automatisch Projektpartner war.

Zu Beginn eines Einsatzes stellte ich mich daher stets dort aus Gründen des Respekts beim Bischof vor und holte mir das formelle Einverständnis zum Tätigwerden ein. Da wir allerdings in allen Fällen von der Luxemburger Regierung beauftragt waren, fiel unser Programm nicht unter die normalen Gepflogenheiten, nämlich, dass die lokale Caritas zwingend miteinzubeziehen war. Ganz im Gegenteil führten wir unsere Aktivitäten fast ausschließlich selbst durch, was jedoch bei der lokalen Caritas nicht nur auf Unverständnis stieß, sondern sie erwarteten auch, dass sie wie üblich unterstützt werden würden. Gelegentlich versorgten wir sie daher mit kleineren Projekten. Trotzdem lautete unsere (unausgesprochene) Devise: einbinden so weit wie nötig und unterstützen so wenig wie möglich!

Bevor ich zu weiteren praktischen Beispielen komme, muss ich, der Vollständigkeit halber, das Ende des Projektzyklus' erwähnen – und zwar die Phase der Evaluation. Ziel ist es dabei, Aspekte und Wirkungen – positive und negative – zu identifizieren, welche den Projekterfolg, möglicherweise aber auch Misserfolg, dokumentieren und deshalb in ähnlichen Maßnahmen künftig empfohlen werden oder eben nicht. Mittlerweile gehört dieser Schritt standardmäßig zur Verfahrensweise. Allerdings hatte ich während meiner gesamten Zeit als Projektmanager lediglich ein einziges Mal einen solchen Evaluationsbericht in die Hand bekommen, dessen Empfehlungen ich in der laufenden Maßnahme umsetzen musste. In Armenien hatte ich die Leitung eines überaus erfolgreichen EU-finanzierten Vorhabens übernommen. Darin ging es um einen sogenannten „Business Incubator". Dabei handelte es sich um eine lokal gegründete Organisation, welche Kandidaten auswählte, die sich selbstständig machen wollten und sie bis dahin professionell ausbildete und begleitete; eine Art Brutkasten für Unternehmen (Business Incubator). Für die spätere Anschubfinanzierung der Ausgebildeten bot die Organisation, je nach Einzelfall und Erfolgsaussichten unterschiedliche Modelle an.

Damit die Organisation künftig auf eigenen Beinen stehen konnte, wurden im Rahmen der Interim-Evaluation mehrere Schritte vorgeschlagen. Der wichtigste war die Erarbeitung einer Strategie, damit sich das Projekt künftig ausschließlich ohne externe Hilfe finanzieren konnte, welche von einem italienischen Experten zusammen mit den Mitarbeitern in einem zweitägigen Workshop ausgearbeitet wurde. Nicht nur war das Resultat sehr positiv, sondern die projizierten Perspektiven des Profis in Bezug auf die finanzielle Situation waren durchaus hoffnungsvoll.

Ansonsten spielten Evaluationen dort, wo ich angestellter Projektleiter war, keinerlei Rolle. Wenn es eine gegeben hätte, hätten deren Ergebnisse in den Abschlussbericht des Projektes aufgenommen werden müssen. Sobald dieser vom Geldgeber nach eingehender Prüfung akzeptiert wurde, war das Projekt offiziell beendet.

Die Bandbreite der Projekte, für die ich verantwortlich zeichnete, war in erster Linie vom Kontext bestimmt, manchmal auch von geberseitigen Vorgaben, die, wie im Syrienkontext bei meinem zweiten Einsatz, keine ausschließlichen Nothilfemaßnahmen zuließen.

Unmittelbar nach einer Katastrophe geht es darum, wie weiter oben erwähnt, betroffenen Menschen das Überleben in Form von humanitärer Hilfe zu sichern. Derartige Maßnahmen, vor allem Hilfsgüterverteilungen, führten wir allerdings auch in Kontexten durch, wo die allgemeine Lage als katastrophal erachtet wurde. In Serbien waren das zum Beispiel medizinische Kits an ausgewählte Krankenhäuser sowie einmalige Nahrungsmittel- und Hygienepakete an Vertriebene aus dem Kosovo, die in Gemeinschaftsunterkünften untergebracht waren. Zu deren Kalkulation dienten die sogenannten SPHERE Standards als Grundlage, deren Mindestanforderungen in einem Handbuch zusammengefasst sind*, an dem sich gewöhnlich alle Hilfsorganisationen orientierten.

In Inguschetien und Tschetschenien übergaben wir Hygieneartikel an insgesamt etwa 75.000 durch den Konflikt intern vertriebene Menschen. Aufgrund dieser hohen Zahl dauerten die Zuteilungen Monate, sodass das Paket, welches jedem Einzelnen bzw. Familien zustand, jeweils einen längeren Zeitraum abdecken musste. In Inguschetien waren die Menschen über das ganze Land verteilt. Daher wurde Ortschaft für Ortschaft abgearbeitet. In der Praxis sah das so aus, dass in einer Gemeinde ein Aushang gemacht wurde, welcher die Verteilung an einem bestimmten Tag ankündigte. Wenn die Menschen dann zum Verteilungspunkt kamen, wurden ihre Namen mit vorhandenen Listen abgeglichen. In Tschetschenien konzentrierten sich dieselben Maßnahmen auf die Hauptstadt Grosny, wo nach dem identischen Muster vorgegangen wurde. Gleiches taten wir später bei meinem ersten Einsatz in der Türkei für eine NGO in Dörfern nahe der syrischen Grenze. Im Kosovo, obwohl es sich nicht mehr um die unmittelbare Nothilfephase handelte, unterstützten wir besonders Bedürftige gelegentlich mit Nahrungsmitteln. Ähnlich wie in Serbien wurden wir entweder von lokal ansässigen Organisationen auf den Bedarf aufmerksam gemacht oder wir kamen ganz zufällig in Siedlungen, deren Bewohner völlig vergessen worden zu sein schienen.

Nach dem verheerenden Tsunami von 2004 konzentrierten wir uns in Sri Lanka auf Brunnenreinigungen, damit die grundlegende Wasserversorgung der betroffenen Menschen verbessert werden konnte. In der Türkei 1999 finanzierten wir zunächst den Einsatz einer Rettungshundestaffel und nachher lieferten wir, wie bereits erwähnt, hunderte Notunterkünfte an die Erdbebenopfer sowie winterfeste Zelte.

Insbesondere die Beschaffung der Notunterkünfte sowie deren Aufbau stellte sich damals zunächst als ganz eigene Katastrophe heraus. Obwohl ich für die Koordination in der Zentrale verantwortlich war, hielten die Kollegen es offenbar nicht für notwendig, mich in den Einkauf miteinzubinden, weil ich völliger Anfänger und neu in der Organisation war. Allerdings war ich es, der die flehentlichen Anrufe der Mitarbeiter vor Ort entgegennahm und sie nicht mehr als ständig vertrösten konnte. Kurz danach war ich selbst im Erdbebengebiet und bekam die unsägliche Situation persönlich mit.

Eingekauft wurden die Behelfshäuschen in Finnland (!), also nicht gerade um die Ecke der Türkei. Darüber hinaus bestanden sie nicht nur aus unzähligen Einzelteilen, daher nicht leicht zu montieren, sondern wurden auch noch nicht wie eigentlich vorgesehen als ganze Pakete, sondern in gleichen Teilen, das heißt in einem Fall nur vordere in den anderen nur die hinteren Elemente usw., auf insgesamt vierzig LKW verladen und nach und nach auf die Reise geschickt. Hinzu kam, dass die Elemente nur mit speziell angefertigten Schrauben zusammengefügt werden konnten. Gerade diese wurden als Letzte auf die Reise geschickt, weshalb vor Ort bis dahin keine einzige Notunterkunft errichtet werden konnte. Außerdem war vereinbart worden, dass ein professionelles Team von der Firma vor Ort geschickt werden würde, um die betroffenen Menschen beim Aufbau ihrer vorübergehenden Unterkünfte zu unterstützen. Welche Nationalität jenes Team hatte, erschloss sich mir nie – Finnen waren es jedenfalls nicht! Angesichts der Dringlichkeit der Situation, war deren Arbeitseinstellung alles andere als motiviert. Wir mussten sie tagtäglich regelrecht antreiben, um überhaupt etwas zu tun. Obendrein hatten sie unser Prinzip, dass sie die Menschen anleiten sollten, damit diese ihre Notunterkünfte selbst aufbauen könnten, nie richtig verstanden.

Nachdem ich vor Ort eingetroffen war, hatte ein Kollege, der für die Logistik verantwortlich war, plötzlich aus persönlichen Gründen gekündigt und reiste postwendend ab. Angesichts der chaotischen Organisation hatte ich mich, um die Kollegen zu entlasten, einfach selbst zum Logistiker erklärt, der die ankommenden Fahrzeuge in Empfang nahm und abhängig von der jeweiligen Ladung zu den vorgesehenen Abladeplätzen in fünf Dörfer dirigierte.

Neben dem mehr als schleppenden Fortgang des Aufbaus, kam noch hinzu, dass die ausnahmslos bulgarischen Fahrer der Lastwagen offenbar auf ihrem langen Weg quer durch Europa zu Hause einen Kurzurlaub zur Regeneration einlegten. Deshalb war der eine oder andere Laster plötzlich tagelang verschwunden! Selbst die beauftragte Firma konnte darüber keine Auskunft geben.

In meiner nun unerwartet neuen Funktion als Logistiker erlebte ich eine skurrile Episode, die einer Slapstick-Szene in nichts nachstand. In einem Dorf wurde zum Abladen der Elemente immer ein Gabelstapler von einer ortsansässigen Firma dankenswerterweise zur Verfügung gestellt. Bis zu seinem Eintreffen wies ich den LKW-Fahrer an, er könne ja schon die Plane beiseiteschieben, damit es hinterher umso schneller ginge. Man kennt das ja, oder hat es bereits einmal beobachtet: Der Trucker öffnet gewöhnlich die seitliche Verschnürung des Lasters, die unterste Holzplanke nimmt er heraus, fährt damit unter die Plane, um sie aufs Dach zu bugsieren. Dieser bulgarische Kollege verfuhr allerdings anders, was ich im Wagen sitzend aus einiger Entfernung neugierig beobachtete: Er band, nachdem er die Leine gelöst hatte, ein viel zu langes Seil an die Plane, an dessen Ende eine Art Enterhaken hing, schleuderte diesen in Cowboymanier über seinem Kopf und wuchtete ihn über das ganze Fahrzeug. Allerdings erhob sich die Plane keineswegs wie beabsichtigt, sondern fiel wieder zurück, sodass er an seinem Seil zog, um den Metallhaken erneut schleudern zu können. Dumm nur, dass er das Fahrzeug genau unter einer Stromleitung abgestellt hatte und ehe ich darauf hinweisend einschreiten konnte, hatte der Enterhaken auch schon zwei Stromkabel aneinander gebracht. Es zischte und es zackte, der Fahrer machte einen gehörigen Satz nach hinten und stand völlig verdutzt im Dunkeln da, weil mit einem Mal die Lichter sämtlicher Häuser um uns herum erloschen waren. Schnell fragte ich ihn, ob er in Ordnung sei, teilte ihm mit, ich müsse ganz überraschend zu einer Baustelle fahren, warf den Motor an und verdünnisierte mich.

Als ich nach einer Weile zurückkehrte, hatte sich schon eine wild gestikulierende Menschentraube einschließlich Polizei um den Fahrer gesellt, während ich, selbstverständlich völlig ahnungslos, versuchte, die Situation gestikulierend, da ich der Sprache nicht mächtig war, zu bereinigen – manchmal können sprachliche Kommunikationsdefizite doch sehr nützlich sein. Der Vollständigkeit halber sei noch angefügt, dass letzten Endes alles glimpflich verlief und außer einem mehrstündigen Stromausfall keine weiteren Schäden entstanden waren.

Insgesamt bin ich gute zwei Monate vor Ort gewesen ohne freien Tag, wobei am Ende der übergroße Arbeitseinsatz dem mickrigen Ergebnis diametral gegenüberstand. Denn von den hundertfünfzig gelieferten Häuschen stand am Ende gerade mal ein einziges. Weitere vierhundert waren per Schiff unterwegs. Deren Vorteil war zwar, dass sie als Gesamtpaket ankamen, trotzdem zog sich auch deren Aufbau über Monate hin. Von der Zentrale aus koordinierte ich weniger, sondern spielte den Seelentröster für die Kollegen wegen des schleppenden Fortgangs.

Die überwiegende Zahl aller Projekte, für die ich in meinen Einsätzen verantwortlich zeichnete, zielte auf die Wiederherstellung von Infrastruktur sowie die Schaffung von Einkommensmöglichkeiten der von einem Konflikt oder einer Naturkatastrophe betroffenen Menschen. Ein großer Teil unserer Vorhaben in Sri Lanka betraf Baumaßnahmen. Hierzu zählten kleine Wohnhäuser sowie Gesundheitsstationen und Krankenhäuser, die allesamt zerstört worden waren. Insbesondere die Hütten, anders kann man sie nicht bezeichnen, wurden von den Bewohnern selbst errichtet, wofür die notwendigen Tonsteine direkt auf der Baustelle produziert wurden.

Dort wurden wir auch gefragt, ob wir für ein amerikanisches Hilfswerk – es verfügte über zig-Millionen Euro Spendengelder – diverse Baumaßnahmen durchführen würden. Nach dem Grund gefragt, antwortete mir der Vertreter, dass seine Organisation nach dem verheerenden Erdbeben in Armenien 1988 ein Hochhaus errichtet hatte, von dem sich hinterher herausstellte, dass es nicht erbebensicher gebaut worden war. Daraufhin sei sie verklagt und zu Millionenzahlungen verurteilt worden. Einem derartigen Risiko wollte man sich nicht noch einmal aussetzen. Infolge unserer eigenen begrenzten Kapazitäten mussten wir jedoch das Angebot letztlich ablehnen.

Im Bereich Landwirtschaft lieferten wir nach Syrien vor allem Saatkartoffeln und beteiligten uns mit anderen Organisationen am Weizenanbau. Hierfür hatten wir als Partner eine Institution, die vor dem Krieg in Syrien staatlich gewesen ist. In den Oppositionsgebieten, die wir unterstützten, haben sich sodann die Mitarbeiter zu einer neuen Einrichtung zusammengeschlossen und prinzipiell die gleiche Arbeit fortgeführt wie zuvor. In der Türkei gab es damals eine syrische Exilregierung, unter deren Ägide unser Partner arbeitete und das Ziel war, dass die Institution, selbstverständlich nach dem Sieg über das Assad-Regime, von der dann eingesetzten Regierung gelenkt werden würde. Über die notwendigen Kontakte zu den Bauern verfügten sie damals nach wie vor. Später mussten wir allerdings die Zusammenarbeit abrupt beenden, da seitens des Gebers befürchtet worden war, dass örtliche Strukturen und die Organisation in Syrien von Islamisten unterwandert worden sein konnten.

Aus demselben Grund mussten wir die Kooperation mit Gemeinden einstellen, mit denen wir zuvor Projekte im Wasserbereich, die sich in erster Linie auf die Wiederherstellung der Wasserversorgung bezogen. Danach implementierten wir diese über syrische Partnerorganisationen. In Anbetracht der Geländegewinne terroristischer Gruppierungen sowie der syrischen Regierungstruppen mussten wir uns allerdings große Sorgen machen, was mit den gelieferten Materialien geschah. Hinzu kam die Gefahr, dass die Gemeinden in den Oppositionsgebieten insbesondere von islamistischen Kämpfern infiltriert oder gar gesteuert wurden. Daher wurde uns in diesen Fällen ebenfalls Schritt für Schritt jegliche Zusammenarbeit seitens des Gebers verboten.

Nahezu alle Projekte in Syrien beinhalteten einen hohen Anteil an Geräten, Maschinen und sonstigen Gegenständen, die dafür beschafft werden mussten. Unter anderem waren dies: Generatoren, Material für Pumpstationen, Bewässerungsanlagen, Ersatzteile zur Reparatur von Stromleitungen, Einrichtungen für Bäckereien, Brutkästen für Küken, Saatgut sowie Vieh.

Anfangs geschah dies in der Türkei und die eingekauften Gegenstände und Tiere wurden dann nach Syrien geliefert. All dies summierte sich auf mehrere Millionen Euro.

Ein sehr erfolgreiches Projekt war die Lieferung und Installation von Solarpaneelen auf einem Krankenhaus in Nordsyrien. Solche positiven Ergebnisse spornten immer wieder an, hinterließen aber auch immer die Befürchtung, dass das Kriegsgeschehen sie zunichtemachen könnte. Nachdem die Situation zu Beginn zumindest noch einigermaßen stabil gewesen war, wurde diese zunehmend schwieriger, sodass unsere Partner Einkäufe, wenn das notwendige Material in Syrien beschafft werden konnte, dort tätigten. Über die Grenze schickten wir nichts mehr.

Später, als der IS und andere islamistische Gruppen in unseren Zielgebieten mehr und mehr die Herrschaft übernommen hatten, ging erst einmal gar nichts mehr. Unser Geber ordnete an, dass wir laufende Projekte entweder aussetzen, in der Hoffnung, dass dies nur von kurzer Dauer sein würde, oder sofort komplett abbrechen mussten, was zu großer Unsicherheit unserer Partner führte. Denn sie liefen Gefahr, ihr Personal in Syrien zu verlieren, wenn keine Löhne gezahlt werden würden. Uns blieb stets nur, sie zu vertrösten, bis wir wieder grünes Licht vom Geldgeber erhielten. Das geschah allerdings in den wenigsten Fällen. Deshalb verlegten wir, wo es ging, Projekte in möglichst naheliegende Gemeinden, die zu jenem Zeitpunkt als ungefährlich eingestuft wurden. Das wiederum bedeutete, dass der ganze Antragsprozess einschließlich der Vertragserstellung nochmals durchlaufen werden musste.

Ohnehin konnten wir nachher nur noch punktuell dort arbeiten, wo mutmaßlich keine Terrorgruppen waren. Dies wurde von einer Organisation festgestellt, die vom AA beauftragt worden war und ein sogenanntes ‚Third-Party-Monitoring‘ durchführte. Obwohl das AA nicht unser Geber war – es finanzierte andere Vorhaben – hatte es in diesem Zusammen-

hang selbst Weisungsbefugnis unserem Geber gegenüber, sodass wir uns daranhalten mussten. ‚Third Party' deshalb, weil
die Organisation weder mit uns noch unserem Partner in ir-
gendeiner Weise verbunden war. Sie hatte Mitarbeiter vor Ort
in Syrien, die permanent die Situationen in einzelnen Dörfern
beobachteten, Interviews führten und entsprechende Lagebe-
richte anfertigten, nach denen wir uns zu richten hatten. Darin
ging es im Wesentlichen um die politische Machtkonstellation
in unseren Zielorten, mögliche Präsenz bzw. Einfluss von islamistischen Gruppierungen und eine Einschätzung, ob und
welche Aktivitäten dort überhaupt und, wenn ja, mit wem
möglich waren. Die ausführlichen Analysen erhielt lediglich
ein anderes Vorhaben, das unter anderem vom AA finanziert
wurde und angewiesen war, die Berichte unter Verschluss zu
halten. Ich bekam lediglich das Ergebnis, welches mehr und
mehr „rot", also keine Implementierung, bedeutete. Demzufolge gestaltete sich unsere Arbeit noch schwieriger als zuvor,
zumal sich die Situation überall schlagartig ändern konnte.
Eine Maßnahme, in der es um die Unterstützung von Bauern
zur Milchproduktion ging, verlegten wir dreimal – der Bedarf
war ja überall da, bevor wir sie komplett abbrechen mussten.

Jenes ‚Third-Party-Monitoring' hatte zudem dazu geführt,
dass die Geldflüsse von der Türkei nach Syrien sehr stark eingeschränkt wurden. Da es in unserem Zielgebiet keine funktionierenden Banken gab, wurden finanzielle Mittel von unseren Partnern über das sogenannte Hawala nach Syrien transfe-
riert, dem einzigen funktionierenden Zahlungssystem. Dabei
handelte es sich um ein informelles Zahlungsverfahren, das
ausschließlich in bar erfolgte und auf unbedingtes Vertrauen
basierte. In der Praxis lief dieses folgendermaßen ab: Unsere
syrische Partnerorganisation ging zu einem Hawaladar, einem
Händler, in der Türkei und zahlte einen bestimmten Betrag an
eine ganz bestimmte Person in Syrien ein. Der Hawaladar
stand in Beziehung zu einem Hawaladar in der dortigen Ge-

meinde, wohin das Geld überwiesen werden sollte, welcher der benannten Person den in der Türkei eingezahlten Betrag abzüglich einer Kommission auszahlte. Von diesem System bekamen wir selbst nichts mit. Eines Tages hieß es jedoch seitens des ‚Third-Party-Monitorings', dass dieses Zahlungssystem nicht mehr genutzt werden konnte, da viele Hawaladare in Syrien im Verdacht standen, mit islamistischen Gruppierungen zusammenzuarbeiten. Man müsse erst eine genauere Analyse vornehmen. Unklar blieb allerdings, wie die ‚Third-Party-Monitoring-Organisation' ihre eigenen Mitarbeiter in Syrien bezahlte, da zu vermuten war, dass dies ebenfalls über das Hawala-System geschah.

Einmal hatten wir von einem Geber zusätzlich über zwei Millionen Euro bekommen, um in Südsyrien Projekte durchzuführen. Als dieses Gebiet jedoch Gefahr lief, von Regierungstruppen eingenommen zu werden, brachen wir alle Aktivitäten ab. Unseren Partnern teilten wir mit, nein befahlen wir sogar, dass ihre dortigen Mitarbeiter alle Dokumente vernichten und fliehen sollten! Damit sollten sie so viele Spuren wie möglich verwischen, um einer Verfolgung des Assad-Regimes zu entgehen. Es ging tatsächlich um Leben und Tod, da wir mehrere Male davon gehört hatten, dass Mitarbeiter von Hilfsorganisationen in die Hände des Regimes fielen und ganz verschwanden. Hinsichtlich der Projektabrechnung stellte das selbstverständlich ein großes Problem dar, weil dafür Originalbelege benötigt wurden. Bereits zuvor hatten wir den Partnern deshalb mitgeteilt, sie sollten jeden Beleg einscannen und uns zuschicken, damit wir zumindest eine Kopie in den Händen haben würden. Obwohl unsere Auftrag- bzw. Geldgeber dem zugestimmt hatten, akzeptierte unsere Zentrale dieses Vorgehen erst nach Einschaltung der ‚Hierarchie'!

Trotzdem fragte ich mich grundsätzlich, ob wir selbst mit den Projekten, die nicht abrupt abgebrochen werden mussten, überhaupt irgendwelche Wirkungen erzielt hatten. Mit der

Zeit bestätigten mir selbst meine syrischen Kollegen, dass viele Mitarbeiter unserer Partner die tatsächliche Situation in Syrien keineswegs besser kannten als wir. Deshalb hatte ich gelegentlich sogar die Befürchtung – das behielt ich allerdings tunlichst für mich, ob denn unsere Aktivitäten überhaupt stattfanden. Im Hinterkopf hatte ich das lesenswerte Buch von Kilian Kleinschmidt „Weil es um die Menschen geht"*, worin er seine Erfahrungen als professioneller Krisenhelfer insbesondere in Afrika in beeindruckender Weise schildert und von einem Flüchtlingslager in Somalia berichtet, das über Jahre mit Millionenbeträgen unterstützt worden war und als er selbst vor Ort kam, feststellte, dass es überhaupt nicht existierte. War also alles nur inszeniert?

Wie bereits erwähnt, waren wir im Grunde genommen auf die Berichte der Partner angewiesen, die jedoch häufig nicht sehr aussagekräftig waren. Mehr Erkenntnisse konnten wir aus Fotos oder Videos gewinnen. Diesen zufolge konnten wir immerhin davon ausgehen, dass eine Maßnahme tatsächlich durchgeführt worden war. Bei einigen Trainingsmaßnahmen war dies gesichert, da diese online durchgeführt wurden und die Teilnehmer in Echtzeit in Syrien in Klassenzimmern das Training absolvierten. Ich selbst, obwohl ich kein Wort verstand, verfolgte diese mehrmals mit eigenen Augen auf meinem Bildschirm.

Jedoch erhielten wir häufig gegenteilige Nachrichten insbesondere von ehemaligen Mitarbeitern syrischer Partner in der Türkei, die entlassen worden waren und sich dafür bei ihrem Ex-Arbeitgeber offenbar rächen wollten. Meistens ging es darum, dass die Partner betrögen bzw. Projekte teilweise überhaupt nicht durchgeführt hätten. In diesen Fällen klingelten bei uns sofort die Alarmglocken und wir gingen jedem einzelnen Fall penibel nach. Am Ende stellte sich stets heraus, dass die Vorwürfe völlig aus der Luft gegriffen waren, mit einer Ausnahme. Der Leiter einer syrischen Organisation hatte seinen Mitarbeitern erheblich weniger gezahlt als mit uns vertraglich vereinbart. Beweise hatten wir zur Genüge. Bevor wir ihn zur Rede stellen konnten, hatte er sich leider aus dem Staub gemacht.

Im Kosovo hatten wir eine Programmkomponente ‚einkommensschaffende Maßnahmen'. Hierbei unterstützten wir in Zusammenarbeit mit den lokalen Behörden Start-ups sowie bestehende Betriebe oder Geschäfte mit sogenannten ‚in-kind grants'. Das bedeutete, dass die Empfänger kein Geld bekamen, sondern Sachleistungen bis zu einer bestimmten Höhe. Wenn zum Beispiel jemand einen Friseurladen eröffnen wollte, musste er einen Business-Plan erstellen sowie die dafür notwendigen Einrichtungsgegenstände auflisten. Die Entscheidung, ob er oder sie unterstützt würde, trafen wir zusammen mit den örtlichen Behörden. Zwei wesentliche Kriterien spielten dabei eine Rolle: zum einen die Wettbewerbsfähigkeit sowie die Schaffung von dauerhaften Arbeitsplätzen. Fielen diese positiv aus, sind wir mit dem Klienten direkt in ein Geschäft gegangen, um besagte Einrichtungsgegenstände bis zu einer Höhe von 2.500 Euro zu kaufen. Vertraglich wurde geregelt, dass unsere Organisation für ein Jahr der Besitzer der Gegenstände wurde, um zu verhindern, dass der Klient diese unmittelbar danach verkaufte. Leider hatte mein Einwand von Beginn an kein Gehör gefunden, dass die Begünstigten zumindest eine symbolische Summe von zum Beispiel zehn Prozent der Gesamtsumme beisteuern sollten, wie es von anderen Organisationen im benachbarten Serbien und auch Montenegro praktiziert wurde.

Jahre zuvor hatten wir dort Mikrokredite für freiwillige Rückkehrer aus Luxemburg finanziert. Die Idee war, dass jene, sobald sie zurück in ihre Heimat gekommen waren, eine Art Starthilfe bekamen, um auf eigenen Beinen stehen zu können. Jedoch stellte es sich als totaler Fehlschlag heraus. Hauptverantwortlich dafür waren insbesondere die mangelhaften fachlichen Kenntnisse des Partners, was das Management und Verwalten der Kredite betrafen sowie anfänglich eine gewisse Blauäugigkeit meiner eigenen Organisation, die ebenfalls keinerlei Erfahrung in dem Bereich hatte – zu viel Vertrauen und zu wenig Kontrolle. Ahnung davon hatte anfangs auch ich nicht. Dafür eine nach einem Jahr engagierte Expertin, die dem Projekt und der Organisation, nach nur zweistündigem Studium diverser Kennzahlen, den baldigen Bankrott bescheinigte. Daraufhin zogen wir die Reißleine und suchten einen professionellen Partner, der das Projekt fortführen sollte, nachdem sich inzwischen auch noch herausgestellt hatte, dass zwei ‚Credit Officers' unseres Partners in die eigene Tasche gewirtschaftet hatten. Neben ihnen endeten auch zahlreiche Klienten vor Gericht! Letztere deshalb, da sie wohl davon ausgegangen waren, am Ende würden wir die Zeche zahlen. Das war zumindest die Mutmaßung der Expertin, denn unser Organisationslogo prangte auf den Flyern.

Zwar nicht ganz so dramatisch, aber doch mit Konsequenzen, die wir nicht auf der Rechnung hatten, verlief ein Projekt im Nordosten Montenegros. In dortigen Bergdörfern war es ein großes Problem für die Kinder, in die Schule zu kommen, da diese mitunter bis zu zehn Kilometer entfernt und nur zu Fuß zu erreichen war. Die Idee war daher, einige Kleinbusse zu beschaffen, damit sichergestellt werden konnte, dass wenigstens diejenigen Schüler aus den weit abgelegenen Dörfern zur Schule befördert werden konnten. Gemeinsam mit den Schulen hatten wir daher ausgeklügelte Fahrpläne ausgearbeitet, mit dem zuständigen Ministerium eine Vereinbarung getroffen, dass dieses die Kosten für die Fahrer sowie den Unterhalt der Fahrzeuge übernehme, womit alle notwendigen Vorkehrungen erreicht waren, dass eine nachhaltige Weiterführung des Projektes gewährleistet zu sein schien.

Kurz nachdem die Fahrzeuge zum Einsatz gekommen waren, sah sich in einem der Dörfer der dortige Schuldirektor und

lebten wir weitere Überraschungen. In der einen Gemeinde wollte man eine Gesundheitsstation in Form eines Kreuzes mit rotem Dachanstrich bauen, damit Helikopter das Ziel leichter finden könnten. Meines Wissens gab es damals keinen einzigen Rettungshubschrauber im ganzen Kosovo! Darüber hinaus verfügte man bereits über eine funktionierende Gesundheitsstation. In einem anderen Dorf wollte man unbedingt ein Sportgelände mit jeweils einem Fußball-, Handball- und Volleyballfeld neben der Grundschule anlegen, obwohl dort bereits dieselben Sportanlagen vorhanden waren. Den Vogel schoss die dritte Gemeinde ab, die in ihrer Grundschule, die nur über vier Räume verfügte, modernste Technik, wie zum Beispiel einen Projektor in jedem Raum sowie zahlreiche Computer anschaffen wollte, obwohl man niemanden hatte, der diese Technik überhaupt bedienen konnte. Obendrein war mittelfristig damit zu rechnen, dass die Schule aufgrund schrumpfender Schülerzahlen ohnehin geschlossen werden sollte!

Ich bezweifelte, dass die ausgewählten Maßnahmen tatsächlich auf dem Willen der Einwohner der Kommunen beruhten. Vielmehr hatte ich den Eindruck, dass sich lokale Politikgrößen einen Namen machen wollten, indem sie ihre eigenen Ideen verwirklicht sehen wollten, um dadurch vor den Mitbürgern als Macher dazustehen.

Ich kann mich noch gut an die Diskussion mit einer externen Beraterin, spezialisiert auf Community Development, erinnern, die uns damals besuchte und die ich, wie wir beide bemerkten, Jahre vorher in Tadschikistan getroffen hatte. Sie war der Meinung, dass, egal welches Projekt von der ‚Community‘ vorgeschlagen würde, wir genau dieses realisieren müssten. Das sei eine Grundregel, wie sie hinzufügte. Das sah ich in unseren Fällen völlig anders, da wir, wie erwähnt, den Verdacht hatten, dass die Maßnahmen gar nicht von der ‚Community‘, sondern, wenn überhaupt, nur deren Vertreter befürwortet waren. Trotzdem müssten wir, so die Expertin, die Vorhaben umsetzen. Wir taten es nicht, sondern führten erneut Gespräche in den Gemeinden, in denen ich zum Ausdruck brachte, dass wir im Rahmen unseres Projektes, in diesem Fall des Gesundheitszentrums sowie Sportplatzes, nicht einsahen, Neubauten zu finanzieren, obwohl dieselben Einrichtungen bereits bestanden. Hierbei handele es sich, so ich wortwörtlich, um „Luxusprobleme, die kein Steuerzahler zu Hause nachvollziehen könnte" und für die wir sowieso keinerlei Bedarf erkennen konnten.

Im Hinblick auf die von mir diagnostizierte ‚Nehmermentalität' im Kosovo konnte ich das Verhalten zumindest eines Teils der Bevölkerung nie richtig verstehen. Einerseits wurde immer wieder gefordert, die internationale Gemeinschaft müsse das Gros der vielen Probleme lösen. Andererseits erlebte ich vor allem im Jahr 2007, also noch vor der selbsterklärten Unabhängigkeit des Landes, zahlreiche Demonstrationen gegen die UN und später die EU-Institutionen im Lande. Dabei waren sie ja gerade zur Unterstützung dort.

In einem unserer Projekte dort ging es um die nachträgliche Installation von Fluchttreppen in zuvor renovierten Schulen. Zwar war diese Maßnahme ursprünglich nicht vorgesehen gewesen. Um allerdings, man weiß ja nie, gegen mögliche Ansprüche im Notfall gewappnet zu sein, wurde von der Zentrale entschieden, an drei Schulen im Lande zusätzlich Notausstiege anzubringen, die deutschem Standard entsprachen und somit im Kosovo quasi einzigartig gewesen waren. In einer der betroffenen Gemeinden blaffte mich der Direktor für Katastrophenschutz tatsächlich bei einer Besprechung mit allen anderen Vertretern der Gemeinde, in einem sehr bestimmten, fast schon arroganten Ton an, ob die Treppe einer anerkannten Norm entspräche. Damit wollte er wohl in erster Linie seine Zuständigkeit betonen. Gleichzeitig gab er allerdings indirekt zu, dass er die Treppe noch nicht einmal persönlich in Augenschein genommen hatte. Innerlich kochte ich. Denn ich fand es fast schon unverschämt, eine solche Frage zu stellen. Ich war kurz davor gewesen, ihm zu antworten, dass die Treppen selbstverständlich mit dem ISO Standard XY übereinstimmten, den er sicherlich kennen würde, obwohl er tatsächlich gar nicht existierte; ließ es dann aber doch sein! Schließlich schlichtete der Bürgermeister, indem er mir seine große Dankbarkeit angesichts der geleisteten Hilfe aussprach.

Daneben wurden in den Schulgebäuden Fluchtwege markiert, mögliche Brandquellen wie das Holz- oder Kohlelager gesichert und nicht zuletzt sollten die Schulen dazu übergehen, Brandschutzübungen regelmäßig abzuhalten. Nun informierte uns besagter Direktor für Katastrophenschutz, dass für derartige Übungen lediglich eine einzige Organisation landesweit befugt sei und schickte uns auch gleich die dafür notwendigen voraussichtlichen Ausgaben in Höhe von mehreren Tausend Euro zu – für eine einzige Übung, geleitet von der (angeblich zertifizierten) Organisation und der Feuerwehr! Während ich noch aus meiner eigenen Schulzeit wusste, dass die Übung bei uns alljährlich lediglich darin bestanden hatte, bei Alarm die Klassenzimmer zu verlassen und sich am Sammelpunkt so schnell wie möglich einzufinden, sollten die Schüler dort unter anderem an Feuerlöschern geschult werden und diese auch an Autowracks ausprobieren können. Zwar sprach es nicht gerade für viel Vertrauen in die Feuerwehr, allerdings war es für uns selbstverständlich ausgeschlossen, das ganze Spektakel zu finanzieren. Vor der Besprechung hatte ich bereits mit langen Diskussionen diesbezüglich gerechnet, doch wurde meine Aussage, dass es für uns nicht infrage käme, dies zu bezahlen, ohne Umschweife beantwortet: „Dann organisiere man es eben selbst, auf eigene Kosten!"

An einer zweiten Schule in einer anderen Gemeinde wollte der dortige Direktor für Katastrophenschutz das Projekt am Ende nicht abnehmen, da wir keine Alarmanlage installiert hätten, was im Übrigen im Budget mit deren Wissen gar nicht vorgesehen war. Es sei auch gar nicht teuer, versuchte er mich zu überzeugen: „Höchstens eintausend Euro", woraufhin ich ihm entgegnete, dann könne er es sicherlich aus seinen eigenen Mitteln übernehmen!

Oft genug ist es mir besonders im Kosovo passiert, dass wir für alle Arten von Unterstützung angesprochen wurden. Einerseits verständlich, da sich die Zahl der im Land agierenden ausländischen Hilfsorganisationen mittlerweile mehr als zehn Jahre nach dem Krieg auf einige wenige reduziert hatte. Andererseits waren jene Anfragen aber bisweilen schwer nachzuvollziehen. Insbesondere dann, wenn man den Eindruck hatte, dass dies allenfalls nach dem Motto: Fragen kostet nichts! geschah. Dringender Bedarf schien tatsächlich nie zu bestehen. Ein Schuldirektor meldete sich telefonisch und erkundigte sich, ob wir einen Kopierer finanzieren könnten. Ich fragte, ob die Schule bereits über ein Gerät verfüge und wie viele Lehrer dort unterrichteten. Er antwortete, sie hätten bereits einen, welcher aber für die vierzig Lehrer nicht ausreichen würde. Darauf ich: „An der Schule meiner Frau in Deutschland unterrichten etwa siebzig Lehrer und die kommen mit nur einem Gerät aus!" Der Direktor (wortwörtlich): „Ich dachte halt, ich frage einfach mal!"

Generell spielten Fortbildungsmaßnahmen wie Trainings und Workshops in vielen Einsätzen eine wichtige Rolle und wurden immer wieder an uns herangetragen. Persönlich hatte ich aber immer den Eindruck, dass viele damit in erster Linie ihren Lebenslauf aufhübschen wollten, wobei der Inhalt allenfalls zweitrangig war, ganz zu schweigen von einer späteren praktischen Umsetzung des Erlernten.

Einmal hatte ich einen Bewerber vor mir sitzen, dessen Lebenslauf sage und schreibe über siebzig (!) Fortbildungen aufwies. Allerdings erwies er sich nicht annähernd als Spezialist, da ich zum einen oder anderen Thema detaillierter nachfragte, er die Antworten aber schuldig blieb. Ähnlich dachten oft auch Partnerorganisationen, die davon ausgingen, dass eine Teilnahmebescheinigung automatisch erworbener Expertise gleichkam. Meistens war es sogar so, dass weniger von Teilnahme, als vielmehr höchstens physischer Anwesenheit die Rede sein konnte, wenn der Nutznießer überhaupt anwesend gewesen war. Um dem vorzubeugen wäre sicherlich ein symbolischer Beitrag notwendig gewesen, der allerdings nirgends von uns verlangt wurde, wahrscheinlich auch nicht akzeptiert worden wäre, da manche Fortbildungen ausdrücklich von uns beauftragt wurden. Insofern kamen sie uns allemal zugute, denn je höher die Zahl der ‚Ausgebildeten‘ war, desto erfolgreicher wurde das Training dem Geber verkauft.

Nur in sehr seltenen Fällen konnte ich die positive Wirkung einer Trainingsmaßnahme nachher tatsächlich beobachten. Einmal sah ich ein Video von jungen Frauen in Syrien, die an einem Ausbildungsprojekt, das von uns mitfinanziert worden war, teilgenommen hatten. Darin haben sie journalistische Fähigkeiten in Dreierteams erlernt: Eine war für die Technik verantwortlich, die zweite für die Kamera und die dritte als Interviewerin. Der Film, den ich sah, zeigte die Frauen bei praktischen Übungen am Anfang sowie am Ende des Trainings. Ich war begeistert, denn man erkannte nicht nur ihre deutlichen Fortschritte, sondern insbesondere ihre Begeisterung für die Sache war augenscheinlich. Anschließend schickte ich den Film an unsere Geldgeber, die mir ausnahmslos positive, enthusiastische Rückmeldungen gaben. Ziel war es, dass die Frauen nach dem Training zum Beispiel von örtlichen Hilfsorganisationen beauftragt würden, um deren Projekte für die Öffentlichkeit aufzuarbeiten. Immerhin erfuhren wir, dass ein Team nachher tatsächlich mehrere Aufträge bekommen hat.

Ein einziges Mal in meiner ganzen Zeit im Ausland konnte ich derartige Wirkungen mit eigenen Augen sehen. Weiter oben hatte ich von den Projektpräsentationen gesprochen, deren Vorstellung in den allermeisten Fällen jedoch zu wünschen übrigließ: Die einen pferchten ellenlange Texte auf eine Power-Point Folie, die sie dann Wort für Wort ablasen, mehr noch herunter leierten; andere waren offenbar der Ansicht, dass ein Blatt möglichst bunt auszusehen hätte, dadurch jedoch völlig unübersichtlich und unverständlich wurde; wieder andere verwechselten ständig relevante Termini, die uns umso mehr verwirrten; oder schließlich jene, die sich mit dem Rücken uns zuwandten, damit sie von der Wand ablesen konnten.

Deshalb organisierten wir ein mehrtägiges Training, wodurch von uns ausgewählte Vertreter unserer Partner lernen sollten, wie man möglichst prägnant ein Thema vorträgt und dieses entsprechend illustriert. Im Übrigen waren wir ohnehin nicht die einzige Organisation, der unsere Partner ihre Organisation oder Projekte vorstellen mussten. Präsentation gehört sowieso zum Rüstzeug von Projektmanagern, vor allem zur Akquise. Während meines vierjährigen dortigen Aufenthalts musste ich selbst gefühlt unzählige Male unser Projekt präsentieren, vor allem dann, wenn es bei unseren Geldgebern einen Personalwechsel gegeben hatte. Dafür hatte ich eine kurze Zusammenfassung verfasst, die die wichtigsten Eckdaten enthielt, welche ich dann lediglich stets aktualisieren musste.

Jedenfalls nahm ich am letzten Trainingstag teil, da all diejenigen einen kurzen Vortrag halten mussten, die ich bereits von unseren Präsentationen kannte. Das Ergebnis war erstaunlich. Nicht nur lasen sie nicht mehr nur ihre PowerPoint Folien ab wie seinerzeit bei uns, sondern diese waren auch sehr knackig und so kurz formuliert, dass alle Anwesenden interessiert die einzelnen Darbietungen verfolgten, und zwar mit Augenkontakt zum Publikum und anschließendem Applaus – auch von mir. Persönlich war dieser Workshop für mich der mit Abstand erfolgreichste, dessen Durchführung ich in meiner ganzen Laufbahn verantwortet hatte!

Dagegen waren, meiner Ansicht nach, insbesondere kurz-fristige Ausbildungsprojekte Schall und Rauch. Besonders in Montenegro, aber auch in Serbien wurden damals zahlreiche solcher Projekte vieler Hilfsorganisationen finanziert. Dabei handelte es sich meistens um dreimonatige Ausbildungen zum Friseur, in einem Handwerk oder sonstigen Berufen. Die Idee dahinter war selbstverständlich, dass die Teilnehmer nachher entweder einen Arbeitsplatz fänden oder sich eine eigene Existenz aufbauten. Wie man allerdings innerhalb von drei Monaten einen Beruf erlernen sollte, entzog sich meiner Kenntnis. Was man damit lediglich produzierte, waren ‚schöne' Zahlen möglichst vieler Teilnehmer, die der Öffentlichkeit vorspiegeln sollten, dass man den Menschen langfristige Perspektiven bot. Jedenfalls habe ich von keinem einzigen Fall gehört, dass ein Teilnehmer nach einer solchen Trainingsmaßnahme infolgedessen je eine Arbeit fand oder sich selbstständig machte. Ich selbst war nie auf die Idee derartiger Maßnahmen gekommen und auch nie von irgendeinem Arbeitgeber aufgefordert worden, solche auszuarbeiten.

Allenfalls aufschlussreicher wäre es, wenn mehrere Monate nach einer Trainingsmaßnahme oder sogenannten Ausbildung die damaligen Teilnehmer kontaktiert würden, um herauszufinden, ob und welchen Effekt die jeweilige Ausbildung für die Beteiligten hatte. Genauso wie bei mir, als ich fünf Jahre nach meinem Fernstudium, das ich während meiner Auslandstätigkeit nebenher absolvierte, von der Universität kontaktiert wurde. Dafür fehlt es Organisationen allerdings oft an Ressourcen. Und welcher Geldgeber möchte gern im Nachhinein erfahren, dass ein finanziertes Projekt keinerlei Wirkung hatte!

Ob wir im Kosovo einen langfristigen Effekt mit einem eher kuriosen Projekt erzielten, hofften der Gebervertreter und ich jedenfalls. Dabei ging es um die Unterstützung einer Musikgruppe in Kosovska Mitrovica. Die Stadt im Norden des Kosovo war damals, und ist es noch immer, getrennt in einen albanischen und einen serbischen Teil. Die Band bestand aus jungen Serben und Albanern, denen ihre Herkunft völlig egal war. Sie hatten einfach Freude daran, Rockmusik miteinander zu zelebrieren. Wegen der räumlichen Trennung konnten sie allerdings nur zusammen im Ausland (!), dem damaligen Mazedonien, heute Nordmazedonien, proben. In ihrer Heimatstadt war es unmöglich, obwohl sie problemlos in den jeweils anderen (ethnischen) Teil hätten gehen können. Allerdings wurde von Anwohnern an einer Brücke genauestens beobachtet, wer die Demarkationslinie überquerte. Dort hatte ich mich einmal mit einer deutschen Journalistin verabredet und in der Tat konnten wir erkennen, wie nicht nur unsere Präsenz registriert, sondern unser Gang über den Fluss sehr misstrauisch beäugt worden war.

Ich hatte beide Seiten zusammen mit unserem Geber besucht und wir waren von dem Enthusiasmus der Jugendlichen begeistert, die den unbedingten Willen zum Musikmachen zum Ausdruck brachten. Nachher bescheinigten wir beide, dass die Jugendlichen unterstützungswert waren und hatten auch sofort einige Hundert Euro Fahrt- und Unterbringungskosten zugesagt.

Neben den tatsächlich durchgeführten Projekten gab es vor allem während meiner Zeit in Montenegro zahlreiche Ideen, die wir entwickelt und ausgearbeitet hatten, welche allerdings nie realisiert wurden.

Da war jener Mann, der sich hobbymäßig um ausgesetzte Wildtiere kümmerte, dessen Hof wir zu einem kleinen Wildpark als Touristenmagnet ausbauen wollten, es aber bei der simplen Träumerei beließen, als mir ein deutscher Tierpark nach meiner kurzen Erörterung klipp und klar mitteilte, wir sollten die Finger davonlassen. Konkretere Vorstellungen hatten wir bei der geplanten Wiederbelebung einer stillgelegten Teppichfabrik. Allerdings kam die Machbarkeitsstudie zu dem Ergebnis, dass sie selbst bei minimalen Löhnen (vierzig Euro monatlich!) nie profitabel arbeiten würde. Erfolglos blieb ebenfalls die Projektskizze einer Art dualer Ausbildung in einer Landwirtschaftsschule, wo wir eine Werkstatt einschließlich eines Mietparks für Maschinen einrichten wollten. Dafür hatten wir eingehende Gespräche mit zuständigen Behörden, der Schule, und nicht zuletzt den Bauern geführt, sogar einen Werkstattmeister hatten wir gefunden. Dass wir nachher eine Absage erhielten, war für uns völlig unverständlich.

Obwohl jener Versuch erfolglos blieb, machte es sehr viel Spaß anhand einiger Indizien die eigene Kreativität spielen zu lassen und von der Schreibtischidee über zahlreiche Gespräche mit relevanten Akteuren bis zu den Empfängern ein tragfähiges, und insbesondere in unseren Augen, bedarfsgerechtes Projekt zu planen und auszuarbeiten. In darauffolgenden Einsätzen hatte ich derlei Möglichkeiten nicht mehr, da sie entweder von einem großen Vorhaben geprägt waren oder von mehreren, die unsere volle Konzentration in Anspruch nahmen.

Lediglich im Syrienkontext, als wir ausschließlich mit Partnern kooperierten und dutzende von Maßnahmen auf den Weg brachten, konnte ich in dem einen oder anderen Projekt, das uns präsentiert wurde, meine Gedanken und Erfahrungen in die Diskussionen einfließen lassen, die mitunter Kopfzerbrechen auslösten. Denn viele Gesprächspartner waren von der Ausarbeitung ihrer Maßnahme überzeugt, die jedoch allzu oft sehr lückenhaft gewesen ist. Zwar stellte ich viele geplante Maßnahmen nicht infrage, aber ich hinterfragte und häufig stellte sich dann heraus, dass doch noch Details zu klären waren. Trotz der damit verbundenen Mehrarbeit nahmen die Gesprächspartner meine Einwände immer dankend an bis auf einen Fall, als eine in Mikrokreditangelegenheiten völlig unerfahrene, ja unbefleckte syrische Organisation uns ein derartiges Vorhaben in groben Zügen vorlegte. Meine anfangs von der Idee begeisterten Mitarbeiter konnte ich immerhin nach der Schilderung des Scheiterns in Montenegro davon überzeugen, es ad acta zu legen – den Partner allerdings nicht, der es anderswo probieren wollte.

Uns habe ich damit jedenfalls einen Misserfolg erspart. Das soll nicht heißen, dass ich alle anderen von uns finanzierten Maßnahmen dort unbedingt als Erfolg bezeichnen würde, wie auch all jene in den anderen Auslandseinsätzen. Aus Sicht des Projektmanagers könnte ich das, da ausnahmslos alle Vorhaben ordnungsgemäß durchgeführt oder zum Abschluss gebracht wurden. Ob jedoch jene, mit denen wir einen nachhaltigen Effekt bei den Menschen erzielen wollten, positive Nachwirkungen, wenn auch nur ansatzweise erreichten, vermag ich nicht zu behaupten, hege aber die Hoffnung. Sicherlich gab es hie und da Probleme, aber die gehören zum Tagesgeschäft, jedenfalls erinnere ich mich an keine einzige Maßnahme, die durch mein Verschulden abgebrochen werden musste oder gescheitert ist.

Um dem weitestgehend vorzubeugen, gehörte es überall dort, wo ich die Führungsposition innehatte, gleichermaßen zum Tagesgeschäft, permanent an der organisationseigenen Schraube im Hinblick auf das Personal und die Prozesse zu drehen, ohne das Controlling zu vergessen. In humanitären Kontexten, wo wir nicht in unserem Nukleus agierten, war es außerdem unabdinglich, dass wir uns mit anderen Akteuren, vor allem Hilfsorganisationen, absprachen. Auf der persönlichen Ebene war es meistens völlig unproblematisch. Schwieriger war es auf der organisationalen, wo ich einen Ansatzpunkt sähe, der die Arbeit aller beteiligten Akteure erleichtern würde.

Vor Ort existierten Koordinationsmechanismen in Form von entsprechenden Meetings, die zugegebenermaßen viele Vorteile boten: Man wird auf den aktuellen Stand gebracht; thematisch gewinnt man gegebenenfalls neue Erkenntnisse; Gleiches gilt beim Informationsaustausch; man trifft andere oder neue Akteure, mit denen man hinterher bilaterale Treffen vereinbaren kann; handelt es sich dabei um Geldgeber, erschließen sich einem unter Umständen neue Finanzierungsmöglichkeiten; man stimmt sich mit anderen hinsichtlich der Projektstandorte oder Zielgruppen ab; oder man diskutiert Probleme und Herausforderungen der Arbeit.

Wenn ich die beiden wöchentlichen, von der zur UN gehörigen Organisation OCHA, Office for the Coordination of Humanitarian Affairs, organisierten Treffen 2004/2005 in Inguschetien mit dem 2013 in der Türkei vergleiche, war zweifellos eine Entwicklung bzw. Verbesserung zu erkennen. Denn zum einen war die sogenannte 3W-Matrix (Wer? Wo? Was?) eingeführt und zum anderen eine thematische Aufteilung in Form von unterschiedlichen sogenannten Cluster-Meetings institutionalisiert worden. Trotzdem war es in beiden Fällen nicht mehr als ein Informationsaustausch, an dem sich auch Jahre später, bei meinem zweiten Türkeieinsatz nichts geändert hatte, der, meines Erachtens, zwei fundamentale Schwächen aufwies: nicht nur müssten Hilfsorganisationen zur Koordination verpflichtet, sondern der Koordinator auch mit notwendigen Entscheidungskompetenzen ausgestattet werden, um zu bestimmen, wer, wo, welche Hilfe leistet.

Die praktizierte Koordination glich in meinen Augen einer sonntäglichen Busfahrt, in der der Fahrer zwar lenkte und die Richtung vorgab – das Ziel stand ja fest – allerdings konnten die Fahrgäste ohne Fahrkarte jederzeit ein- und aussteigen, wo sie wollten, und der Fahrer hoffte, dass sich die Mitfahrenden austauschten. Viel besser wäre es, sobald eine Organisation tätig werden wollte, sie, wie in einem Linienbus nicht nur eine Fahrkarte bis zu einer bestimmten Haltestelle lösen müsste, sondern der Fahrer auch bestimmt und kontrolliert, wo sie aussteigt.

Freilich ist beides, die Verbindlichkeit zur Koordination und die Autorität des Koordinators, leichter gesagt, als getan, zumal bei beiden Aspekten eine ganze Reihe von Fragen auftaucht, die zu berücksichtigen sind. Zudem, das hat mir die Erfahrung gezeigt, gibt es nicht wenige Hilfsorganisationen, die gar nicht bereit sind, sich koordinieren zu lassen und sich mit dem bloßen Austausch oder Abgreifen von Informationen zufriedengeben.

Noch komplexere Hürden würde eine Autorisierung und damit Entscheidungskompetenz der koordinierenden Stelle mit sich bringen, vorausgesetzt, dass diese von den Hilfsorganisationen und Gebern akzeptiert werden würde.

Trotz der vielen zu klärenden Detailfragen würden die Vorteile aus praktischer Sicht weit überwiegen. Angefangen mit der Projektplanung: Anstatt eigene Bedarfsermittlungen durchzuführen, womöglich parallel zu anderen Hilfsorganisationen, würden die Daten bereits bei der Koordinierungsstelle nach und nach vorliegen. Dadurch könnten bedarfsgerechtere Maßnahmen vorbereitet sowie vorhandene Lücken, zum Beispiel bei der Anzahl der Empfänger, leichter geschlossen werden. Letztlich entscheidet der Koordinator über jedes Projekt. Daten könnten darüber hinaus einfacher mit anderen Organisationen abgestimmt werden. Prinzipiell lägen die Projekte bereits auf dem Tisch, sodass sich eine Organisation nicht ständig auf die Suche nach neuen machen müsste. All dies würde (idealerweise) viel schneller vonstattengehen und Doppelungen bei der Hilfe wären nahezu ausgeschlossen. Schließlich lägen sowohl für den Projektantrag als auch die Berichterstattung sehr gute Quellennachweise vor.

Angesichts der Vielzahl der Akteure und deren unterschiedliche Interessen bleibt ein solches Reglement trotz der Vorteile wahrscheinlich Wunschdenken eines Praktikers, dem die Theoretiker vermutlich damit einhergehende strategische, juristische, bürokratische und finanzielle Problemstellungen entgegnen würden. Ich muss zugeben, dass ich diese Gedanken lediglich in Vieraugengesprächen mit anderen Helfern gelegentlich diskutiert hatte, mit maßgeblichen Akteuren nie. Sollte die

Idee doch einmal aufgegriffen und angegangen werden, fände ich mich nicht nur bestätigt, sondern könnte zumindest Jahre später einen einsamen Erfolg jenen hinzufügen, die ich heute tatsächlich als solche feiere, obwohl sie nicht unmittelbar im Zusammenhang mit Hilfsprojekten standen.

Die Partnerorganisation, die ich damals in Moldawien strukturierte, gewann 2009 einen renommierten europäischen Wettbewerb der EU und WHO (Weltgesundheitsorganisation), wozu mir mein Auftraggeber bescheinigte, ich hätte den Grundstein dafür gelegt.

Man mag es kaum glauben, aber trotz der ziemlich schwierigen Arbeitssituation und den Problemen mit den Kollegen bei meinem zweiten Einsatz im Kosovo (siehe folgendes Kapitel), feierte ich währenddessen meine beiden größten Errungenschaften. Obwohl niemand, auch nicht in der Zentrale, daran geglaubt hatte, wurden wir ISO 9001:2008 zertifiziert, wofür ich als Beauftragter des Managements am Tag des entscheidenden Audits die Hauptlast zu tragen hatte. Hinzu kam, dass wir wenige Monate zuvor aufgrund der strategischen Neuausrichtung der Arbeit – weg vom Gießkannenprinzip (siehe oben) – unter meiner Ägide eine völlige personelle Umstrukturierung eingeleitet hatten, deren Abschluss fast genau mit dem Zertifizierungsaudit zusammenfiel und darauf Gott sei Dank keinen Ausschlag hatte. Glückwunschtelegramme kamen zwar keine, stattdessen zahlreiche Anrufe von Kollegen aus der Zentrale und dem Montenegro-Büro, um uns ihre Anerkennung auszusprechen. Danach musste ich den Auditor nach Pristina ins Hotel bringen, weshalb ich bezeichnenderweise den Tageserfolg am Abend allein feierte – wenn das mal kein Omen für die kommenden Monate gewesen ist…

Wie noch zu sehen sein wird, war mir der dortige katastrophale Abschied nicht schwergefallen. Anders war es stets im Hinblick auf die Projekte, denn deren Management sah ich als mein Metier an, und egal wo, dieser Bereich der Arbeit hatte mir immer am meisten Spaß gemacht. Persönlich habe ich noch viele Bilder aus den einzelnen Maßnahmen vor Augen und erinnere mich noch heute gerne an die eine oder andere Begebenheit. Selbst im Syrienkontext, als für uns die Partnerorganisationen implementierten, denke ich noch immer an die vielen inhaltlichen Diskussionen, und wie uns stolz Filme oder Fotos der Projekte präsentiert wurden.

Bleiben am Ende die Beneficiaries. Viele von ihnen hatte ich nie persönlich getroffen. Jene, denen ich persönlich begegnet bin, haben mir immer ihre volle Dankbarkeit entgegengebracht. Deshalb glaube ich, dass ihr Leben im Rahmen der Projekte zumindest während der Laufzeiten positiv beeinflusst worden ist. Für die Zeit danach hege ich die Hoffnung, dass es sich fortsetzte.

Außer einige Monate bei meinem zweiten Einsatz in Inguschetien (2004/2005) sowie das halbe Jahr in Sri Lanka (2005), war ich bis zum Jahr 2013 stets der einzige Ausländer im Büro vor Ort. Entscheidungen musste ich treffen, ich kommunizierte mit der Zentrale und auch sonst war ich der erste Ansprechpartner für andere Akteure. Nach Büroschluss war ich gewöhnlich auf mich allein gestellt. Deshalb musste ich mich vor Ort privat und beruflich zuallererst selbst zurechtfinden. Kurzum: ich lernte, mich durchzuboxen.

Trotzdem sind die Fähigkeit und vor allem der Wille zur Teamarbeit im Ausland unabdinglich. Das merkte ich stets vom ersten Tag an. Denn weder konnte ich die Landessprache noch war ich mit jeweiligen kulturellen Eigenheiten oder Traditionen vertraut. Wann immer ich neu in eine bestehende Bürostruktur kam, haben mich meine neuen Kollegen sprichwörtlich an die Hand genommen, bereitwillig für mich übersetzt, bei der Wohnungssuche geholfen und vor allem meistens erfolgreich verhindert, dass ich auf mir zunächst kulturell fremden Gebiet in Fettnäpfchen trat. Im Grunde genommen war ich ihnen auf Gedeih und Verderb ausgeliefert, was ich ausdrücklich im positiven Sinne meine. Dort, wo ich später internationale Kollegen oder Mitarbeiter hatte, ging es ihnen ebenso.

Ich hatte sogar den einen oder anderen kennengelernt, der für meine Begriffe, übers Ziel hinausschoss, indem er lokale Kollegen insbesondere in deren Freizeit permanent für private Angelegenheiten einspannte und dies von ihnen nicht nur verlangte, sondern als selbstverständlich voraussetzte. Und wenn sich diese dann weigerten, wurde sich bei mir beschwert. Andersherum, obwohl sie allen Anlass dazu gehabt hätten, haben sich die lokalen Kollegen so gut wie nie über die internationalen bei mir beklagt. In den meisten Fällen hatten sie eher darüber hämisch gesprochen oder gelächelt, wenn sich ein Ausländer wieder mal gar zu „blöd" angestellt hatte, wie zum Beispiel jene Deutsche, die meine lokale Verwaltungskraft einmal sogar aus einem Restaurant am Abend angerufen hatte, damit sie ihr Essen bestellen konnte!

Nach diversen Vorfällen solcher Art kam die lokale Mitarbeiterin in mein Büro, erzählte mir davon - ich wusste bis dahin von nichts - und bat mich, der Kollegin mitzuteilen, dass sie, die Deutsche, es künftig unterlassen solle, in ihrer Freizeit andere zu „belästigen". Als ich der deutschen Kollegin dies durch die Blume ausrichtete, reagierte sie nicht nur wie eine beleidigte Leberwurst, sondern auch geradezu aufgebracht, weil es „gefälligst die Pflicht lokaler Kollegen" sei, ihren internationalen „jederzeit" zur Verfügung zu stehen! In diesem konkreten Fall würde ich einem vormaligen Mitarbeiter auf jeden Fall rechtgeben, als er zu mir gesagt hatte, dass diejenigen ausländischen Frauen, die er im Rahmen der Arbeit kennengelernt hat, deswegen in der Fremde seien, da sie offenbar zu Hause nicht zurechtkämen.

Anfangs, als ich selbst noch sehr unerfahren war, dachte ich, dass die Arbeitsbeziehung zwischen internationalen und lokalen Kollegen letztlich ein gegenseitiges Abhängigkeitsverhältnis darstellen würde. Immerhin sorgte der eine, in dem Fall ich, dafür, dass der andere, der lokale Mitarbeiter, Arbeit hat, indem er ihn anstellt, ohne ihn aber auch nicht arbeiten konnte. Anders konnte ich mir es damals nicht erklären, dass ich von lokalen Kollegen nach Hause eingeladen oder ständig danach gefragt wurde, ob ich nicht den Feierabend mit lokalen Kollegen verbringen wollte. Mir schwebte dabei das Hirngespinst vor, der Mitarbeiter würde dies nur tun, um sich einzuschmeicheln, weil er sonst befürchten musste, womöglich seinen Job zu verlieren. Sehr schnell wurde ich eines Besseren belehrt und aus heutiger Sicht bin ich geradezu entsetzt, dass ich damals so denken konnte.

Nicht nur boten mir die lokalen Kollegen ihre Gastfreundschaft an, sondern sie zeigten mir so ihre Besorgnis, ich müsse die Abende womöglich ganz allein verbringen. Mein völlig unangebrachtes Misstrauen legte sich sehr schnell, trotzdem lehnte ich später Einladungen vielfach mit der Begründung ab, sie, die lokalen Kollegen, sollten den Feierabend lieber mit ihrer Familie verbringen. Häufig war es dann so, dass sie dazu keine Lust (!) hatten, ich wiederum aber auch nicht, da sich Unterhaltungen doch nur um die Arbeit drehen würden und ich ohnehin mittlerweile stets mein eigenes, privates „Freizeitprogramm" hatte.

Keineswegs handelt es sich um ein gegen-, sondern, meiner Meinung nach, vielmehr um ein einseitiges Abhängigkeitsverhältnis. Der ausländische Mitarbeiter kann nämlich nicht ohne den lokalen, während jener durchaus ohne den internationalen vor Ort agieren könnte. Deshalb spielen die einheimischen Kollegen im gesamten Hilfsgeschäft eine sehr wichtige Rolle, die gar nicht hoch genug geschätzt werden kann.

Ich kann mich noch gut an eine Diskussion in Sri Lanka mit einer dänischen Kollegin erinnern, als wir darüber sprachen, warum wir als ausländische Kräfte überhaupt vor Ort seien und nicht die lokalen allein, da letztere schließlich die eigentliche Arbeit verrichteten und den Kontext viel besser kannten und beurteilen konnten. Dabei ging es im Wesentlichen um deren Kompetenzen, Vertrauenswürdigkeit und der damit verbundenen, notwendigen Distanz zu den Hilfsempfängern.

Damals war es so, dass zumindest ein Teil der lokalen Kollegen in ihrem zugeordneten Arbeitsbereich zwar Fachkräfte waren, zum Beispiel Architekten, viele andere jedoch nicht, weshalb einige internationale Mitarbeiter nicht nur fachliche Expertise mitbrachten, sondern – und das war meine Rolle – auch dafür Sorge trugen, dass das Zusammenspiel aller gewährleistet, die geplanten Maßnahmen ordnungsgemäß zu implementieren.

Im Hinblick auf die Arbeitsweise lokaler Kollegen hatte ich bereits in vorherigen Einsätzen bei den meisten grundsätzlich eine Schludrigkeit vor allem im Ausdruck und Verfassen von Texten auf Englisch feststellen müssen. Ferner war zu meiner Überraschung denjenigen, die einen Studienabschluss hatten, wissenschaftliches Vorgehen, nämlich, dass externe Quellen oder Zitate ordnungsgemäß angegeben werden müssen, völlig fremd. Selbstverständlich konnte es daran liegen, dass wir in einer für Jeden fremden Sprache, nämlich Englisch, kommunizierten. Daher entsprach der schriftliche Ausdruck sicherlich nicht dem, als wenn man in seiner Muttersprache schrieb. Ich jedoch lastete dies mehr dem jeweiligen Bildungssystem an und weniger den Kollegen. Deshalb war ich neben meiner Funktion als Projektleiter nicht selten zugleich Trainer, der lokale Kollegen Schritt für Schritt anleiten musste. Freilich war dies besonders in Nothilfesituationen nur sehr schwer zu praktizieren, weil dann ohnehin das gesamte Projektbüro unter enormem Zeitdruck stand. Aber, und das wurde zu meiner Maxime, solange durch eine Verzögerung kein Mensch physischen Schaden nahm, musste ich eben die notwendige Geduld aufbringen. Meine Mitarbeiter dankten es mir immer wieder. In Tadschikistan meinte Einer am Ende meines Einsatzes gar, obwohl ich es gerade mit ihm sehr schwer hatte und fast täglich seine Arbeit als Finanzkoordinator nur zu kritisieren hatte, die Begegnung mit mir, hätte sein Leben verändert!

In der Diskussion mit der Dänin waren wir uns zumindest in unserem Kontext einig, dass die Sicherstellung der Abläufe von externen Kräften koordiniert werden musste. Dass dies allerdings keine Allgemeingültigkeit hat, bewies mein lokaler Kollege Jahre zuvor in Montenegro, dem mit meinem Weggang die Leitung des Büros übertragen wurde und viel später das Beispiel Kosovo, wo ebenfalls nach meinem Ausscheiden, die Kontrolle des Projektbüros vollständig in lokale Hände gegeben wurde. Zugegebenermaßen gab es in beiden Fällen jedoch eine lange Vorlaufzeit, bis es dazu kam, und die Zentrale hatte sich darauf gleichermaßen Schritt für Schritt eingestellt – angefangen mit der Kommunikation auf Englisch, statt wie zuvor auf Deutsch.

Dagegen konnte ich mir nicht vorstellen, wie ein lokaler Mitarbeiter ohne ausreichende Deutschkenntnisse die Projektleitung bei der GIZ übernehmen könnte. Abgesehen von der Kommunikation dauerte es selbst bei mir eine ganze Weile, bis ich einigermaßen einen Überblick aller Anforderungen an mich sowie den damit verbundenen Aufgaben hatte, ganz zu schweigen von der in der Zentrale weit verbreiteten Beamtenmentalität – Dienst nach Vorschrift – die den Mitarbeiter vor Ort oft genug allein lässt, und eine mögliche Hilfestellung nicht über den Verweis auf andere Zuständige hinausgeht à la Karl Valentins hörenswerten Sketch über den Buchbinder Wanninger, der von Pontius zu Pilatus verbunden wird, ohne die einfache Information zu bekommen, ob er die Rechnung der Lieferung beilegen soll.

Obwohl unsere Projekte in Sri Lanka ausschließlich durch Spendengelder finanziert wurden und somit keinen allzu strengen Vorgaben eines staatlichen Geldgebers unterlagen, bedeutete das allerdings nicht automatisch, dass man damit schalten und walten konnte, wie es beliebte. Auch dafür gab es bestimmte Regelungen, wie zum Beispiel eine dokumentierte Bedarfsermittlung oder ein ordentliches Vergabeverfahren im Rahmen der anschließenden Beschaffungen. Ob wir den lokalen Kollegen in dieser Hinsicht aber völlig vertrauen konnten, bezweifelten wir in unserer Diskussion. Ähnlich würden wohl auch unsere damaligen Zentralen argumentiert haben. Zwar handelte es sich dabei ebenfalls um feststehende Prozesse, in die man sich einarbeiten konnte, aber kann eine Organisation oder gar der Geldgeber lokalen Mitarbeitern völlig vertrauen?

In Montenegro erzählte mir mein damaliger Kollege freimütig, dass ihm gelegentlich Geld oder Sachleistungen angeboten
worden waren, wenn er bestimmte Entscheidungen treffen
bzw. beeinflussen würde. Angenommen hatte er nie etwas,
was ich auch nie infrage stellte. Nicht nur hatte er mein volles
Vertrauen genossen, sondern war sich darüber bewusst, dass
die Organisation Größeres mit ihm vorhatte.

Über einen meiner Mitarbeiter in Inguschetien behauptete
ein Holländer, den ich Jahre später in Tadschikistan wieder
traf, es sei damals allgemein bekannt gewesen, dass mein Kollege durch und durch korrupt gewesen wäre. Ob es sich lediglich um ein Gerücht handelte, konnte ich nicht nachvollziehen.
Jedenfalls hatte ich während unserer Zusammenarbeit keinerlei Zweifel an seiner Integrität.

In der Türkei nahm mein lokaler Landwirtschaftsexperte
selbstständig Änderungen bei einer Beschaffung vor, die zu
Mehrausgaben führte. Zur Rede gestellt meinte er, er sei davon
ausgegangen, dass er für das betreffende Projekt, das beste
Material einkaufen wollte, wofür wohl Geld genug vorhanden
sein sollte, da das budgetierte nicht ausgereicht hätte. Anhand
von Streichungen in anderen Budgetlinien konnten wir glücklicherweise die angefallenen Mehrausgaben auffangen. Hier
handelte es sich weniger um die Frage fehlenden Vertrauens,
sondern um mangelnde Kenntnisse im Projektmanagement,
zumal die betreffende Budgetposition den maximal zur Verfügung stehenden Betrag auswies. Er sei dagegen davon ausgegangen, dass trotzdem noch Spielraum nach oben da gewesen
wäre. Solche Fehlannahmen kamen hinterher bei ihm nicht
mehr vor.

Jahre zuvor hatte ich im Kosovo einen für ‚Community Development' zuständigen Mitarbeiter, der von meiner Vorgängerin, der Büroleiterin, zum künftigen „Chef" vor Ort auserko-
ren worden war und den ich auf diese Rolle vorbereiten sollte.
Nach kurzer Zeit fiel mir auf, dass er Projektanträge in seinem

Arbeitsbereich, wenn überhaupt, nur oberflächlich bearbeitete, sodass in zwei Fällen selbst einfache Summen von Budgetlinien nicht korrekt waren – und zwar zu unserem Nachteil. Damit war für mich jegliches Vertrauen dahin – ich konnte nur hoffen, dass es zuvor nicht bereits zu derartigen Fehlern gekommen war. Nicht nur diese groben Schnitzer, sondern auch die Meinung des Vertreters unseres Geldgebers vor Ort, der den Kollegen sehr gut kannte und von dessen Fähigkeiten alles andere als begeistert war, führten dazu, dass ich letztlich seinen Vertrag nicht verlängerte. Meinem Arbeitgeber wurde vom Geldgeber jedenfalls mitgeteilt, dass das Büro vorerst unbedingt unter einer internationalen Führung, also mir, weitergeführt werden musste.

Am weitaus dreistesten war ein türkischer Kollege damals als ich 1999 für kurze Zeit im dortigen Erdbebengebiet arbeitete, dessen Handlung sowohl im Hinblick auf Vertrauenswürdigkeit als auch dem dritten Aspekt, den ich mit der dänischen Kollegin diskutierte, nämlich der möglicherweise fehlenden Distanz zu den Betroffenen, einzuordnen war. In meinen Augen ein wichtiger Punkt, weil man sich als Helfer keinesfalls von den zu Helfenden vereinnahmen lassen sollte.

Damals in der Türkei beabsichtigen wir jedenfalls, Notunterkünfte an obdachlos gewordene Familien zu liefern und aufzubauen, wofür in Zusammenarbeit mit den örtlichen Behörden eine Liste der Bedürftigen erstellt worden war. Ohne Gefühl eines möglichen Fehlverhaltens, womöglich gepaart mit einer ordentlichen Portion Selbstvertrauen – oder war es Naivität? – hatte der lokale Mitarbeiter Verwandte von ihm, die gar nicht betroffen waren, eigenhändig ganz oben auf die Liste gesetzt. Er dachte wohl, da er für uns arbeitete, wäre das kein Problem und wir würden es akzeptieren, was wir selbstverständlich nicht taten. Ob er eigenmächtig oder auf Druck der Verwandtschaft gehandelt hatte, erfuhren wir nie.

Später, ebenfalls in der Türkei, allerdings im Kontext der Syrienhilfe, bekam ich derartigen Druck auf meine Mitarbeiter hautnah mit. Tagsüber arbeiteten sie mit mir zusammen im Büro und abends führten sie wohl Dauertelefonate mit Freunden und Verwandten im Kriegsgebiet. Nach ihren Erzählungen wurden sie regelrecht angefleht, Hilfe zu leisten, wodurch sie in eine Verantwortung gedrängt wurden, deren Last sie gar nicht tragen konnten. Folglich begann anfangs jeder Arbeitstag mit aller Art von Projektvorschlägen ihrerseits, denn sie wollten unbedingt unterstützen und ihre Landsleute keinesfalls enttäuschen. Umso enttäuschter waren sie, wenn ich ihnen mitteilen musste, dass die meisten jener Aktivitäten für unseren Auftrag keinesfalls infrage kamen. Erst nach und nach wurden auch sie sich dessen selbst bewusst, womit jedoch die abendlichen und nächtlichen Telefonate für sie mitnichten ein Ende fanden.

Mit einzelnen Kollegen konnte ich gar nicht mehr über andere Themen sprechen, sie fanden einfach keinen Abstand. Zu groß war der Druck, dem sie ausgesetzt waren, den ich, wenn überhaupt, nur erahnen konnte. Anderswo hatte ich einen solchen Grad an Vereinnahmung meiner lokalen Mitarbeiter nie wahrgenommen. Am ehesten vielleicht noch im Kosovo. Dort ging es gleichwohl darum, dass die Mehrheit meiner albanischen Mitarbeiter jedweden Ideen im Hinblick auf Vorhaben in serbischen Gemeinden, gelinde gesagt, kritisch gegenüberstand, während ich, als neutraler Ausländer, immer wieder versuchte das durchaus ‚heiße Eisen' auf die Agenda zu setzen – letztlich aber vergeblich, was gewiss nicht nur den Arbeitskollegen anzulasten war, sondern wofür auch andere Faktoren eine Rolle gespielt hatten.

In unserer Diskussion kamen die dänische Kollegin und ich zu dem Schluss, dass es im Hinblick auf Kompetenzen, Vertrauenswürdigkeit und die womöglich fehlende Distanz von lokalen Kräften grundsätzlich ein Für und Wider gäbe. Gleiches ließe sich für internationale Kräfte feststellen, allerdings sprächen eine Reihe von Aspekten für sie: die Vertrautheit mit Prozessen rund um das Projektmanagement sowie Vorgaben von Geldgebern und Hilfsorganisationen; die Erfahrung aus anderen oder ähnlichen Kontexten; sowie insbesondere die mutmaßliche Neutralität, die im Projektkontext einen gewissen Pragmatismus voraussetzt und damit gegebenenfalls viel eher umzusetzen ist.

Nach meiner eigenen Beobachtung hat sich die Wahrnehmung lokaler Kollegen von Mitarbeitern in Zentralen von Hilfsorganisationen über die Jahre gewandelt. Selbstverständlich kann man nicht verlangen, dass ihre Namen jedem dort präsent sind. Dagegen konnte ich in den ersten Einsätzen häufig feststellen, dass sie, die lokalen Mitarbeiter, besonders bei Projektbesuchen aus der Zentrale, wenn überhaupt, stets in der zweiten Reihe standen. Manchmal wurden sie schier übersehen oder gar nicht wahrgenommen. In erster Linie wollte man mit mir sprechen, obwohl gerade die lokalen Kollegen meistens die eigentliche Arbeit für und mit den Beneficiaries verrichteten. Es kam sogar vor, dass sie lediglich im wahrsten Sinne des Wortes als Kofferträger fungieren sollten, wo ich dann jedoch sofort einschritt. Bei meinem allererstem Einsatz in Serbien bekam ich sogar den Satz aus der Zentrale zu hören, dass lokale Kollegen nicht sozialversichert würden, da es nur höhere Kosten verursachen würde!

Je nach Größe, Anzahl und Art der Projekte variierte die Zahl der mir unterstellten Mitarbeiter vor Ort sehr stark; von der anfänglichen One-Man-Show plus lokalen Kollegen in Serbien und Montenegro über mehrere Dutzende in Inguschetien bis hin zu knapp 100, einschließlich der Freiwilligen, in Sri Lanka. Zähle ich alle Einsätze zusammen, dann waren mir insgesamt über 100 einheimische (ohne Freiwillige) und ausländische Mitarbeiter direkt disziplinarisch und fachlich unterstellt. Ihrer Herkunft nach ergibt sich ein überaus internationales Bild, denn sie stammten aus folgenden Ländern: Armenien, Belgien, Bosnien-Herzegowina, Deutschland, Frankreich, Georgien, Italien, Kosovo, Luxemburg, Mexiko, Montenegro, Niederlande, Österreich, Peru, Russland (Inguschetien und Tschetschenien), Schweiz, Serbien, Sri Lanka (Singhalesen, Muslime, Tamilen), Syrien, Türkei und USA.

Die Verständigung vor Ort – mündlich und schriftlich – geschah ausnahmslos auf Englisch, wobei ich immer versuchte, wenigstens die jeweiligen Grußformeln, und wo möglich, zumindest einige Phrasen in der örtlichen Sprache zu erlernen. Mein bruchstückhaftes Serbokroatisch aus der Zeit der Freiwilligeneinsätze konnte ich in Serbien und Montenegro immerhin so weit entwickeln, dass es für Small Talk ausreichte, was mitunter sogar Gesprächspartner in Verlegenheit brachte, wenn sie in meinem Beisein über mich mit meinem Kollegen sprachen, und ich ihnen nachher zu verstehen gab, dass ich die Unterhaltung – zugegeben mal mehr, mal weniger – verfolgen konnte.

Dass die Sprachkenntnisse der Ausländer unter lokalen Mitarbeitern durchaus ein Gesprächsthema waren, bemerkte ich in der Türkei, wo alle einheimischen Fahrer kein gutes Haar an einem ehemaligen deutschen Projektleiter ließen, denn er hätte, obwohl er zwei Jahre im Land gewesen war, noch nicht einmal „Guten Morgen" auf Türkisch sagen können. Dafür anerkannten sie meine wenigen Sprachfetzen in höchsten Tönen, die leider nicht genügten, um ihre zum Teil recht defizitären Fahrkünste entsprechend kommentieren zu können.

Neben dem Projektbereich gehörte die Personalplanung und -entwicklung zu meinen Hauptaufgaben, besonders in den drei Einsätzen, als ich ein Projektbüro eröffnete und von null anfing. In Serbien und in der Türkei, bei meinem dortigen ersten Einsatz, waren zu jenem Zeitpunkt bereits die Vorhaben bewilligt, sodass ich ungefähr wusste, welche Positionen zu besetzen waren. Im Serbien, ganz zu Beginn, war es jedoch am allerwichtigsten, überhaupt einen lokalen Kollegen anzustellen, damit vor Ort die Aktivitäten anlaufen konnten. Erst sukzessive besetzte ich weitere Stellen. Ähnlich ging ich in der Türkei bei meinem ersten Einsatz vor, wobei mir dort von Beginn an eine Deutschtürkin zur Seite stand, ohne die wir nicht so schnell operativ hätten werden können.

Im Kosovo dagegen, bei meinem ersten dortigen Einsatz 2007, stand lediglich eine Rohfassung des geplanten Programms fest, welches ich den Umständen vor Ort entsprechend anpassen und ausformulieren musste. Anfangs stellte mir der lokale Partner einen Übersetzer zur Seite. Trotzdem war zunächst für mich oberste Priorität, einen eigenen Mitarbeiter einzustellen, damit uns der lokale Partner nicht allzu detailliert in die Karten schauen konnte. Der Grund dafür war weniger Intransparenz oder Geheimnistuerei, sondern der, dass wir uns nicht von Beginn an vereinnahmen lassen wollten, was er, der lokale Partner, hinterher, die Erfahrung anderswo hatte das gezeigt, sicherlich permanent betont und in Form von Projektbewilligungen zurückverlangt hätte.

Man kennt das ja, dass in Arbeitszeugnissen eine gewisse verschlüsselte Sprache der Bewertung verwendet wird, die oft nur geschulte Personaler entziffern können. Daher dachte ich stets, dass es für die Einstellung und insbesondere für das Bewerbungsschreiben und das anschließende Interview irgendwie auch einen ähnlichen ‚Code' geben müsse, um die besten Kandidaten herausfiltern zu können. Zwar hielt ich mich immer an die vorgegebenen Prozesse: Stellenausschreibung, Vorstellungsgespräch und Einstellung, allerdings folgte ich in den überwiegenden Fällen meinem Bauchgefühl bei der letztlichen Entscheidung, selbst wenn die Bewerbungsunterlagen zunächst nicht sehr überzeugend geklungen hatten.

Generell waren ausländische Organisationen ein attraktiver Arbeitgeber für die einheimische Bevölkerung, vor allem, weil die Gehälter wesentlich höher als in anderen Bereichen des betroffenen Landes waren. Im einen oder anderen Fall kamen noch weitere Zusatzleistungen, wie etwa Familienversicherungen, hinzu. Und nicht zuletzt konnte der Mitarbeiter am Ende des Monats davon ausgehen, dass die vertraglich vereinbarte Bezahlung auch tatsächlich auf seinem Konto eintreffen würde. Oft genug hatte ich auf dem Balkan oder in Russland Kollegen gehabt, die mir erzählten, sie hätten früher häufig ihr Gehalt erst Monate später bekommen. Deshalb ist der Andrang bzw. die Bewerberflut bei entsprechenden Stellenausschreibungen normalerweise sehr hoch. Wobei allerdings nicht selten eine große Zahl von Kandidaten dabei ist, die weder notwendige Voraussetzungen noch Qualifikationen mitbringen, sondern in erster Linie dank der oben erwähnten Vorteile ihr Glück versuchen.

Als ich in Montenegro war, hatte mich eine Kollegin einer anderen Organisation mit Sitz in Serbien gebeten, bei ihren Vorstellungsgesprächen dabei zu sein. Denn sie war ganz allein ins Land gekommen und wollte eine zweite Meinung, um ihr bei der Entscheidungsfindung behilflich zu sein. Selbstverständlich sagte ich zu. Vorgesehen waren fünf Interviews nacheinander in einem Café, da ihr Büro noch nicht bezugsfertig war. Ziel war es, für sie einen Assistenten auszuwählen. Leider mussten wir das erste Vorstellungsgespräch nach wenigen Minuten abbrechen. Denn es stellte sich heraus, dass der Bewerber weder Englisch sprach noch überhaupt verstand. Kurioserweise hatte der unmittelbar danach interviewte Kandidat einen bis auf den Namen und das Geburtsdatum identischen Curriculum Vitae geschickt und auch er sprach kein Wort Englisch. Die nachfolgende Kandidatin gab lediglich als Standardantwort auf jede Frage: „I like the job and I like to travel", also ich mag die Arbeit und zu reisen. Von der vorgesehenen Funktion hatte sie keinerlei Vorstellung! Jedwedes Nachfragen war überflüssig. Am Ende hatten wir uns für einen Kandidaten entschieden, der zwar vorher nie in dem Bereich gearbeitet hatte, allerdings sehr motiviert schien. Hinterher und viel später bedankte sich die Kollegin wiederholt bei mir, da sich ihr Assistent in der Praxis sehr bewährt hat.

In all den Jahren habe ich unzählige Bewerbungen bearbeitet. Das mit Abstand ausgefallenste Anschreiben hatte ich im Kosovo erhalten, welches ich zwar etwas gekürzt, aber wortwörtlich einschließlich der Schreibfehler hier wiedergeben möchte: „Eines Tages, während ich mit einem Freund Kaffe trunken, kam ein anderer und erzählte uns über sie, dass sie gekommen sind und einige Personen zum Arbeiten aufnehmen werden". Dann fuhr er fort, dass er im Moment in einem Anwaltsbüro arbeiten würde, jedoch gäbe es dort enorme Probleme, insbesondere da er „Katholiker" (sic!) sei. „Ich kann sagen dass ich darüber satt und müde bin. Mein und meines Freundes Ausweg (Rettung) ist nicht mehr mit Moslemen nicht zu arbeiten sondern wenigstens ein Gehalt nehmen aber das mit Moslemen nicht zu tun hat oder Kosovo zu verlassen. (…) Und das Motiv: „Bis ich vielleicht Kosovo verlassen werde oder bis mit Kosovo etwas gemacht werden wird, würde ich gerne bei Ihnen arbeiten und für meinen Fleiss garantiere ich Sie (sic!)." Übrigens ist jener Bewerber, laut seinem Lebenslauf, ausgebildeter Deutschlehrer gewesen – die armen Schüler!

Hätte er nur auf das Schreiben verzichtet und mir lediglich einen Lebenslauf geschickt. Womöglich hätte ich ihn sogar zum Gespräch eingeladen. So aber hatte er mir gezeigt, dass er weder eine Ahnung von unserer Arbeit hatte, noch, worauf es dabei ankam, ganz zu schweigen von seiner Ansicht.

In den weitaus meisten Fällen, auch anderswo, erhielt ich gewöhnlich von Bewerbern lediglich eine Darstellung des beruflichen Werdegangs. Ähnlich wie bei den oben erwähnten Präsentationen waren sie allerdings oftmals nur bedingt aussagekräftig: der eine beschrieb seine vergangenen Tätigkeiten bis ins kleinste Detail, wo nur noch fehlte, dass das Abschließen des Büros ebenfalls erwähnt wurde, während der andere große

Lücken - zum Teil mehrere Jahre - aufwies; wieder ein anderer will drei Jobs an weit auseinanderliegen Orten gleichzeitig nachgegangen sein; und nicht selten wurden auch Positionen – häufig Direktor (!) – erwähnt, die oft nicht zu den Aufgaben passten, sondern die allenfalls auf eine Hilfstätigkeit schließen ließen. Spannend waren obendrein stets die erwähnten Fortbildungen. Den einen Kandidaten mit seinen mehr als siebzig (!) hatte ich bereits erwähnt. Wie bei ihm ging es in erster Linie um Quantität und weniger Qualität. Ansonsten wurde manchmal sogar die vorherige Führung des eigenen Vorgesetzten, damit der Bewerber seinen Job korrekt erledigen konnte, als eigene Zusatzqualifikation verkauft. Mich durch diesen Wust durchzuarbeiten, kostete mich viel Zeit, ließ mich aber auch nachvollziehen, warum hierzulande Personaler, wie man häufig hört, Bewerbungen sofort beiseitelegen, selbst wenn sie nur Eselsohren hatten. So drastisch bin ich damit zwar nie verfahren, habe aber die gar zu kryptisch klingenden sofort aussortiert – besonders diejenigen, die noch nicht einmal Kontaktdaten des Bewerbers aufwiesen!

Die Crux war daher immer, das glückliche Händchen zu haben, um die Spreu vom Weizen trennen zu können, weil der ganze Einstellungsprozess gewöhnlich sehr schnell geschehen musste.

Meinem Vorgänger in Montenegro war ein regelrechter Glücksgriff gelungen. Als ich die Leitung des Büros übernahm, hatte ich einen lokalen Assistenten, der bereits ein Jahr für die Organisation gearbeitet hatte und der mir später seine Bewerbung zeigte. Sie hatte lediglich aus einer fünfzeiligen E-Mail bestanden: Er hätte einen Führerschein, kenne sich in der Gegend gut aus und hätte vorher bei einer anderen Hilfsorganisation die Verteilung von Hilfsgütern mitorganisiert. Die Bewerbung endete lediglich mit „Sve najbolje" (Alles Gute), ohne Unterschrift. Trotzdem war er zum Vorstellungsgespräch eingeladen worden. Chapeau! In meinen zwei Jahren dort konnte ich mir keinen besseren Kollegen vorstellen, mit dem ich noch heute, nach vielen Jahren, in regelmäßigen Kontakt bin. Schließlich hatte er, wie bereits erwähnt, nach meinem Vertragsende, die Leitung des Büros übernommen und erfolgreiche Ergebnisse abgeliefert.

In späteren Einsätzen hatte ich mindestens einen Kollegen – und zwar immer einen, der für den fachlichen Hintergrund zuständig war – mit im Interview dabei, um eine zweite Meinung bei der Entscheidungsfindung zu haben. In der Türkei, wenn es sich um syrische Kandidaten handelte, sogar einen dritten. Dessen Aufgabe bestand darin, Genaueres über die Herkunft des Bewerbers aus Syrien herauszufinden: aus welcher Stadt er stammte, wo er sich zuletzt aufgehalten und bei wem er gearbeitet hätte. Mein Kollege ging dabei bis ins kleinste Detail, denn wir mussten in jedem Fall vermeiden, uns islamistische oder regierungstreue Anhänger (Spione) ins Haus zu holen.

Soweit ich mich erinnern kann, lag ich bei der Rekrutierung in all den Jahren nur ein einziges Mal völlig daneben. Ebenfalls in der Türkei suchte ich einen Projektassistenten, der die verantwortlichen Kollegen in den Bereichen Landwirtschaft und Wasser unterstützen sollte. Ein junger Mann wurde mir von einem Kollegen in den höchsten Tönen empfohlen, und laut seinem Lebenslauf und im Interview behauptete der Kandidat, dass er mehrfach bereits in einer koordinierenden Funktion bei Hilfsorganisationen tätig gewesen sei. Das hörte sich vielversprechend an. Also stellte ich ihn ein, damit er nicht meine Spezialisten, sondern mich als Projektmanager eines Multi-Millionen-Vorhabens unterstützen sollte, wofür ich ihn an den Schreibtisch mir gegenübersetzte. Angesichts der Komplexität unseres Projektes waren viele Dinge zu tun, die selbst ein Anfänger sofort erkannt hätte. Stattdessen saß er auf seinem Stuhl herum und fragte immer nur: „Chef, was soll ich machen?"

Folglich bemerkte ich bereits nach wenigen Tagen, dass er nicht nur gar nicht geeignet war, sondern eigentlich gar nichts konnte. Wenn er ansonsten etwas von sich gab, dann klang das so, als wäre die ganze Arbeit ein Kinderspiel. Um Gewissheit im Hinblick auf seine Inkompetenz zu bekommen, gab ich ihm eine Aufgabe, von der ich wusste, er würde sich die Zähne daran ausbeißen. Er sollte einen Logframe anfertigen, in den die von einem weiteren Geldgeber finanzierten Aktivitäten unseres Gesamtvorhabens mit abgebildet waren – ohne Zweifel eine Herausforderung, für die selbst ich wahrscheinlich mehrere Tage benötigt hätte. Er dagegen meinte „kein Problem" (!) und keine Stunde später legte er mir sein Ergebnis vor. Es waren lediglich Kopien der einzelnen Logframes, die ich jedoch zusammengefasst in einem sehen wollte, was er jedoch selbst nach mehrmaliger Erklärung meinerseits nicht kapierte oder kapieren wollte. Da er als Selbstständiger eingestellt worden war – zum damaligen Zeitpunkt war ein Angestelltenverhältnis aufgrund fehlender Arbeitsgenehmigungen für Syrer noch nicht möglich – hätte ich ihn sofort entlassen können, was ich auch vorhatte. Ein Kollege riet mir aber, ihn bis zum Quartalsende zu behalten. Es könne ja sein, dass er mir andernfalls abends nach Büroschluss auflauerte!

Ich hätte wohl besser einen seiner früheren Arbeitgeber kontaktieren sollen, was ich normalerweise in solchen Fällen immer getan hatte. Nach seinem Engagement bei uns bewarb er sich bei einer internationalen NGO, die von mir eine Referenz über ihn erbat. Das zugehörige Formular füllte ich so objektiv wie möglich aus, zwischen den Zeilen war jedoch unzweifelhaft zu vernehmen, dass er prinzipiell nicht geeignet war. Schließlich stellte sich nachher noch heraus, dass er sich von vielen Kollegen Geld geliehen hat, die es ihm bereitwillig gegeben hatten, er allerdings keineswegs willens war, es zurückzuzahlen.

Dagegen stellten sich alle anderen Mitarbeiter, die ich während all meiner Einsätze ausgewählt hatte, als äußerst positive Kandidaten heraus. Erwähnenswert sind in diesem Zusammenhang vor allem zwei in der Türkei. Ende 2015 engagierte ich eine Syrerin, die zwar keinerlei Erfahrung in „unserem Geschäft" hatte, aber schon nach kurzer Zeit zur Budgetexpertin für Partnerprojekte wurde. Viele dieser geplanten Vorhaben sahen ,versteckte' Kosten vor, die eigentlich nichts mit der Maßnahme zu tun hatten – insbesondere bestimmte Personalpositionen. Diese hinterfragte sie nicht nur, sondern kürzte sie radikal, wo es notwendig war. Deshalb wurde sie für viele unserer Partner zu einem ,roten Tuch', während sie sich für mich zu einer zuverlässigen und absolut loyalen Mitarbeiterin entwickelte. Zu ihrer Vorgehensweise meinte sie, sie hätte sie von mir abgeschaut, wodurch ich mich zweifellos geschmeichelt fühlte.

Der zweite Kollege war ein Italiener, den ich nach etwa einem Jahr rekrutierte. Ursprünglich hatte ich vorgesehen, dass er unseren Projektschwerpunkt ,Wasser' übernehmen sollte. Jedoch änderte ich meine Meinung dahingehend, dass ich ihn zu meinem Stellvertreter ernannte, wodurch ich alle Aspekte rund um das großvolumige Vorhaben stets mit ihm besprechen konnte, was sich als überaus praktische und mehr als hilfreiche Lösung herausstellte.

Meine Personalverantwortung schloss Führung und -entwicklung mit ein, wobei im humanitären Kontext bei der jeweiligen Organisation so gut wie keine, eigentlich gar keine, formalen internen Abläufe existierten. Das ist insoweit nachvollziehbar, als es während der gewöhnlich kürzeren Projektlaufzeiten im Wesentlichen um die Organisation der Arbeit bzw. Zuweisung der Aufgaben an die lokalen Mitarbeiter ging. Das hieß zum Beispiel, das Personal für anstehende Hilfsgüterverteilungen einzuteilen. Selbst wenn ein Projekt verlängert wurde, wie etwa in Inguschetien, übernahmen dieselben erneut die ihnen übertragenen Aufgaben. Eine Personalentwicklung im eigentlichen Sinne fand daher nicht statt. Lediglich beim DRK musste ich die mir unterstellten Mitarbeiter nach einem vorgefertigten Formular bewerten, wenn ihre Verträge zu Ende gingen.

Dagegen gab es bei der Caritas Luxembourg und später bei der GIZ feststehende Verfahren, wobei deren aus allen herausstach. Denn jenes umfasste einen festgeschriebenen Prozess, der innerhalb eines bestimmten Zeitraumes abzulaufen hatte: bis zu einem Stichtag musste ich meine Bewertung jedes einzelnen an die Personalabteilung senden. Dabei ging es im Wesentlichen um eine Gesamtbetrachtung der Leistung seit dem letzten Mitarbeitergespräch. Je nach Bewertung erhöhte sich das Gehalt. Einige Wochen später musste dann das jährliche Gespräch stattfinden, in welchem nochmals dessen Aufgaben rekapituliert wurden und ich die Bewertung begründen musste. Die meisten Kollegen konnten meine Bewertung stets nachvollziehen, bis auf eine. Ihr hatte ich eine schlechtere gegeben, wohingegen sie eine viel bessere erwartet hatte. Selbst meine fundierte Erklärung wollte sie nicht wahrhaben. Bei ihr handelte es sich um die oben erwähnte Kollegin, die der Ansicht war, dass lokale ihr auch in ihrer Freizeit zur Verfügung stehen mussten.

Offenbar hatte sie sich nach unserem Gespräch, ohne dass sie mich darüber informiert hatte, innerhalb der Organisation anderswo beworben. Denn eines Tages wurde ich von einem Projektleiter aus einem anderen Land nach Feierabend kontaktiert, der über die Modalitäten ihres Wechsels sprechen wollte, der bereits eine ausgemachte Sache zu sein schien. Ich fühlte mich völlig überrumpelt und war entsprechend sauer. Gleich am nächsten Morgen stellte ich sie zur Rede, wobei sie mir versicherte, sie hätte ohnehin beabsichtigt, mit mir genau an dem Tag darüber zu sprechen. Meine Frage, warum sie mich nicht zuvor darüber in Kenntnis gesetzt hatte, beantwortete sie mit keiner Silbe. Selbstverständlich kann jeder tun und lassen, was er möchte und sich jederzeit woanders bewerben. Allerdings würde ich erwarten, dass in einem solchen Fall der Vorgesetzte eingeweiht wird. Jedenfalls empfand ich ihr heimliches Vorgehen als einen Akt der Illoyalität nicht nur mir, sondern auch dem gesamten Projektteam gegenüber. Auf der persönlichen Ebene hätte ihr Weggang sicherlich beim gesamten Team allenfalls Krokodilstränen ausgelöst. Viel gravierender war der Verlust der Finanzmanagerin, alldieweil die Suche nach ihr monatelang erfolglos gewesen war, und ich währenddessen diese Funktion zusätzlich ausüben musste. Ihre Begründung, sie suchte eine neue Herausforderung, war für mich jedenfalls völlig unglaubwürdig. Ich hörte lediglich heraus, dass die wahren Gründe wohl mangelnde Akzeptanz der anderen Kollegen sowie fehlende Würdigung ihrer Arbeit gewesen sein dürften. Jedenfalls beschwor ich sie, uns nicht im Stich zu lassen, wir könnten auch nochmals ein eingehendes Vieraugengespräch führen oder mit dem gesamten Team. Sie lehnte ab, ihre Entscheidung stand fest.

Bekanntermaßen soll man Reisende nicht aufhalten, sodass ich mich mit der Situation abzufinden hatte, wenn auch mehr als enttäuscht. Zwar hatte ich bereits in früheren Einsätzen ähnliche Erfahrungen gemacht, jedoch handelte es sich dabei ausnahmslos um lokale Mitarbeiter, die einen besser dotierten Job gefunden hatten, und mir das auch offen mitteilten.

Jetzt wurde, wenn auch versteckt, mein Managementstil in Zweifel gezogen, da sie fehlende Würdigung, sprich Wertschätzung meinerseits andeutete. Dabei hatte ich sie tatsächlich an der langen, einer wahrlich langen Leine gelassen: fällige Finanzberichte kamen stets verspätet; trotz wiederholter Aufforderung, hatte sie wöchentliche Finanzstände nie erstellt, zudem verbrachte sie den halben Tag rauchend und Kaffee trinkend auf dem Balkon, beschwerte sich aber, sie würde jeden Tag Überstunden machen müssen, um ihr Pensum abarbeiten zu können, ganz zu schweigen von den vielen morgendlichen Anrufen, in denen sie ihre Unpässlichkeit zum Ausdruck brachte, die weit über das Normalmaß – selbst die nachvollziehbare monatliche – hinausgingen und ihr Büro gleich den ganzen Tag, manchmal auch tagelang verwaist blieb. War ich zu nachlässig oder zu gutgläubig gewesen, da ich es jedes Mal nur bei folgenlosen Kommentaren belassen hatte? Sanktionsmaßnahmen, wie zum Beispiel in Form von einer Abmahnung, davon war ich überzeugt, hätten das genaue Gegenteil bewirkt und ihren Weggang nur beschleunigt. Jedenfalls brachte es mich ins Grübeln, da ich bis dahin immer der Ansicht war, mein Managementstil wäre keineswegs fordernd, sondern eher fördernd gewesen.

Dafür hatte ich selbst erst einen Lernprozess durchlaufen müssen. Besonders in meinem ersten Auslandseinsatz in Serbien sah ich das noch anders. Damals galt für mich die Maxime, dass insbesondere lokale Kollegen, deren Gehalt ohnehin weit höher als auf dem jeweiligen Arbeitsmarkt war, gefälligst ihren Job zu machen hatten und entsprechende Leistungen erbringen müssten. Schließlich wurde das auch von mir erwartet. Aus heutiger Sicht finde ich meine damalige Einstellung, vor allem auf jenen Einsatz bezogen, geradezu lächerlich, alldieweil meine damaligen Kollegen weit mehr Erfahrung als ich hatten, und ohne die ich meine eigenen Aufgaben überhaupt nicht hätte erfüllen können. Einer von ihnen, dessen Vertrag zunächst nur sechs Monate, bis Ende des Jahres 2000 lief, hatte mich damals kurz vor dem Auslaufen ständig nach einem Termin gefragt, um über seine Vertragsverlängerung zu sprechen. Wegen des hohen Arbeitspensums hatte ich dies immer wieder verschoben. Die Quittung bekam ich nach meinem Weihnachtsurlaub. Denn auf meinem Schreibtisch fand ich seine Kündigung! Mittlerweile hatte er einen wesentlich höher bezahlten Vertrag woanders unterschrieben. Meinen anfänglichen Groll gegen ihn richtete ich dann gegen mich selbst, da ich mich nicht darum gekümmert und die Situation offensichtlich völlig falsch eingeschätzt hatte. Er machte schließlich

Karriere im serbischen Außenministerium und noch heute bin ich mit ihm gelegentlich in Kontakt.

Daraus habe ich die Lehre gezogen, dass ich künftig sämtliche Anliegen von mir unterstellten Mitarbeitern ernst zu nehmen hatte und mich unverzüglich damit beschäftigen musste. Gleichermaßen hatte mir ein damaliger Kollege mit auf den Weg gegeben, auch jene Mitarbeiter respektvoll zu behandeln, die vermeintliche Hilfsarbeiten erledigten.

Als wir zum Beispiel nach der allerersten Verteilung von Medikamenten in Serbien zum Essen eingeladen worden waren, wies er mich darauf hin, dass auch der LKW-Fahrer mit dabei sein sollte, schließlich wären ohne ihn die Arzneimittel gar nicht erst angekommen. Damit hatte er völlig recht. Ich persönlich hätte den Fahrer damals vergessen. Seitdem habe ich mir das zu Herzen genommen und mich in ähnlichen Situationen stets daran erinnert. Dadurch hatte ich mir über die Jahre angewöhnt, eine eher freundschaftliche als hierarchische Beziehung zu den mir unterstellten Mitarbeitern zu praktizieren. Obwohl meine Führungsposition seitens der lokalen Mitarbeiter niemals infrage gestellt wurde, ist es mir doch einmal passiert, dass mir genau jene Art von Verhältnis von einem Vorgesetzten zum Vorwurf gemacht wurde: „Ich, als Führungskraft, solle mehr unternehmerisch agieren als in kumpelhafter Manier"! Persönlich empfand ich dies als einen völlig lächerlichen Vorwurf, weil es mir damals nicht nur gelungen war, ein sehr gut harmonierendes Team aufzubauen, sondern auch allerlei Projekte bis dahin erfolgreich durchzuführen. Am Ende wird man als Manager schließlich daran gemessen.

Andersherum musste ich auch erst lernen, Kollegen ihren Job machen zu lassen. Wenn ich mir in Sri Lanka morgens etwa den Kaffee selbst in der Küche zubereitet oder geholt hatte, das Tor bei meiner Abfahrt eigenhändig öffnete, oder mein Gepäck selbst trug, reagierten die Reinigungskraft, der Torwächter sowie andere lokale Kollegen bisweilen ungehalten. Denn damit, obwohl keineswegs beabsichtigt, gab ich zu verstehen, ihnen nichts zuzutrauen und sie letztlich nicht ihre Aufgaben erfüllen zu lassen, für die sie nun einmal eingestellt worden waren. Obgleich ich das ständige ‚Sir' ihrerseits dort nie richtig leiden konnte, musste ich mich zwangsläufig daran gewöhnen, da die Menschen dort in ihrer Sprache dieselben Anreden verwendeten. Deshalb bin ich mit der Zeit auch dazu übergegangen, die lokalen Kollegen mit ‚Madam' oder ‚Sir' anzusprechen. Wenngleich ich mir bisweilen wie ein antiquierter Kolonialherr vorkam, sollte, ja musste ich sie gezwungenermaßen einfach gewähren lassen. Denn dabei handelte es sich keineswegs um eine Art Herr-und-Diener-Beziehung, sondern, indem ich sie ihre Aufgaben erfüllen ließ, zeigte ich ihnen, dass ich ihnen vertraute, wenn es mir oft genug auch schwerfiel. Gewöhnungsbedürftig war und ist es für mich bis heute noch allemal.

Ausnahmslos alle meine Arbeitgeber bescheinigten mir im Arbeitszeugnis nicht nur vorbildliches Verhalten den Mitarbeitern gegenüber, sondern auch die Fähigkeit, stets ein sehr gut harmonierendes und arbeitendes Team geschaffen zu haben. Gerade davon war ich überzeugt, dass Teambildung eine meiner größten Stärken überhaupt gewesen ist. Meistens war es sogar so, dass ich mich mit meinem Team gegen die Zentrale in gewisser Weise verbrüderte, vor allem dann, wenn nicht nachvollziehbare Entscheidungen getroffen worden waren oder wir auf eine Entscheidung allzu lange warten mussten. Selbstverständlich bedeutete das nicht, dass ich der Zentrale gegenüber feindlich gesinnt war. Allerdings waren wir diejenigen, die die Arbeit vor Ort verrichteten, während die Zentrale oft genug nicht nur geografisch, sondern auch von der Realität weit entfernt handelte. Im Feld saßen wir in einem Boot und dass ich mich über Entscheidungen der Zentrale ereiferte, trug auch zum Zusammenschweißen des Teams bei. Ich war auf ihrer Seite.

Ein harmonisches Team zu schaffen, gelang mir weniger durch das Studium von Managementbüchern, sondern vielmehr durch einen gesunden Menschenverstand gepaart mit zunehmender Berufserfahrung. Dass tatsächlich einmal in meinem Beisein mit angelesenen Managereigenschaften seitens eines Vorgesetzten in einem Mitarbeitergespräch argumentiert wurde, anstatt auf dessen Anliegen einzugehen, hatte mich sehr verblüfft. Ich hatte immer angenommen, dass derartige Literatur das Bücherregal nur schmückte, um eine Belesenheit vorzugaukeln.

Während ich noch zur Vorbereitung auf meinen Einsatz in der Zentrale war, bat mich mein Vorgesetzter an einem Gespräch mit einem Kollegen teilzunehmen, der nachher unter meiner Ägide arbeiten sollte, und vier Wochen zuvor eingestellt worden war. Dieser beschwerte sich darüber, dass seine Zuständigkeiten fast im Tagesrhythmus zusammenschrumpften, weshalb er nicht mehr wisse, wofür er eigentlich verantwortlich sei. Darauf zitierte der Chef mir zweifelhaft erscheinende Thesen aus einem solchen Werk und teilte dem Mitarbeiter unmissverständlich mit, wenn er nicht zufrieden sei, solle er sich anderswo umsehen, obwohl er noch in der Einarbeitungszeit war. Im anschließenden Vieraugengespräch wischte mein Vorgesetzter Einwände meinerseits rigoros beiseite, schließlich hätte er keinen Anlass, an der Kompetenz des Managementgurus zu zweifeln, woraufhin ich die Kompetenzen der Führungskraft stark anzweifelte.

Sicherlich habe auch ich während meiner gesamten Auslandstätigkeit, was meinen Führungsstil, mein Verhältnis zu den Mitarbeitern sowie die Arbeit insgesamt betrifft, Fehler gemacht oder nicht immer den richtigen Punkt getroffen. Trotzdem habe ich stets versucht, daraus meine Lehren zu ziehen und mir mit zunehmender Praxis mehrere Aspekte zur Maxime gemacht, mit denen ich im Großen und Ganzen stets gut gefahren bin, zumindest nach meinem Dafürhalten in fast allen Fällen.

Welche möglichen Konsequenzen ein gestörtes Vertrauensverhältnis zwischen Ausländer und einheimischen Mitarbeitern haben konnte, erkannte ich besonders in Inguschetien. In einem Sechs-Augen-Gespräch sollte ich zwischen zwei mir unterstellten Mitarbeitern eine Meinungsverschiedenheit schlichten. Der eine, ein Ausländer, hatte dem Anderen, meinem wichtigsten lokalen Kollegen, von Anfang an das Gefühl gegeben, dass er ihm nicht trauen würde. Eigentlich ging es in der Aussprache um einen, meiner Meinung nach, belanglosen Streit. Plötzlich stand jedoch der lokale Mitarbeiter auf und fauchte den anderen mit den Worten an, wenn er nochmals in der Art und Weise mit ihm rede, würde er ihn töten! In manchen Gegenden, und das war dort zweifelsohne der Fall, waren derartige Aussprüche durchaus ernst zu nehmen. Ich muss gestehen, dass auch mir erst einmal der Kloß im Hals stecken blieb. Offenbar war das persönliche Verhältnis der Beiden völlig zerrüttet, anders konnte ich es mir nicht erklären und hatte das auch niemals vorher wahrgenommen. Der Koordinator verließ fluchtartig den Raum, ich hinterher. Und der Angesprochene? Er versank sichtlich leichenblass und mit offenem Mund in sich selbst auf der Couch! Durch gutes Zureden auf den lokalen Kollegen gelang es mir zwar, die Wogen einigermaßen zu glätten, allerdings blieb das Verhältnis der beiden, wenn man es von da an überhaupt so nennen konnte, mehr als frostig.

Letztlich hängt es wohl immer von der Persönlichkeit des Ausländers selbst ab, nicht nur einen guten Zugang zu den lokalen Kollegen zu bekommen, sondern auch Schritt für Schritt deren Vertrauen zu gewinnen. Hat man dies geschafft, ist die Basis für eine erfolgreiche Projektarbeit gelegt. Es muss ja nicht dahingehend ausarten, dass Kollegen, wie es mir in Pakistan ergangen war, am Ende eines kurzen Einsatzes gar Autogramme von mir verlangten!

Beim Antritt einer neuen Stelle begrüßte ich die neuen Kollegen vor Ort fast demütig, indem ich mich zunächst frank und frei als Anfänger in dem Land präsentierte – weniger in professioneller, sondern mehr in kontextueller Hinsicht. Sofort als Besserwisser aufzutreten, hätte nicht nur unweigerlich peinliche Situationen hervorgerufen, sondern damit hätte ich mich meinen neuen Kollegen auch von Beginn an der Lächerlichkeit preisgegeben. Selbstverständlich wussten sie zu jenem Zeitpunkt alles besser, allerdings halfen sie mir bereitwillig Schritt für Schritt meinen allzu niedrigen Kenntnispegel rund um die Aktivitäten und örtlichen Gegebenheiten sowie lokale Bräuche und Traditionen auf einen angemessenen Stand zu bringen.

Ich hatte auch andere Internationale erlebt, die, obwohl Neulinge, mit einer für sie wohl selbstverständlichen Arroganz auftraten, wodurch das Verhältnis zu und die Kooperation seitens der lokalen Mitarbeiter von Anfang an auf ein maximales Mindestmaß beschränkt blieb – wie man in den Wald hineinruft, so schallt es heraus und in der ersten Zeit war ich es, der nur neugierig zuhörte. Danach war es oft andersherum, wenn ich aus meinem Erfahrungsschatz anderer Einsätze schöpfte, waren sie, die einheimischen, es, die die Ohren spitzten und mein berufliches ‚Herumkommen‘, da nur die allerwenigsten jemals überhaupt außerhalb des eigenen Landes gewesen sind, geradezu bewunderten – besonders dann, wenn ich von Problemen mit oder von früheren Mitarbeitern anderswo erzählte.

Um als Büro- und Projektleiter ein Vorbild abzugeben, war ich gewöhnlich morgens der Erste im Büro und abends der Letzte, der es verließ. Unterschwellig wollte ich mit diesem Ritual besonders in osteuropäischen Ländern bewirken, dass sich auch die Kollegen an einigermaßen feststehende Bürozeiten gewöhnten, denn, obwohl es nirgends eine Gleitzeitregelung gab, praktizierten sie dennoch eine, deren Rahmen anfangs stets allzu gleitend ausgelegt wurde. Immerhin erreichte ich hie und da, dass sich der Arbeitsbeginn auf einen wenige Minuten verspätenden Zeitraum einpendelte. Vor allem im Kosovo wurde dagegen der Feierabend mit einer Pünktlichkeit eingehalten, allerdings nicht der oft gepriesenen deutschen, sondern dem akademischen Viertel, jedoch cum tempore umgekehrt – also fünfzehn Minuten vor offiziellem Schluss – was nicht unbedingt auf ergebnisorientiertes Arbeiten schließen ließ. Anderswo war es gar nicht nötig, ganz im Gegenteil musste ich abends Kollegen bisweilen zum Arbeitsende auffordern, ansonsten hätten sie, vor allem bei meinem zweiten Einsatz im Syrienkontext, zusätzlich eine Spätschicht eingelegt, die selbst den viel beschworenen deutschen Fleiß in den Schatten gestellt hätte.

Trotz der insgesamt mäßigen Erfolge meiner intendierten Vorbildfunktion, nämlich feste Zeiten einzuführen und befolgen, bewirkte ich wenigstens, dass ich als Kümmerer wahrgenommen wurde, da die Kollegen wussten, ab wann meine Tür für sie offenstand, und anerkannten meinen Einsatz überall – für einen Teamleiter keine schlechte Ausgangslage kollegialer Kooperation.

Im Kosovo wurde diese jedoch getrübt, indem mir die Mitarbeiter vorwarfen, mein Ton sei zu laut (!) – eine bis dahin und auch in späteren Einsätzen einmaliger Kritikpunkt, der mir nie in den Sinn gekommen wäre. Aufgrund dessen hätten, so ein damaliger Kollege, einige Angst vor mir, insbesondere unsere Sekretärin. Mit ihr hätte ich, aus heutiger Sicht, viel strenger sein müssen. Denn selbst einfache ihr übertragene Aufgaben schienen für sie unüberwindlich gewesen zu sein. Am Ende musste ich sie meistens selbst erledigen. Hinzu kam, dass sie als alleinerziehende Mutter ständig genau diese Belastung als Grund anführte, wenn sie wieder einmal unkonzentriert gewesen sei. Dabei war es gerade ihre schwierige persönliche Situation, die den Ausschlag für ihre Einstellung gab und wir alle, wenn notwendig, stets darauf Rücksicht nahmen („Mein Kind braucht mich daheim!"). Ihr wurde sogar später eine Rückenoperation seitens der Organisation mitfinanziert! Allerdings hinderte sie das nicht daran, von einem Tag auf den anderen zu kündigen, um für mehrere Monate allein nach Afghanistan zu gehen, wo sie auf einer amerikanischen Militärbasis arbeiten sollte.

Mag die Hierarchie auch stets formal vorhanden gewesen sein, so spielte sie für mich in der Teamarbeit eine eher untergeordnete Rolle. Qua meiner Position flossen permanent Informationen aus der Zentrale oder von Gebern zu mir – oft genug vertrauliche, nur für mich bestimmte – die ich trotzdem je nach Inhalt, ans Team weitergab oder mit ihm diskutierte; keineswegs als Plaudertasche, sondern Transparenz so viel wie möglich, aber nur so weit wie nötig. Meistens ging es ohnehin um projektbezogene Aspekte, Änderungen interner Abläufe oder dezidierte Personalangelegenheiten, manchmal aber auch um merkwürdige Entscheidungen, wenn zum Beispiel, wie zweimal geschehen, die Zentrale ohne Absprache neue Mitarbeiter einstellen wollte oder, wie öfter passiert, sie meine Rekrutierungen oder Personalentscheidungen vor Ort infrage stellten. Ansonsten hatte ich den Eindruck, dass sich alle immer gut informiert fühlten, selbst wenn, wie weiter oben im Rahmen des einen Feedback für Manager erwähnt, meine Kollegen mehr Details des monatlichen Managementmeetings wünschten, wobei es sich dabei um solche handelte, die für unsere Projektarbeit irrelevant waren, denn die relevanten hatte ich immer ohne Wenn und Aber übermittelt.

Zugegeben, vor allem als Anfänger tat ich mich richtig schwer, den lokalen Kollegen gegenüber transparent und ehrlich zu sein, was mir aus heutiger Sicht ziemlich unsinnig vorkommt. Einerseits lag es sicherlich an meiner Unerfahrenheit und damit verbundener Unsicherheit. Andererseits war ich oft allein und wusste nicht so recht, wem ich tatsächlich vertrauen bzw. etwas zutrauen konnte. Wobei sich natürlich die Frage stellte, was und ob ich eigentlich Irgendetwas zu verbergen hatte? Wahrscheinlich betraf es eher mangelndes Zutrauen, indem ich häufig dachte, dass Kollegen die eine oder andere ihnen übertragene Aufgabe, nicht wie ich wollte erledigen könnten. Spätestens wenn einem die Arbeit über den Kopf wächst, wird man einsehen müssen, dass man auch lernen muss, zu delegieren. Das wiederum dürfte wohl ein erster Schritt hin zu Managementfähigkeiten sein, ganz im Sinne des Management Gurus Peter F. Drucker: „Organisation ist ein Mittel, die Kräfte des einzelnen zu vervielfältigen". All das begriff ich auch erst nach einiger Zeit.

Lediglich wenn es um die Finanzen und insbesondere Gehälter ging, war Vorsicht hinsichtlich allzu großer Transparenz angebracht. Die Gehälter der einzelnen Mitarbeiter sollten unter Verschluss bleiben, ansonsten kreiert man nur eine Atmosphäre der Missgunst, des Neids und Frustration, in der jeder nur noch auf den anderen blickt und die eigentliche Arbeit ins Hintertreffen gerät. So ist es mir in der Türkei passiert. Die zuständige Sachbearbeiterin aus der Zentrale nahm vor Ort an unserem Teammeeting teil. Darin drängte sie darauf, eine neue allerdings völlig unerfahrene Syrerin, einzustellen. Die Entlohnung solle gemäß Budget geschehen (den genauen Betrag erwähnte sie umgehend), wobei die Bezahlung um einiges höher war als jene des Stammpersonals. Damit hatte sie einen mittelprächtigen Aufstand ausgelöst, da die Kollegen mit einem Mal die einzelnen Gehälter vor Augen hatten und deshalb sofort entsprechende Erhöhungen einforderten. Nur mit sehr großer Mühe konnte ich die Wogen hinterher glätten, indem ich einfach das Anforderungsprofil der Position ausweitete und den Kollegen zumindest eine geringe Anhebung ihrer Vergütung in Aussicht stellte. Ähnliches hatte ich auch in anderen Einsätzen erlebt.

Zu den Maximen meines Führungsstils würde ich schließlich noch zwei persönliche Eigenschaften hinzufügen, die ich mir keineswegs selbst ans Revers heften würde, sondern die immer sowohl von meinen Mitarbeitern als auch Vorgesetzten sehr positiv hervorgehoben worden waren, und mir letztlich stets dabei halfen, einen echten Teamspirit zu schaffen. Es sind Attribute, die Ausdruck eines persönlichen Lernprozesses im Hinblick auf zwischenmenschliche Beziehungen darstellen, wobei ich mir selbst keinen Lernprozess attestieren würde, genauso wie ich stets behaupte, ich sei bereits mit Brille auf die Welt gekommen, glaube ich, dass ich von jeher so bin: nämlich authentisch und humorvoll; letzteres schließt ausdrücklich die Fähigkeit ein, auch mich selbst auf die Schippe nehmen zu können; ersteres ist ohnehin die unzweifelhafte Grundlage gegenseitigen Vertrauens und Respekt – sicherlich das Geheimnis meines Erfolges, zumindest aus meiner Sicht.

Vorsichtiger war ich dagegen zunächst stets, besonders als Neuling, sofort humorvoll mit der Tür ins Haus zu fallen, da ich meistens zu beißender Ironie neige. Wie überall, musste ich mich erst an die Kollegen herantasten und sie kennenlernen, um zu sehen, ob derartige Bemerkungen überhaupt verstanden und kulturell akzeptiert waren. Während ich zum Beispiel mit meinem lokalen Koordinator in Inguschetien spöttisch flachste so wie er mit mir – er nannte seine Heimat das Paradies auf Erden, sodass er mich am Flughafen immer mit: „Welcome back to paradise!", begrüßte, fand dies der danebenstehende Fahrer alles andere als lustig. Trotzdem trug mein Humor oft genug dazu bei, den durch die hohe Arbeitsbelastung geprägten Alltag atmosphärisch aufzulockern, wenn es auch manchmal nur Momente waren.

Die meisten Kollegen nahmen entsprechende Bemerkungen jedenfalls dankbar mit einem Lächeln an. Andere, mit denen ich nicht unmittelbar zu tun hatte, stempelten mich wohl zu einer Art Clown, wie mir eine GIZ-Mitarbeiterin eines anderen

Teams, mit der ich mich gut verstand, eines Tages offenbarte, was mich zugegebenermaßen im ersten Moment peinlich berührte. So hatte ich das bis dahin nicht gesehen, und wollte auch keinesfalls so gesehen werden. Tatsache war allerdings, entgegnete ich ihr, dass die Stimmung in anderen Teams, auch ihrem, so wie ich sie wahrnahm, im Vergleich zu der in meinem, alles andere als locker oder entspannt zu bezeichnen war. Schließlich zählte, was am Ende herauskam, und in dieser Hinsicht lieferte mein Projekt trotz seiner Komplexität nachweisbar sehr gute Ergebnisse. Obendrauf, das wusste sie nicht, war ich sogar vereinzelt zwar im Spaß von Kollegen anderer Vorhaben gefragt worden, ob sie nicht in meinem Team arbeiten könnten, für mich aber war es ein untrüglicher Beweis, dass unser Teamspirit durchaus Anerkennung gefunden hatte, dessen Leiter ich war.

Im Zusammenhang mit dem Teambegriff fand ich eine Aussage einer anderen Projektleiterin bei der GIZ durchaus bemerkenswert. Ihrer Ansicht nach, sie hatte etwa zwanzig Mitarbeiter, könne sie selbst, wegen ihrer Führungsposition, kein Mitglied ihres Teams sein, da sie ausschließlich die Interessen des Unternehmens und der Auftraggeber zu vertreten hätte. Ferner sei sie dafür verantwortlich, dass das von ihr geleitete Projekt ordnungsgemäß und erfolgreich durchgeführt werde, wofür am Ende sie, und nicht die ihr unterstellten Kollegen, geradestehen müsse. Nicht zuletzt wäre sie es, die Anweisungen und Anleitungen geben müsse und allein für die Kommunikation zuständig sei – ein Gedanke, der mir bis dahin nie in den Sinn gekommen war, weil ich mich selbstverständlich stets trotz meiner Leitungsfunktion als Teil meines Teams angesehen, ja identifiziert hatte.

Dass sie vom Unternehmen sprach – ein Ausdruck, den ich nie verwendet hätte – deutete darauf hin, dass sie seit längerem darin arbeitete und dass sie anwies und anleitete, verunsicherte mich umso mehr, da ich die tatsächliche Tätigkeit maximal mit organisieren und koordinieren umschrieben hätte. War das die Philosophie der Organisation? Wehte womöglich daher der Wind in der Clown-Episode? Musste ich gar meine eigene Vorstellung von Management oder Führung völlig umkrempeln?

Bis dahin hatte ich mich gewiss nie als Trainer gesehen, der vom Spielfeldrand aus durch Zurufe versuchen würde, das Spiel seiner Mannschaft zu beeinflussen, sondern als Spielführer mit ihr auf dem Feld. Jedenfalls entgegnete ich der Projektleiterin, dass wir ohne unsere Mitarbeiter, vor allem die lokalen, überhaupt keine Ziele erreichen könnten und daher über das Maß hinaus auf sie angewiesen seien, weshalb Teamwork der zentrale Aspekt unserer Arbeit sei, denn allein könne ein Projektleiter, insbesondere ein ausländischer, gar nicht agieren. Wie sonst könne er Loyalität von seinen Kollegen erwarten und auf deren Motivation setzen – mit gefordertem Kadavergehorsam jedenfalls nicht. Richtig überzeugen konnte ich sie wohl nicht.

Erst nach der Aussage eines Abteilungsleiters aus der Zentrale beim Abschlussgespräch seines Besuches mit uns, dass nämlich „flache Hierarchien vorgelebt" würden, schien sie ihre Ansicht zu überdenken. Trotzdem sprach ich diesen Aspekt nochmals mit meiner Führungskraft an, die eine lang gediente Mitarbeiterin der GIZ war. Auch sie war der Ansicht, dass der Projektleiter selbstverständlich Teil seines Teams sei. Eine andere Meinung hätte mich doch sehr verwundert, weil es nicht nur gegen meine eigene Führungserfahrung gesprochen hätte, sondern auch meinen gesamten Managementstil komplett infrage gestellt hätte. Worauf der Standpunkt der Kollegin tatsächlich fußte, erschloss sich mir nicht – Managementbücher?

Ich habe oben davon gesprochen, dass ich einen Kollegen statt der ursprünglich angedachten Position kurzerhand zu meinem Stellvertreter ernannt hatte, was sich nachher für mich und meine Arbeit als Glücksfall herausstellte. Als ausgerechnet die eben beschriebene Projektleiterin unsere vorzügliche Zusammenarbeit mitbekam, äußerte sie mir gegenüber, sie wünschte sich eine ähnliche Konstellation in ihrem Vorhaben. Sie könne das doch jederzeit selbst bestimmen, entgegnete ich ihr. Getan hatte sie es trotzdem nicht.

Um außerhalb des Tagesgeschäftes den Teamgeist zu stärken, sind Teambuildingmaßnahmen ein geeignetes Mittel. Bei NGOs, für die ich gearbeitet hatte, spielte Derartiges keinerlei Rolle und wurde noch nicht einmal erwähnt. Dagegen hatte es bei der GIZ einen sehr hohen Stellenwert, wofür auch jährlich mehrere Tage eingeräumt wurden. Da es für die allermeisten lokalen Kräfte völlig fremd war, verstanden sie es lediglich als gemeinsam zu verbringenden, und vor allem, bezahlten Urlaub. Mein Vorschlag einer Wanderung inklusive Zelten stieß jedoch bei den Kollegen auf erbitterten Widerstand. Als Minimum wurde ein Flug mit Luxushotel erwartet, weil ein anderes Team zuvor die Tage sogar auf Zypern verbracht hatte. Der Kompromiss, auf den wir uns geeinigt hatten, war ein Ausflug ans Meer, der hinterher wohl in die Annalen einging, erzählte mir zumindest ein ehemaliger Kollege Jahre nach meinem Ausscheiden.

Der zunächst harmlose Bootsausflug führte uns erst in eine kleine Bucht zum Baden. Vom wolkenlosen Himmel strahlte die Sonne und obwohl nichts auf eine Wetterveränderung hindeutete, forderte uns der Kapitän mit einem Mal auf, ins Boot zu kommen, da wir unverzüglich zurückkehren müssten.

Als wir aus der Bucht fuhren, blies der Wind immer heftiger, die Wellen wurden immer höher und unser Gefährt schaukelte immer stärker. Ein wirklicher Sturm schien heraufzuziehen, vermuteten wir Landratten, da der Kapitän mit von der Stirn perlendem Schweiß sichtlich nervös in sein Mobiltelefon schrie. Land war geradeaus in Sicht, er aber versuchte dem Seegang mit Zickzack-Manövern beizukommen. Zwei von uns hingen bereits sich festklammernd über der Reling, der Rest hatte sich auf den Boden geworfen und wir versuchten einander festzuhalten; eine Kollegin tippte Rotz und Wasser heulend bereits per SMS ihr Lebewohl (wirklich!) an die Mutter. Es war ein Teufelsritt. Zwar musste auch ich mich kräftig fixieren, spürte ansonsten aber erstaunlicherweise keine weiteren Auswirkungen, stattdessen fotografierte ich die dramatische Szenerie. Überlebt haben alle. Beim späteren Abendessen erzählte nochmals jeder aus seiner Sicht die Dramaturgie des Ereignisses und wir kamen aus dem Lachen gar nicht mehr heraus. Sicherlich sollte eine Teambuildingmaßnahme nicht zu einem Überlebenstrip ausarten, die gegenseitige Sorge um und Hilfe für den anderen war allerdings gelebter Teamgeist. Vielleicht war das der Grund, warum diese Episode in die mündlichen Geschichtsbücher der Organisation einging, weil es sich in der Tat um praktiziertes Teambuilding handelte und nicht nur um gemeinsam verbrachte Wohlfühltage.

Obwohl mir in allen Einsätzen ähnlich lustige Ereignisse widerfuhren, waren die beiden, der eine in Sri Lanka und der zweite im Kosovo, von einer trügerischen Harmonie geprägt, die mir als Führungskraft nicht nur alles abverlangten, sondern mich am Ende auch auf meine Grenzen stoßen ließen.

Besonders belastend für mich war die Zeit in Sri Lanka. Da die lokalen Kollegen unterschiedlichen Bevölkerungsgruppen – Singhalesen, Tamilen und Muslime – angehörten, gab es ständig Streit bis hin zu einer Morddrohung, die ich in den ‚Katastrophenbegegnungen' ausführlich beschrieben hatte. Oftmals verdächtigten die einen die anderen, Geld unterschlagen zu haben oder sich nicht an die Regeln zu halten. Erstaunlicherweise geschah dies nie anhand von Beweisen. Verdächtigungen wurden mir nichts, dir nichts ausgesprochen, dass mir fast die Hutschnur platzte. Selbst kleinste Vorkommnisse wurden zu großen Konflikten aufgebauscht und sofort an mich herangetragen: Ein Tamile beschwerte sich, dass die singha-

lesische Reinigungskraft seinen Arbeitsplatz nicht richtig ge-
putzt hätte; ein Singhalese stieß sich an der Tatsache, dass die
muslimischen Kollegen freitags in die Moschee gingen und einen muslimischen Architekten störte, dass er die Toilette mit
anderen Ethnien teilen musste. Sogar diejenigen internationalen Kollegen, die zuvor in anderen ost- oder südasiatischen
Ländern gearbeitet hatten, empfanden nicht nur die Situation
in unserem Büro einmalig, sondern auch den Charakter der
Einheimischen, der sich offenbar von dem anderswo in der Region merklich unterschied – und zwar im negativen Sinn. Kein
Wunder, dass es in der Gegend häufige Kapitalverbrechen und
dergleichen gab, wofür es offenbar keine allzu schwerwiegenden Anlässe brauchte. Umso irritierter war ich, weil die Menschen auf der Straße und die Kollegen im Büro mir immer ein
Lachen zuwarfen.

Die Projekte außerhalb liefen zwar mehr oder weniger reibungslos, die gelegentlichen Probleme mit dem lokalen Partner waren nicht allzu schwerwiegend, aber innerhalb des Büros sorgten die vielen Vorfälle für Unruhe. Glücklicherweise
konnte ich meine internationalen Kollegen häufig bei Streitigkeiten unterstützend miteinbinden, wodurch sie mir hier vieles abnehmen konnten.

Nichtsdestoweniger, kraft meiner Rolle als Teamleiter, war
immer ich der erste Ansprechpartner und auch derjenige, der
Entscheidungen fällen oder Auseinandersetzungen schlichten
musste. Der Fokus lag weniger auf Projektmanagement, sondern im wahrsten Sinne des Wortes auf Teammanagement,
schließlich wurde meine Position auch vertraglich so bezeichnet. Bis dahin war ich anderswo stets Büro- oder Projektleiter
und hatte deshalb anfangs angenommen, zumal der Schwerpunkt meiner Aufgaben genau umgekehrt war, dass es hier genauso sei. Allerdings hatte ich bis dahin nie mit ethnisch gemischten Teams zusammengearbeitet. Das war dort eindeutig
der springende Punkt, wofür selbst die viel gepriesene und oft

vorausgesetzte interkulturelle Kompetenz machtlos zu sein schien. Meistens wird sie ohnehin von Leuten gefordert, die den Begriff gerne in den Mund nehmen, praktisch aber keine Vorstellung davon und erst recht keine Erfahrung damit haben.

Hierzulande hätte man die vermeintlich unkollegialen Kinkerlitzchen als Kindergartengetue abgetan – wie auch ich des Öfteren – in solch ethnisch gemischten Gesellschaften, das begriff ich mit der Zeit, sind sie jedoch Ausdruck der eigenen Selbstbehauptung und Abgrenzung von den anderen. Deshalb wird eigenes Fehlverhalten gar nicht als solches wahrgenommen und scheinbare Belege für das des anderen als gar nicht notwendig angesehen, da der allgemein schlechte Charakter der anderen konsequenterweise auf den individuellen als unmissverständliche Tatsache verstanden wird. Die Gründe dafür liegen häufig zweifellos in der Historie, werden aber von der Politik erst gar nicht angegangen, sondern oft genug, auch anderswo, propagandistisch in Form von Täter-Opfer-Rollen missbraucht, um Schritten hin zu einem friedlichen Miteinander von vornherein eine Absage zu erteilen. Und wenn, dann handelt es sich allenfalls um Lippenbekenntnisse. Die Atmosphäre in unserem Büro spiegelte das genauso wider, wobei sie für mich als Ausländer lange Zeit nicht offensichtlich war.

Ein Lichtblick immerhin war unser singhalesischer IT-Mann, für den ethnische Unterschiede keinerlei Rolle spielten und der der Einzige war, der vorbehaltlos und unbedarft mit allen umging. Gelegentlich beriet ich mich mit ihm, bevor wieder einmal ein Streit geschlichtet werden musste. Die meisten wurden intern behandelt, sodass weder unser Landesbüro in Colombo noch die Zentrale überhaupt den Hauch einer Ahnung davon hatten. Am Ende kam eine Vertragsverlängerung für mich nicht infrage, wofür allerdings persönliche Gründe die hauptsächliche Ursache waren, unterschwellig aber auch die von mir abverlangte Mediation – ein Katastrophenabschied, dem ich gerne entgegensah.

Bei meinem von den Kollegen organisierten Abschiedsfest traute ich meinen Augen nicht, als ich einige lokale Kollegen bemerkte, die ich vorher nie ein Wort wechselnd gesehen hatte, sich nun aber in trauter Runde unterhielten. Dafür waren jedoch weder ich noch meine Schlichtungsfähigkeiten verantwortlich, sondern offensichtlich Arrak, ein süßlicher Reis-Branntwein, der die Zungen zunehmend lockerte – ein Um- oder besser Zustand, der interkulturell bezeichnet werden kann, wofür es noch nicht einmal Kompetenzen braucht.

Einige Jahre später, bei meinem zweiten Einsatz im Kosovo, gab es allenfalls in der ersten Zeit, wenn auch keinen offenen Streit, aber doch Animositäten zwischen den lokalen Kollegen, die nichts mit ethnischen Unterschieden zu tun hatten – alle waren kosovarische Albaner – jedoch eindeutig das Erbe meiner Vorgängerin waren. Später, nachdem ich korrigierende Maßnahmen getroffen hatte, die, nach meiner Beobachtung, zunächst zu einer Verbesserung der Atmosphäre beitrugen, entwickelte sie sich danach graduell zu einer Art kaltem Frieden, mit den Mitarbeitern auf der einen und mir auf der anderen Seite.

Ich war von der Hilfsorganisation, für die ich bereits mehrere Male gearbeitet hatte, und für die ich Jahre zuvor das Büro im Kosovo, in der Stadt Ferizaj, eröffnet hatte, gefragt worden, ob ich erneut dorthin ginge, da die Bürochefin gekündigt hätte. Bereit dazu war ich, wollte jedoch keine Vollzeitstelle, sondern einen leicht reduzierten Vertrag, um öfter daheim sein zu können. Mein Angebot fand Zuspruch, einschließlich der Kostenübernahme für drei private Heimflüge. Mehr als bereitwillig sagte ich zu, da ich zu jener Zeit eine Fortbildung zum ISO 9001 Standard fast absolviert hatte, und im dortigen Büro, dessen Zertifizierung angestrebt wurde, die Theorie in die Praxis umsetzen konnte. Obendrein kannte ich einige Kollegen bereits, da ich sie selbst Jahre zuvor eingestellt hatte und freute mich auf das Wiedersehen.

Offenbar hatten sie ihre Eindrücke über mich den anderen erzählt, denn ich wurde von allen recht herzlich empfangen, weshalb einer wunderbaren Zusammenarbeit nichts im Wege zu stehen schien.

Den ersten Dämpfer erhielt ich jedoch schon am folgenden Arbeitstag, der um acht Uhr morgens begann. Dass kein einziger pünktlich aufkreuzte, verwunderte mich, da ich, wenn ich sie gewesen wäre, in jedem Fall rechtzeitig gekommen wäre, um von Beginn an einen guten Eindruck zu hinterlassen. Ich sah trotzdem darüber hinweg und hakte es als kulturelle Eigenheit ab, da ich bereits zuvor die balkanesische Zeitinterpretation in den Nachbarländern kennengelernt hatte. Mehr störte mich, dass die eigentlich einstündige Mittagspause wie selbstverständlich auf zwei ausgedehnt wurde und die Kollegen sich noch vor dem Arbeitsende in den Feierabend verabschiedeten. Auf Disziplin schien bis dahin von der Leitung kein Wert gelegt worden zu sein, denn in den folgenden Tagen setzte es sich fort.

Dann erfuhr ich, dass jedem Mitarbeiter aus dem fünfunddreißig Kilometer entfernten Pristina ein monatlicher Fahrtkostenzuschuss gewährt wurde, obwohl sie als Fahrgemeinschaft anreisten, während andere aus dem zwanzig Kilometer entfernten Gijliane diesen nicht bekamen. Ferner gab es monatlich einen sogenannten Teamtag, an dem nicht gearbeitet werden musste, sondern der zu gemeinsamen Unternehmungen genutzt werden sollte. Allerdings wurde er offenbar als freier Arbeitstag angesehen, da sich, nach Aussage eines Kollegen, zufällig an jenem Tag die meisten immer unwohl fühlten. Schließlich hatte meine Vorgängerin einem der Pristiner offenbar versprochen, er würde künftig die Leitung des Büros übernehmen, worauf ich ihn vorbereiten würde. Er war derje-

nige, den ich weiter oben im Zusammenhang mit dem ober-
flächlichen Blick auf Projektbudgets erwähnt hatte.

Selbst in meinem Beisein sah er sich bereits als mein Nachfolger und gerierte sich den anderen gegenüber mit entspre-
chender Arroganz. Meine ersten und späteren Eindrücke hatten mich nicht getäuscht, denn für mich war von Anfang an
klar, dass er die künftige Rolle keinesfalls einnehmen werde.
Unterstützung fand ich beim Geber, dessen Vertreter vor Ort
den Kollegen zwangsläufig schon länger kannte und der gleichen Meinung war. Ganz im Gegenteil machte er unmissverständlich klar, dass das Büro zunächst auf unabsehbare Zeit
von einer internationalen Kraft geführt werden müsse. Das
wiederum hieß, mein einjähriger Vertrag würde in jedem Fall
verlängert werden mit dem Zusatz, dass alle Heimflüge vom
Arbeitgeber übernommen wurden.

Neben den internen Problemen identifizierte ich nach kurzer
Zeit auch projektbezogene. Dafür standen sechs Fahrzeuge,
wie es hieß für jeden Arbeitsbereich eins, auf dem Parkplatz
vor dem Büro, von denen drei im ersten Monat überhaupt
nicht genutzt wurden. Eins davon war für Community Development vorgesehen, dessen Hauptaktivitäten eigentlich außerhalb des Büros stattfinden müssten und vom Möchtegern-
Chef geleitet wurden. Für den Bereich Einkommensschaffung
waren zwei Mitarbeiter zuständig, die damit mangels Ausbildung oder Einarbeitung völlig überfordert waren. Nicht ganz
so dramatisch stand es um das Fachgebiet Bildung, allerdings
erschien mir das selbstständige Arbeiten der beiden Kolleginnen allzu selbstständig, denn richtige Fortschritte konnte ich
nicht erkennen. Noch selbstständiger schien der Baufachmann
zu agieren, denn über dessen Aktivitäten erfuhr ich anfangs
gar nichts, auch nicht von den Kollegen, da er woanders
wohnte und nur sporadisch ins Büro kam. Nach wenigen Wochen war somit meine anfängliche Wiedersehensfreude umge-

schlagen, weil ich offensichtlich ein Projektbüro vorfand, das ohne richtige Führung geführt worden war.

Anschließend schoss mein Beliebtheitsgrad drastisch in den Keller, nachdem ich Korrekturmaßnahmen eingeleitet hatte. Ich achtete auf strikte Einhaltung der Arbeits- und Pausenzeiten, ansonsten gab es Gehaltskürzungen; den Fahrtkostenzuschuss schaffte ich ab; drei Fahrzeuge wurden verkauft, da die drei verbliebenen mit ein bisschen Organisationsgeschick effektiv auf alle verteilt werden konnten, wofür jede Fahrt im neu eingeführten Fahrtenbuch einzutragen war; und was die Projekte betraf, verlangte ich nicht nur, mindestens einmal pro Woche bei Außenterminen dabei zu sein, sondern auch einen kurzen Bericht in dem ebenfalls für das Team neu stattfindenden wöchentlichen Teammeeting. Schnell merkten die Kollegen, dass mit mir ein anderer Wind wehte, der im Übrigen ausnahmslos von der Zentrale mitgetragen wurde.

Später, aufgrund des neuen thematischen Ansatzes, musste das Büro völlig umgekrempelt werden, was im Wesentlichen eine Personalreduzierung zur Folge hatte. Um über jeden (möglichen) Zweifel erhaben zu sein, wurde dafür eigens ein externer Berater engagiert, der mit jedem Einzelgespräche führte, und entsprechende Empfehlungen im Hinblick auf die Weiterbeschäftigung lieferte. Interessanterweise bildete sein Ergebnis meine Eindrücke insbesondere von den Pristinern eins zu eins ab, sodass wir uns von ihnen trennten. Nachdem die Umstrukturierung beendet war, begann allerdings das Grummeln einiger der Übernommenen.

Das setzte sich selbst nach der erfolgreichen ISO-Zertifizierung fort und schlug sich auch in den einzelnen Projekten nieder, denn diese blieben weit hinter den gesteckten Zielen. Nichtsdestoweniger kamen in der Folge immer dieselben Kollegen ins Büro und forderten grundlos eine Gehaltserhöhung. Selbst meine Hinweise, dass sie im Vergleich zu ihren Landsleuten ein Vielfaches verdienen sowie zusätzlich bestimmte

Vergünstigungen bekommen würden, ignorierten sie. Deshalb hatte ich solche Anfragen dann nur noch mit dem Satz beantwortet, dass sie niemand zwingen würde, bei uns zu arbeiten und sie gerne jederzeit anderswo tätig werden könnten. Gekündigt hatte hinterher kein einziger.

Auch an meiner Rolle hatten manche ständig etwas auszusetzen. Harmlos war dabei noch die Aussage, meine Stimme wäre zu laut (siehe oben), was die Kollegen einschüchtern würde. Ich vermutete, meine Mitarbeiter versuchten, wo es ging, mich zu diskreditieren. Dazu passte auch, dass, egal, was ich sagte, sie mir so auslegten, als würde ich sie und ihr Land insgesamt nicht leiden können – ein Argument, das häufig von denen benutzt wird, die keinen sachlichen oder expliziten Grund vorlegen können, sich aber als Opfer darstellen wollen; genauso, wenn nach einer Wahl der Verlierer behauptet, das Ergebnis sei gefälscht, ohne jemals einen faktischen Beweis zu erbringen.

Deshalb war es für mich auch zwecklos, darüber eine Diskussion mit ihnen zu beginnen, ratlos war ich aber, was ich tun könne, um künftig nicht mehr solchen Vorwürfen ausgesetzt zu sein. Bis zu jenem Einsatz war ich davon ausgegangen, dass die Schaffung eines Teams, das meine Rolle akzeptiert, zu meinen Hauptstärken zählte. Das war in vorherigen Einsätzen so, und sollte auch hinterher so sein. Gelegentlich wurde mir anderswo sogar gesagt, ich sei der beste Chef gewesen, den man jemals gehabt hätte.

In der damaligen Situation hatte ich mir jedenfalls nichts vorzuwerfen, da ich dort genauso handelte und mich verhielt, wie zuvor. Trotzdem musste etwas falsch gelaufen sein oder lag es schlicht an der Mentalität der Kosovaren?

Zuvor hatte ich in der Region die Erfahrung gemacht, dass die Menschen eigene Fehler gerne auf die anderen schieben, weshalb stets der andere Schuld sei. Im Zuge der ISO-Zertifizierung des Kosovo-Büros war das Ergebnis des vorherigen Probeaudits katastrophal ausgefallen, was eindeutig an unserer mangelnden Vorbereitung, meiner eingeschlossen, gelegen hatte. Bei der Präsentation des Resultats wies dagegen einer der Mitarbeiter dem externen Berater offen die Schuld zu, er hätte einen schlechten Job gemacht – genauso wie ein Schüler, der dem Lehrer die eigenen, schlechten Zensuren anlasten würde. Für mich ein völlig absurder Vorwurf, der aber ins Bild passte.

Ich denke, dass letztlich die von mir vorgenommenen Korrekturmaßnahmen dazu führten, dass ich dadurch in den Augen der lokalen Mitarbeiter zum Bad Guy wurde. Wahrscheinlich nahmen sie an, ich hätte sie ihretwegen und nicht zum Wohl der Organisation, des Gebers und schließlich des Steuerzahlers vorgenommen. Das aber gehörte genauso zu meiner subjektiven Wahrnehmung wie auch meine Theorie, dass dahinter ein unvergleichliches Anspruchsdenken und eine damit verbundene Nehmer-Mentalität stand, die mir dort des Öfteren begegnet war.

Ein wirkliches Gespräch über die Hintergründe habe ich nicht gesucht, da ich davon ausging, die Kollegen würden ihre Aussagen dann herunterspielen und ihre tatsächlichen Motive sowieso nicht ausplaudern. Trotzdem hätte ich es wohl versuchen sollen.

Nach zwei Jahren hatte ich die ganzen Querelen satt und bat, meinen Vertrag aufzulösen – besser ein Ende mit Schrecken als ein Schrecken ohne Ende.

Bis es so weit war, sollte ich noch einen geeigneten Nachfolger finden, denn die von mir dafür vorgesehene, durchaus kompetente Kollegin, obwohl sie die Hauptquertreiberin war, hatte plötzlich einen Rückzieher gemacht, als ihr offenbar bewusst geworden war, dass sie Verantwortung übernehmen müsse und womöglich das gleiche Schicksal wie ich erleiden könnte. Es hielt sie aber nicht davon ab, von Beginn an die

Kompetenzen des neu eingestellten Büroleiters anzuzweifeln. Schon wurden die Messer offensichtlich erneut gewetzt.

Für mich persönlich war es ein katastrophaler Abschied, weil ich zum ersten Mal eine Vertragslaufzeit nicht erfüllt hatte und mir selbst bis zu einem gewissen Grad persönliches Versagen vorwarf. Im anschließenden Abschlussgespräch in der Zentrale stieß ich auf sehr viel Verständnis von meinem Vorgesetzten, den ich über die andauernden Probleme immer aktuell auf dem Laufenden gehalten hatte, und der mir versicherte, die Schuld an dem ganzen Desaster läge nicht bei mir, sondern im Kosovo. Auch er konnte sich keinen Reim daraus machen, alldieweil es das dritte Mal gewesen war, dass ich unter seiner Ägide im Einsatz gewesen war, mehrere Male ebenfalls als selbstständiger Berater, wodurch auch er von meiner Teambildungsfähigkeit überzeugt war.

Üblicherweise gab es am Ende eines jeden Einsatzes eine förmliche Verabschiedung für mich. Entweder wurde sie von den Kollegen oder von mir selbst organisiert. Im Kosovo hatten mich die Kollegen trotz der ganzen Streitereien immerhin zu einem Abendessen eingeladen, wo ich in meiner Rede nicht nochmals nachkarten wollte, sondern ihnen viel Glück für die Zukunft wünschte. Trotzdem hatte sich die Veranstaltung schon nach etwa zwei Stunden aufgelöst. Sie schüttelten mir brav die Hand, der eine oder die andere richtete, anstandshalber, einige Worte an mich, und sie verschwanden. Selbst ein Außenstehender hätte, während jener wenigen Minuten des beiderseitigen, emotionslosen Abschieds, sofort erkannt, dass die vormalige zweieinhalbjährige Zusammenarbeit nicht reibungslos verlaufen sein musste.

Ganz anders war dagegen die Stimmung am Ende meines allerersten Einsatzes in Serbien gewesen. Ein befreundeter Kollege einer anderen deutschen NGO hatte vorgeschlagen, bei ihm im Garten zu grillen und zu feiern. Neben allen Mitarbeitern erschienen auch viele von anderen Hilfsorganisationen.

Bis in die Morgenstunden tanzten wir ausgelassen und am Ende lagen wir uns alle in den Armen und sprachen fast melancholisch über die Erlebnisse des vergangenen Jahres, vor allem die dramatischen Ereignisse rund um den Regierungssturz im Oktober 2000.

Etwas förmlicher verlief der Abschlussabend in Montenegro, für den mein lokaler Kollege eigens ein ganzes Restaurant reserviert hatte. Sogar ein ehemaliger Mitarbeiter aus Serbien war anwesend, was mich besonders gefreut hat. Weiterhin erschienen einige Bürgermeister und Schuldirektoren aus umliegenden Dörfern, die allesamt einer nach dem anderen bewegt das Wort ergriffen, einer schluchzte gar, mir ihre große Anerkennung aussprachen und mich in der Zukunft jederzeit willkommen hießen.

Solche Wünsche hörte ich später immer wieder, wobei in Sri Lanka ein Kollege ein ganz besonderes Abschiedsgeschenk für mich parat hatte. Er war Fahrer und erledigte mit seinem Tuk Tuk, dem dort üblichen dreirädrigen Taxi, vor allem Fahrten innerhalb der Stadt Ampara. Gelegentlich hatte ich während meines Einsatzes eher nebenbei geäußert, dass ich gerne einmal selbst das Gefährt steuern wolle. Einen Tag vor meinem endgültigen Abflug klingelte er an meiner Tür – zunächst war ich etwas verwirrt – und forderte mich auf: „Sir, now it is your turn!" und deutete auf den Fahrersitz. Er nahm hinten Platz. Dankend habe ich das Angebot angenommen und bin losgefahren. Hierarchie einmal andersherum. Während er seinen Landsleuten stolz zuwinkte, zeigte er immer wieder mit dem Finger auf mich, nach dem Motto: Seht her, wer da am Steuer sitzt! Lachend fuhren wir beide fast eine Stunde lang in der Stadt herum. Ein unvergesslicher Nachmittag.

Beim anschließenden gemeinsamen Abendessen überraschte mich einer unserer Architekten nicht minder. Ich solle in jedem Fall wiederkommen, dann aber als Politiker! Ob er damit meine Managementfähigkeiten indirekt kritisierte oder auf mein Verhandlungsgeschick bei all den Streitigkeiten innerhalb des Teams anspielte, begriff ich nicht. Dann setzte er noch einen obendrauf: Er würde mich zu seiner Hochzeit im September kommenden Jahres einladen. Ich antwortete, dass ich gar nicht mitbekommen hätte, dass er eine Partnerin habe. Er darauf: „Nein, eine passende (!) Frau müsse er noch finden".

Sehr emotional war ebenfalls mein Abschied nach vier Jahren in der Türkei. Neben vielen Kollegen aus anderen Projektteams waren auch zahlreiche syrische Partner zu uns ins Büro gekommen. Nach diversen Dankesreden und der Überreichung vieler Geschenke – mein Team hatte zusammengelegt und mir ein teures Backgammon-Spiel überreicht – hatte ich für alle eine ganz eigene Überraschung. Dem Anlass entsprechend hatte ich ein Gedicht (mit neunzehn Strophen) in Limerick-Reimform auf Englisch verfasst, in dem ich nochmals meine gesamte Einsatzzeit Revue passieren ließ. Nicht nur löste es anfangs schallendes Gelächter unter den Anwesenden aus, sondern auch eine spürbare Traurigkeit, als ich am Ende davon sprach, wie sehr ich die Zeit mit allen und besonders die Arbeit mit meinem Team genossen habe. Viele Tränen wurden vergossen und als ich den letzten Gast umarmt hatte, wurde mir ebenfalls erst bewusst, dass es in der Tat einer meiner letzten gemeinsamen Tage mit meinen Mitarbeitern gewesen ist. Nie zuvor hatte ich ein so enges Verhältnis zu anderen gehabt.

Diese Erkenntnis unterstrich meine schon bis dahin gewonnene Erfahrung, dass nämlich Teamarbeit der Grundpfeiler aller Auslandseinsätze war und ist, um Maßnahmen erfolgreich durchführen zu können. Der Sand im kosovarischen Getriebe war ein schlagendes Beispiel dafür, sobald ein Rädchen nicht ins andere passte. Frustrierend war obendrein, dass selbst ein ständiges Schraubendrehen nur bedingt erfolgreich war, damit der Projektmotor rund läuft.

Trotz der negativen Kosovoepisode blicke ich mit einem lachenden – was haben wir zum Teil gelacht – und einem weinenden Auge zurück. In allen anderen Einsätzen sind mir meine jeweiligen Kollegen richtiggehend ans Herz gewachsen. Mit vielen von ihnen bin ich noch heute, wenn auch sporadisch, in Kontakt. Gelegentlich werde ich dabei sogar als Ratgeber herangezogen, wenn sie wichtige, vor allem berufliche Entscheidungen treffen wollen. Manche baten mich sogar selbst nach Jahren um eine Referenz. Andersherum haben ausnahmslos alle dazu beigetragen, dass ich mich professionell, aber auch persönlich, stets weiterentwickelt habe.

Umso schöner ist es nun zu sehen, dass auch sie sich weiterentwickeln. Und wenn ich dazu auch lange Zeit später einen Beitrag leisten kann, mache ich das nicht nur bereitwillig, sondern erinnere mich sehr gerne an die gemeinsame Zeit mit ihnen, selbst wenn sie für alle nicht immer einfach gewesen ist.

TEIL III
Ultimative Grübelei

1 Die eigene Rolle - Mission erfüllt?

Wie im Kapitel über die Projekte an früherer Stelle beschrieben, ist der letzte Schritt im Projektzyklus die Evaluation. Normalerweise wird dafür ein externer Spezialist engagiert, um ein Vorhaben nach den DAC-Kriterien (DAC: Development Assistance Committee): Relevanz, Effizienz, Effektivität, Wirkung und Nachhaltigkeit zu beurteilen. Ziel der Übung ist es, anhand von festgestellten Defiziten und Erfahrungen eine abschließende Bestandsaufnahme eines Projektes oder im Idealfall Handlungsempfehlungen (lessons learned) für die Zukunft auszuarbeiten. Mittlerweile hat die Bewertung in den Alltag eines jeden Einzug gehalten, denn jeder Shop, jedes Geschäft, jeder noch so kleine Einkauf, sogar jede Äußerung, mag sie noch so dämlich sein, verlangt heutzutage am liebsten den Daumen hoch. Einen nach unten habe ich bereits einigen Arbeitgebern bescheinigt (siehe oben).

Am Anfang meiner Auslandskarriere spielte Evaluation keinerlei Rolle, erst mit den Jahren hat sie mehr und mehr an Bedeutung im Rahmen des Projektmanagements gewonnen. Außer bei Vorhaben in der Nothilfe wird bei anderen stets versucht, einen längerfristigen, idealerweise, einen dauerhaften Effekt zu erzielen – ganz im Sinne von Chambers' „Good change".

Nach mehr als zwanzig Jahren stelle ich mir deswegen die Frage, ob ich ganz persönlich etwas mit meiner Arbeit bewirkt oder verändert habe. Um dies herauszufinden und eine objektive Antwort zu bekommen, müsste wohl ein Gutachter, der mich nicht kennt, von Jemandem, der mich ebenfalls nicht kennt, engagiert werden. Dadurch wäre zumindest eine maximale Unvoreingenommenheit gewährleistet. Außerdem müssten zu einem solchen Auftrag klare Kriterien definiert werden, anhand derer positive oder sogar negative Aspekte meines Tuns gemessen werden könnten. Zu viele Einsätze sind jedoch viel zu lange her, sodass diese gar nicht mehr bewertet werden könnten. Selbst wenn, dann wäre ein solches Verfahren nicht nur viel zu aufwändig – von den damit verbundenen Kosten und dem notwendigen Zeitraum gar nicht zu reden – sondern es würde auch eine Arroganz meinerseits zum Ausdruck bringen, da ja von vorneherein der Auftrag dafür und die bloße Fragestellung implizieren würde, ich, und nur ich, hätte tatsächliche Veränderungen herbeigeführt. Trotzdem wage ich eine Selbsteinschätzung, wobei ich versuchen werde, so objektiv wie möglich zu sein, was wiederum nicht so einfach ist, da ich ja nur meine subjektive Perspektive zum Ausdruck bringe.

Aber: habe ich Grund dazu, meine Rolle im Nachhinein in ein zu gutes Licht zu rücken? Sicherlich nicht, weil ich dazu viel zu dezent geleuchtet habe. Welchen Vorteil hätte ich, nun durch die rosarote Brille mein Wirken zu glorifizieren? Liefere ich mir damit lediglich eine Selbstbestätigung oder nehme mich gar zu wichtig? Auch das kann ich verneinen, alldieweil ich diesen Teil meines Lebens ad acta gelegt habe. Darüber hinaus möchte und kann ich mein Handeln gar nicht rechtfertigen, ändern lässt es sich ohnehin nicht mehr. Insofern kann ich jetzt schon vorwegnehmen: Die Welt habe ich sicherlich nicht verändert, genauso wenig wie das System der Hilfe.

In Tadschikistan immerhin – ich hatte es erwähnt – meinte ein lokaler Kollege bei meinem Abschied, ich hätte sein Leben verändert. In welcher Weise erfuhr ich allerdings nicht. Obgleich ich mich sehr geschmeichelt fühlte, so richtig glauben konnte ich ihm nicht. Selbst wenn es sich bei ihm um Aspekte seiner Arbeitsweise handelte, die er besser verstehen und daher künftig gewissenhafter erledigen konnte, war es doch nur mein Job gewesen, genau das zu bewirken.

Zwar habe ich bei meiner Arbeit insbesondere in der Nothilfe sicherlich dazu beigetragen, dass es den betroffenen Menschen besser geht. Allerdings habe nicht ich das bewirkt, sondern allenfalls ist es durch mich geschehen, indem ein Geldgeber die finanziellen Mittel zur Verfügung gestellt und ein Arbeitgeber mir den dafür notwendigen Arbeitsplatz ermöglicht hatten. Diesen Job hätte wahrscheinlich auch ein anderer zustande gebracht.

Veränderungen in den Grundfesten meiner Arbeitgeber habe ich sicherlich auch nicht bewirkt, obwohl es beim einen oder anderen bitter nötig gewesen wäre. Was ich mir jedoch getrost auf die Fahne schreiben kann, ist das sehr gute Verhältnis zu Gebervertretern, welches stets zur professionellen Kooperation und offener Kommunikation beigetragen hat. Bei Caritas Luxembourg war es sogar so, dass ich sie im Einsatzland überhaupt erst initiiert habe.

Der Geberrepräsentant bestätigte mir, dass der Kontakt zuvor unter der Projektverantwortlichen so gut wie unmöglich war, prinzipiell hätte es kaum einen gegeben, er hätte sogar den Eindruck gehabt, sie wäre ihm, warum auch immer, aus dem Weg gegangen. Von Beginn an gelang es mir, ein Vertrauensverhältnis mit ihm und seinem Pendant in Luxemburg aufzubauen, welches dazu beitrug, dass die Caritas Luxembourg nicht nur in deren Ansehen stieg, sondern geplante Projekte eher bewilligt wurden, weil ich sie zuvor detailliert mit ihm diskutiert hatte. Im Übrigen hielt ich selbst Jahre danach mit beiden stets einen E-Mail-Kontakt, der noch lange über meine Einsätze hinausging. Einige Jahre später, als ich erneut im Kosovo arbeitete, führte ich die gute Zusammenarbeit mit dem Nachfolger vor Ort nahtlos fort. Die großartige Zusammenarbeit mit ihm führte sogar dazu, dass ich Änderungen in Projekten von ihm völlig unbürokratisch genehmigt bekam, ohne entsprechende schriftliche Anträge schreiben zu müssen.

Ähnlich gute Beziehungen pflegte ich zu den verschiedenen Auftraggebern bei der GIZ, die nach und nach in unser Vorhaben investierten. Die in der Zentrale zuständige Mitarbeiterin attestierte mir, das hätte in jedem Fall an dem gut geführten Projekt und damit wohl an mir gelegen. Wo anderswo dafür ein Bonus fällig gewesen wäre, bedeutete die massive Steigerung des Projektbudgets in erster Linie erhebliche Mehrarbeit für mein Team und mich. Und sogar dann hatte mir die Bürokratie ein Schnippchen geschlagen. Denn dank einer, meines Erachtens, sehr merkwürdigen Regelung, wenn nämlich über fünfzig Prozent des Projektbudgets aus ausländischen Mitteln stammten, wurde meine Auslandszulage automatisch sozialversicherungspflichtig, wodurch ich eine Zeit lang sogar weniger in der Tasche hatte, während sich mein Arbeitgeber über den höheren Umsatz freuen durfte.

Immerhin stieg dadurch mein Renommee im Kreise anderer Projektleiter, die mich anfangs als Neuling belächelt hatten, nun aber als fähigen Manager betrachteten und mir und meinem Team ganz anders begegneten – zumindest hatte ich bei ihnen eine Wahrnehmungsänderung bewirkt, manche würden es wahrscheinlich bei dem einen oder anderen mit vor Neid erblassen umschreiben.

Eine solche, wenn auch kleine, konnte ich generell im Hinblick auf die lokalen Kollegen seitens der Zentrale beobachten. Insbesondere bei Projektbesuchen vor Ort schienen sie für die Mitarbeiter aus der Zentrale unsichtbar zu sein. Man wollte in erster Linie mit mir parlieren. Mit der Zeit wurde zwar ihre Leistung auch dort wahrgenommen, allzu oft blieben sie aber in der Statistenrolle, gelegentlich sogar missbraucht als bloße Lastenträger, wo ich jedoch sofort einschritt, und unvermittelte Entschuldigungen vernehmen konnte. Ferner wies ich bei solchen Anlässen immer auf diejenigen meines Teams hin, die die Lorbeeren einheimsen durften, obwohl es ein Leichtes gewesen wäre, mich mit fremden Federn zu schmücken – ein Phänomen, das leider allzu oft in der Arbeitswelt praktiziert wird. Ich bin davon überzeugt, dass man es mir nicht vorwerfen könnte.

Mein Wirken und dessen Auswirkungen schlugen sich vornehmlich in meiner unmittelbaren, und damit sehr kleinen Welt vor Ort nieder. Man kennt das ja, dass mit einem neuen Chef meistens ein anderer Wind weht. Das soll nicht heißen, dass ich bei der Übernahme eines bestehenden Teams mit einem Mal alles auf den Kopf stellte, um damit die Arbeit meines Vorgängers zu diskreditieren, über die ich ohnehin nur in den wenigsten Fällen überhaupt etwas erfuhr.

Einen unmittelbaren Effekt auf die Kollegen zeigte allerdings überall bereits die Festlegung eines montäglichen Teammeetings, in Sri Lanka zusätzlich das freitägliche, die Woche abschließende. Dort benutzte ich es zwar im Wesentlichen, um meinen fälligen Wochenbericht anzufertigen, insgesamt beabsichtigte ich jedoch mit jenen rituellen Besprechungen einerseits, dass alle über die Aktivitäten auf dem Laufenden gehalten wurden, und, andererseits, meine Führungsrolle zum Ausdruck zu bringen, die neben den administrativen Aspekten vor allem die Projektarbeit im Blick hatte. Großen Wert legte ich dabei auf Transparenz, indem ich auch Inhalte von Telefonaten oder Besprechungen mit der Zentrale oder Gebern offen darlegte, die nicht unbedingt für die Ohren der anderen bestimmt waren.

Meistens waren die ersten Wochen im für mich neuen Büro davon geprägt, dass ich, nachdem ich mir einigermaßen einen Überblick verschafft hatte, die Aufgabenstellungen der einzelnen Mitarbeiter klarer voneinander trennte und interne Abläufe entsprechend anpasste. Selbst im Kosovobüro, beim zweiten Einsatz, wo ich mit eisernem Besen gekehrt hatte, wurden jene Maßnahmen von einigen Kollegen sehr positiv aufgenommen, wie auch anderswo. Derartige Änderungen wirkten sich vor allem auf eine effektivere und effizientere Projektarbeit aus.

Letzteres insbesondere im Syrienkontext, wo mein erster Blick ins Budget der von Partnern eingereichten geplanten Vorhaben galt. Nicht nur waren die Personalgehälter allzu oft viel zu hoch angesetzt, sondern auch Positionen aufgeführt, die dem Projekt nicht direkt zugeordnet werden konnten. Von Beginn an hatte ich meine Kollegen angewiesen, darauf ein besonderes Augenmerk zu legen, was sie in der Tat dann auch taten (siehe oben).

Im selben Einsatz war es sogar so, dass einige unserer syrischen Partnerorganisationen von anderen Vorhaben finanziert wurden, und ganz andere Gehälter für die gleichen Positionen – meistens höhere – budgetiert hatten. Auf die Idee, diese intern zu vergleichen bzw. abzustimmen, bin offenbar erst ich gekommen.

Dass meine Mitarbeiter für uns relevante Dokumente genauer betrachteten, war zweifellos eine Folge meines On-the-Job-Trainings, das überall Teil meiner Aufgaben war. Jedenfalls konnte ich stets beobachten, dass sich anfängliche Unsicherheiten zu routinemäßigen Abläufen auf Seiten der lokalen Kollegen entwickelten, wodurch sie zunehmend selbstständiger ihre eigenen Pflichten erledigen konnten. Sicherlich hatte mein jeweiliger Arbeitgeber genau die Erwartung in mich gesetzt. In der Praxis begegnete mir aber der eine oder andere Kollege, der mir sein Herz ausschüttete, dass er seitens seines Projektleiters keinerlei Unterstützung bekäme.

Inhaltlich drehten sich die Diskussionen in den Kontexten, in denen wir entwicklungsorientierte Nothilfe, also keine bloße humanitäre Hilfe leisteten, häufig um den Begriff Nachhaltigkeit. Heutzutage ist er in aller Munde vor allem im Hinblick auf die Klimakatastrophe. Auch im Hilfsgeschäft spielt er eine wichtige Rolle, vor allem in der Entwicklungszusammenarbeit, in der Projekte eine nachhaltige Wirkung erzielen müssen, wenn auch anzunehmen ist, nicht mit den damit ursprünglich gemeinten generationenübergreifenden Ambitionen; gleichermaßen im Syrienkontext, wo Partner und sogar meine Kollegen anfangs ständig von „Sustainability" (Nachhaltigkeit) sprachen, ohne zu wissen, was sich genau dahinter verbarg.

Prinzipiell war für sie jegliche Hilfe „sustainable" (!), was sie offenbar mit sinnvoll verwechselten. Obgleich wir zufrieden waren, wenn ein Projekt zumindest kurzfristig nach der Laufzeit ohne unsere Unterstützung noch existierte, kostete es – für Außenstehende kaum zu glauben – erhebliche Überredungskunst, die Kollegen davon zu überzeugen. Immerhin trug meine stete Lobbyarbeit Früchte, da sie diese Herangehensweise danach konsequent anwendeten und selbst mich des Öfteren einfangen mussten, wenn ich gar zu forsch ein geplantes Vorhaben begrüßte – die von mir erzielte Wirkung kam als Bumerang zurück, ein Erfolg auf ganzer Linie.

Wesentlich überschaubarer waren meine Erfolge auf anderen Gebieten. Nahezu alle Länder, in denen ich gearbeitet habe, zeichneten sich durch eine markant patriarchalisch geprägte Gesellschaft aus, in denen Frauen allenfalls die drei ‚K' (Kinder, Kirche, Küche) zu verkörpern hatten. Dass es aber nicht auf das Geschlecht, sondern Kompetenz und Fähigkeit ankam, schien oftmals für lokale Kollegen eine Tatsache zu sein, die sie sich kaum vorstellen konnten oder wollten. Daher gerierte ich mich immer fast schon als Gleichstellungsbeauftragter, der gebetsmühlenartig diese Ansicht vertrat. Ich kann zwar nicht behaupten, dass die Gebete von allen erhört wurden, wahrscheinlich haben sie sich sogar hinter meinem Rücken darüber lustig gemacht. Immerhin gelang es mir bei einigen die frauenfeindliche Meinung zu relativieren, und bei ganz wenigen ein Umdenken anzustoßen.

Obwohl ich als Deutscher überall großes Ansehen genoss und in den meisten Fällen Deutschland als Ganzes geradezu bewundert wurde, dürften meine Erklärungen wohl kaum das Bild meiner Mitarbeiter von meinem Heimatland beeinflusst, allenfalls ein winziges Bisschen relativiert haben: dass es in Deutschland eine hohe Arbeitslosigkeit gäbe, kommentierte ein Kollege in Inguschetien mit „gibt's nicht!" Dass nicht jeder Deutsche einen BMW oder Mercedes fährt, bemerkte eine Syrerin mit „Warum nicht?" Oder dass die „Schwarzwaldklinik" eine Fernsehserie und kein reales Krankenhaus war, davon musste ich auch erst einen montenegrinischen Kollegen überzeugen. Weitergehenden Feststellungen, Tatsachen oder vermeintlichen Stereotypen Deutschland oder uns Deutsche betreffend, die ich gegebenenfalls geraderücken wollte, scheiterten meistens daran, dass sie schlicht und ergreifend nicht geglaubt wurden; für mich immerhin ein Indiz, dass Missionieren nicht zu meinen Stärken zählt, andererseits aber keine schlechte Voraussetzung für eine unvoreingenommene Herangehensweise in der humanitären Arbeit ist.

Dagegen hat meine Arbeitserfahrung in anderen Ländern vielen meiner Mitarbeiter zumindest ansatzweise die Augen geöffnet, dass die Situation anderswo durchaus schlimmer sein konnte, als sie vermutet hätten. Andersherum haben die Ansichten meiner lokalen Kollegen und vieler Menschen vor Ort bei mir das Bewusstsein geschärft, wie gut es uns hierzulande geht, und während sich hier Menschen über alltägliche Bagatellen beschweren, würden sie anderswo diese bereitwillig in Kauf nehmen, damit sie wenigstens einen Bruchteil mehr an Lebensqualität hätten.

Trotz der mageren Bilanz bleibt mir die Erkenntnis, dass wir mit unseren Projekten die Welt zumindest ein kleines Stück verändert haben - selbst, wenn es nicht messbar ist. Und ich persönlich habe dazu einen winzigen Teil beigetragen.

2 Im Nachhinein - aus Erfahrung klüger!

Wenn Menschen zurückblicken, wird häufig die Frage gestellt, ob man nochmals alles genauso tun würde, und meistens heißt es: „Ja, auf jeden Fall!" – mit ausdrücklichem Ausrufezeichen, da der Gefragte unmissverständlich davon überzeugt ist, das Richtige getan zu haben. Viel besser kann eine Bilanz gar nicht ausfallen. Bewundernswert. Ob man zur selben Schlussfolgerung käme, hätte man doch nicht alles nochmals genauso gemacht? Letztlich ist es reine Spekulation, da man ja nur die eine Erfahrung hat, und Alternativen im Reich des Ungewissen bleiben, ein für alle Mal – ansonsten hätte, hätte. Zutreffend ist allerdings – und das ist nicht nur ein allgemeingültiger Spruch, sondern Realität, dass man hinterher immer schlauer ist.

Aus meiner heutigen Sicht gäbe es tatsächlich einige Dinge, die ich vielleicht nicht mehr genauso tun, aber anders angehen würde. Allerdings muss ich mir dann die Frage nach dem warum gefallen lassen. Der Karriere wegen? Aus allgemeiner Unzufriedenheit? Oder gar aus negativer Erfahrung? Wahrscheinlich von allem ein bisschen. Ändern kann ich sowieso nichts mehr, selbst wenn ich auf meinem Weg irgendwo abgebogen wäre, käme ich heute möglicherweise wieder zum selben Schluss – hätte ich damals bloß… . Deshalb darf das Folgende keinesfalls als ausdrückliche Handlungsanleitung verstanden werden. Vielmehr sind es Gedanken, die mir dann und wann in den Sinn kamen, und die ich besonders jungen Mitarbeitern und Kollegen gelegentlich mit auf den Weg gab.

Mit dem Beginn meiner professionellen Karriere hatte ich mich zumindest von der Ziellosigkeit als Student verabschieden können. Ich hatte das Berufsfeld gefunden, indem ich auf lange Sicht tätig sein wollte. Wie und was die Langfristigkeit allerdings genau bedeutete, darüber machte ich mir zunächst keinerlei Gedanken. Selbst als ich dann im Ausland anfing zu arbeiten, sorgte ich mich nicht groß um die Zukunft, wobei mir eigentlich von Anfang an klar zu sein schien, dass ich nicht für immer im Ausland arbeiten wollte. Das hatte jedoch erst einmal weit weg von mir geschoben. Ich ging noch naiv davon aus, dass, je mehr Berufserfahrung ich sammeln würde, auch im Ausland, desto besser seien meine Chancen auf dem heimischen Arbeitsmarkt. Nach wenigen Jahren stellte es sich als Trugschluss heraus, denn immer wieder habe ich mich auf Jobs zu Hause beworben. Tatsächlich schien es genau andersherum gewesen zu sein: je länger ich im Ausland beschäftigt war, desto geringer wurden die Aussichten, beruflich in der Heimat unterzukommen. Mein Leitmotiv dürfte wohl gewesen sein: Es wird schon irgendwie werden.

Selbstverständlich ist das leichter gesagt als getan, als Berufseinsteiger in längerfristigen Perspektiven zu denken. Welcher junge Mensch tut das schon? Bei mir spielte sicherlich die Tatsache eine Rolle, dass ich keine konkrete berufsorientierte Ausbildung absolviert hatte. Jemand, der eine Handwerkslehre oder ein Lehramtsstudium beginnt, legt damit zumindest die Grundlage für seine spätere Tätigkeit fest. Ich dagegen hatte einen geisteswissenschaftlichen Magister in der Tasche. Das anschließende Aufbaustudium ‚Humanitäre Hilfe' wies zwar auf den Arbeitsbereich hin, allerdings nicht auf eine greifbare Tätigkeit. Denn inhaltlich beschränkte es sich lediglich auf Aspekte, die im Zusammenhang mit dem Arbeitsfeld standen. Und trotz der Vielzahl an Gastdozenten, die aus der Praxis kamen, konnte man allenfalls den Hauch einer Vorstellung davon bekommen, mit welchen Herausforderungen man hinterher konfrontiert werden könnte, ohne zu wissen, wie die eigene Aufgabe aussehen wird. Einstweilen war ich froh, nach dem Studium überhaupt untergekommen zu sein, und dafür war das Aufbaustudium sicherlich die Eintrittskarte.

Vorerst wollte ich mich durch möglichst viele Erfahrungen in unterschiedlichen Kontexten und Regionen im Bereich humanitäre Hilfe erst einmal selbst professionalisieren. Mit der Zeit erleichterte es die Jobfindung im Ausland, berufliche Praxis konnte ich ja zunehmend nachweisen. Dass meine Chancen, später hierzulande unterzukommen, dadurch jedoch immer mehr sanken, begriff ich zum ersten Mal tatsächlich nach etwa zehn Jahren.

Damals hatte ich mich bei einer deutschen Beraterfirma als Projektmanager beworben. Ich wurde angerufen und merkte, dass meine durchaus vielschichtigen Kenntnisse im Projektmanagement eher belächelt und alles andere als ernst genommen wurden. Deshalb sollte ich ein Formular mit detaillierten Angaben hierzu nachreichen. Beim Ausfüllen fiel mir auf, dass sich zwar die Begrifflichkeiten des klassischen Projektmanagements von jenen des PCM unterschieden, in der Realität sich die Vorgehensweise jedoch prinzipiell glich. Im Jahr 2020 hatte ich eine Weiterbildung im klassischen absolviert, worin der Kursleiter großspurig verkündete, dass die Teilnehmer mit der Fortbildung in die Lage versetzt würden, nachher selbst ein Vorhaben wie den Bau des zum damaligen Zeitpunkt noch umstrittenen Berliner Flughafens leiten zu können!

Heute weiß ich, dass man als Projektmanager in der Branche, in der man arbeiten möchte, ein Mindestmaß an Fachwissen mitbringen muss. Das dürfte auch einer der Gründe gewesen sein, warum ich damals den Job bei der Beraterfirma nicht bekommen hatte.

Aus jetziger Sicht würde ich mich deshalb vorher viel detaillierter mit der Auslandsarbeit und deren Perspektive auseinandersetzen und mich mit der Frage beschäftigen, was ich eigentlich grundsätzlich will. Möchte ich nur mal vorübergehend ‚Auslandsluft' schnuppern – was sicherlich vorteilhaft für den eigenen Lebenslauf ist. Oder sehe ich mich langfristig im Bereich humanitäre Hilfe in der Auslandstätigkeit? Wenn ja, was möchte ich erreichen?

Einige ausländische Praktikanten, die ich im Kosovo betreute, hatten das Ziel einer späteren Arbeit für die UN klar vor Augen, wofür ich sie insgeheim bewunderte. Egal welchen Plan man hat, klar sollte man sich dann nur darüber sein, dass man sich damit unter Umständen vom heimischen Arbeitsmarkt langfristig verabschiedet, wenn nicht gar für immer.

Gleichzeitig, aber noch viel wichtiger, ist die Frage, welche persönlichen Ziele ich habe. Wie ist meine eigene Lebensplanung? Möchte ich eine Familie gründen? Wie ist es mit meinem sozialen Netzwerk? Kann ich guten Gewissens darauf verzichten? Oder ist es mir wichtig, gute Freunde, um mich zu haben. Wie ist es mit meinen Familienangehörigen? Bei meiner Entscheidung, im Ausland zu arbeiten, hatte ich meine damalige Freundin überhaupt nicht eingebunden. Über unsere Partnerschaft hatte ich mir keinerlei Gedanken gemacht, sondern kümmerte mich lediglich um meine eigenen Angelegenheiten. Zwar haben wir über die Jahre einen Modus Vivendi gefunden – immerhin hat die Beziehung über den gesamten Zeitraum meiner Auslandstätigkeit gehalten – aber nochmals würde ich dies nicht mehr tun. Ich würde mich mit ihr zusammensetzen und offen über meine bzw. unsere gemeinsamen Pläne und den damit möglicherweise verbundenen Herausforderungen sprechen.

Wenn man sich dafür entschieden hat, dauerhaft für Hilfsorganisationen im Ausland zu arbeiten, wird man als junger Mensch wahrscheinlich die erstbeste Gelegenheit dafür nutzen. Hier würde ich, aus heutiger Sicht, ebenfalls strategischer vorgehen. Oft bieten kleinere Organisationen – so war es zumindest in meinem Fall – wenig Perspektiven, was die Weiterbeschäftigung oder den beruflichen Aufstieg betrifft, sodass man sich nach Vertragsende entweder einen neuen Job suchen muss oder man wird wiederum für die gleiche Organisation später in einer ähnlichen Position arbeiten, wie ich. Ich erinnere mich allerdings an einen ehemaligen Kollegen, der bei einer kleineren Hilfsorganisation als Praktikant anfing, dann als Projektmanager im Ausland arbeitete und heute Teil der Geschäftsführung derselben Organisation in Deutschland ist. Ansonsten ging es denjenigen Kollegen, auch aus anderen Organisationen, mit denen ich bis heute den Kontakt gehalten habe, genau wie mir, indem sie sich von Vertrag zu Vertrag hangelten.

Genaueres Augenmerk würde ich auch auf die Organisation legen, bei der ich arbeiten möchte. Vor allem, wenn ich längere Pausen nach Auslandseinsätzen hatte, konzentrierte ich mich in erster Linie auf Jobs in bestimmten Ländern, wobei für mich der Arbeitgeber eher zweitrangig war. Man muss sich aber darüber im Klaren sein, dass es ganz unterschiedliche gibt. Damit meine ich besonders solche mit einem religiösen Hintergrund, der bisweilen auf den ersten Blick nicht unbedingt zu erkennen ist. Ich hatte mich zum Beispiel einmal bei World Vision beworben. Das Vorstellungsgespräch beinhaltete fast ausschließlich Fragen nach meiner religiösen Überzeugung und dergleichen, genau wie jenes, worin meine Bibelfestigkeit abgefragt worden war. Den einen Job habe ich glücklicherweise nicht bekommen und den anderen habe ich selbst abgesagt. Deshalb ist es wichtig, Informationen über den potenziellen Arbeitgeber zu sammeln, da man sich unter Umständen nicht mit dessen Werten oder Zielen identifizieren kann oder möchte.

An dieser Stelle möchte ich nochmals betonen, dass sich das Rote Kreuz, meiner Ansicht nach, nur für ausgewiesene Rotkreuzler eignet. Ich habe gemerkt, dass ich das nicht bin, da die Organisation irgendwie eine eigene Welt ist. Wenn man sich dort allerdings gut aufgehoben fühlt, bietet es mit all seinen angeschlossenen Organisationen durchaus Perspektiven und immense Arbeits- und Entwicklungsmöglichkeiten.

Dagegen verlief meine eigene berufliche Entwicklung auf den ersten Blick zunächst linear. In Serbien begann ich als Büroleiter allein, danach hatte ich stets dieselbe Position mit wechselnden Mitarbeiterzahlen, bis zuletzt in Georgien, wo ich als Teamleiter meine Auslandskarriere beendete. Bei genauerem Hinsehen könnte sie gleichwohl als Stagnation bezeichnet werden, da ich in derselben Position aufhörte, mit der ich angefangen hatte. Zwar beinhaltete meine Funktion immer die Projektverantwortung, angesichts der Vielzahl der Maßnahmen, je nach Standort, konnte ich jedoch nie einen detaillierten Einblick in die einzelnen gewinnen. Lediglich einmal war ich als Projektleiter für ein einziges Vorhaben angestellt, allerdings glich dessen Budget mit ca. 35 Mio. Euro dem eines mittelständischen Betriebes und setzte sich aus dutzenden Aktivitäten (Hilfsprojekten) zusammen, bei denen ich allenfalls punktuell tiefer in die Materie eintauchen konnte.

Die überall damit zusammenhängenden Verantwortlichkeiten im Hinblick auf das Personal, die Finanzen sowie die Verwaltung deuten darauf hin, dass ich mich zum Experten rund um Hilfsmaßnahmen bezeichnen kann. Da ich zudem in den einzelnen Einsätzen immer permanent an Veränderungsprozessen arbeitete, die Qualitätsmanagement mit einschlossen, würde ich mir heute das Label eines Managementallrounders anheften.

Während ich anfangs vergleichsweise unproblematisch den Einstieg in das Berufsfeld schaffte, scheint es mittlerweile nicht mehr so einfach zu sein. Nachdem ich vier Jahre lang als Projektmanager in Gaziantep/Türkei gewesen war und nachher zu Hause mehr als siebzig Bewerbungen erfolglos blieben, bewarb ich mich bei einer deutschen Hilfsorganisation auf die Position des Programmverantwortlichen am Standort Gaziantep. Wer könnte geeigneter dafür gewesen sein als ich? Davon war ich zumindest überzeugt. Allerdings wurde ich noch nicht einmal zum Gespräch eingeladen. Sicherlich kann ein Grund dafür gewesen sein, dass die Stelle lediglich pro forma ausgeschrieben worden war und man ohnehin bereits einen (internen) Kandidaten hatte. Dass man mich trotzdem – immerhin verfügte ich über jahrzehntelange Erfahrung – überhaupt nicht kennenlernen wollte, erstaunte mich doch sehr. Weitere Bewerbungen für ähnliche Positionen, die ich abgesendet hatte und die negativ beschieden wurden, verstärkten meinen Eindruck.

Ferner scheint es heutzutage so zu sein, dass Allrounder, der ich zweifellos bin, nicht mehr unbedingt gefragt sind – und zwar in allen Branchen. Ein Indiz dafür ist für mich die Vielzahl der mittlerweile angebotenen Studiengänge, die offenbar immer spezieller werden und Stellenanzeigen suggerieren, dass das Profil eines Bewerbers bis ins kleinste Detail auf die angebotene Position passen muss.

Sicherlich würden dem viele Personaler widersprechen, schon allein wegen des fast überall kolportierten Fachkräftemangels. Meine eigene Erfahrung zeigte jedoch, dass ich zwar sehr oft den Satz zu hören bekam, ich hätte einen sehr interessanten Lebenslauf, aber hinterher doch immer eine Absage bekam. Daraus schloss ich, dass sehr wahrscheinlich das einzige Kriterium, das gegen mich hierzulande sprach, schlicht und ergreifend mein fortgeschrittenes Alter war. Es sei denn, meine exotische Berufspraxis schreckte Personaler in fachfremden Arbeitsgebieten aufgrund fehlender Kenntnis und Vorstellung von vorneherein davon ab.

Deshalb würde ich, aus heutiger Sicht, versuchen, mich in jedem Fall in dem Bereich humanitäre Hilfe, wenn möglich, von Anfang an zu spezialisieren, sozusagen Berufsorientierung im Beruf. Das habe ich später vielen jungen Mitarbeitern stets auf den Weg mitgegeben. Sicherlich bekommt man als

Grünschnabel keinen Einblick in alle Abläufe oder Tätigkeiten vor Ort, vor allem wenn es größere Organisationen sind. Deshalb helfen Gespräche mit Kollegen und vor allem der Führungskraft, die wertvolle Tipps und Erfahrungen geben können. Am Ende hängt es jedoch von den eigenen Interessen, Fähigkeiten sowie der Lebensplanung ab. Für das weitere Fortkommen schadet ein bestimmtes Expertenwissen sicherlich nicht, ganz im Gegenteil, ich bin davon überzeugt, dass es ein leichterer Türöffner auch für andere Felder ist.

Dabei denke ich zum Beispiel an Logistik, denn Beschaffungen werden immer Teil der Arbeit sein. Darüber hinaus gibt es Hilfsorganisationen, die im Einsatz einen immensen Fuhrpark zur Verfügung stellen, dessen Unterhaltung eine volle Position beansprucht. Innerhalb eines Projektbüros sind Finanzspezialisten nicht nur notwendig, sondern auch immer gefragt. Meistens haben sie darüber hinaus die ganze Administration unter sich. In meiner beruflichen Praxis gehörten diese Kollegen stets zu meinen wichtigsten, um Entscheidungen treffen zu können. Denn am Ende geht es immer ums Geld. Das Thema Sicherheit ist ebenfalls immer eines, wofür oftmals ehemalige Soldaten oder Polizisten engagiert werden. Ich habe allerdings gelegentlich Kollegen getroffen, die weder das eine noch das andere waren und trotzdem sehr gute Arbeit ablieferten. Im direkten Zusammenhang mit Projekten werden seit mehreren Jahren immer wieder Spezialisten gesucht, die das notwendige Know-how für sogenannte Vouchersysteme mitbringen. Gleiches gilt für die Themen Monitoring und Evaluation, die mittlerweile zum festen Bestandteil jeder Maßnahme gehören.

Eine weitere Art der Spezialisierung ist die geografische, das heißt die auf bestimmte Regionen bezogene – nicht umsonst heißt es häufig in Stellenanzeigen, dass regionale Erfahrung von Vorteil ist. Womöglich lernt man auch noch eine Sprache, wodurch man sicherlich, je nach Landstrich, unter internationalen Kollegen ein Alleinstellungsmerkmal besäße, das den Ausschlag für Stellenangebote geben würde.

Karrieretechnisch würde ich heute auch anders verfahren, obwohl für mich eine berufliche Laufbahn im Hinblick auf den Aufstieg in höhere Positionen jedoch nie wirklich eine Rolle spielte. Rückblickend geht es eher um die eigene Planungssicherheit, die mit dem Hangeln von Vertrag zu Vertrag keinesfalls gewährleistet werden kann. Von Vorteil war für mich sicherlich, dass ich unterschiedliche Arbeitgeber samt ihren Sichtweisen, Prozessen und neue Kollegen kennengelernt hatte. In der Praxis war es sogar mehr als hilfreich, weil ich oft genug Dokumente oder Abläufe von einem zum anderen mitnahm, wodurch ich nicht immer das Rad neu erfinden musste. Bisweilen animierte ich sogar junge Kollegen ausdrücklich, anderswo hineinzuschnuppern, um ihren Horizont in der Organisationswelt zu erweitern. Unbestritten ist diese nicht einfältig, kann aber vielfältig zu einem unsicheren Werdegang beitragen, wofür ich ein schlagendes Beispiel bin.

Im Jahr 2009 nahm ich eine berufliche Auszeit, währenddessen ich drei mehrmonatige Fortbildungen zu den Themen Organisationsentwicklung und Qualitätsmanagement belegte. Dahinter stand die Absicht, nachher den Schritt in die Selbstständigkeit zu wagen, da ich der Meinung war, mit diesem fundierten Rüstzeug als gefragter Berater für Hilfsorganisationen mein Auskommen sehr gut bestreiten zu können. Mein unbedingter Wille war da, allein die Aufträge kamen nicht.

Um Arbeitgebern attraktiver zu erscheinen, hatte ich zuvor während der Auslandseinsätze eine Reihe von Fortbildungen, zum Beispiel Buchhaltung, auf eigene Kosten absolviert; einige von ihnen als abendlicher Fernkurs, einschließlich eines absolvierten Masterstudienganges in Development Management. Zwar entpuppten sie sich als lohnender Zeitvertreib, da sie nicht mit meinem Tagesgeschäft verbunden waren, gelohnt haben sie sich trotzdem nicht. Bis heute wurde ich nicht ein einziges Mal auf das Fernstudium auch nur mit einer Silbe angesprochen. Mein Fehler war sicherlich, dass ich ohne großes Nachdenken bei allen Weiterbildungen einen theoretischen Mehrwert erkannt zu haben glaubte, der sich in der Praxis hinterher fast als Nullnummer herausstellte; „fast" deshalb, weil ich, wenn auch in mikroskopischen Dosen mein Mehrwissen dann und wann zum Einsatz bringen konnte.

Irgendwie passt es in das Bild, das ich von mir rückblickend zeichne, da mein Weg von einer geradlinig verlaufenden Planlosigkeit geprägt war, der direkt zum Allrounder oder Generalisten führte. Wenn ich daher auf Aspekte hinweise, die ich nicht noch einmal so tun würde, stellt sich selbstverständlich die Frage, warum ich es trotzdem so geschehen ließ? Selbst wenn ich auf meinem Weg die angesprochenen Perspektiven genauso verfolgt hätte, würde ich möglicherweise jetzt den Weg, den ich tatsächlich gegangen bin, als den besseren vorschlagen. Es bleibt also bloße Spekulation; auch darüber, warum ich nie vom Weg abwich, um die hier genannten ‚Richtungen' zu verfolgen. Die Antwort darauf scheint recht einfach zu sein. Tatsächlich war es mir nie in den Sinn gekommen, weil ich wahrscheinlich nach den ersten Einsätzen glaubte, dass ich mich beispielsweise von Vertrag zu Vertrag hangeln müsste, da eine unbefristete Anstellung ohnehin utopisch und für mich kaum vorstellbar gewesen wäre. Und schließlich, wie anfangs schon erwähnt, ist man hinterher immer schlauer.

Dagegen bin ich mir selbst im Hinblick auf die Authentizität und dem Humor immer treu und im Herzen ohnehin ein NGOler geblieben. Letzteres vor allem im Hinblick auf einen hohen Grad an Toleranz und Flexibilität in sehr widrigen Umständen zu agieren, sowie stets auf die Ausgaben zu achten. Denn ich hatte häufig genug vor allem jüngere Mitarbeiter kennengelernt, die wohl etwas zu verwöhnt waren, und so manchen älteren, der darauf pochte, luxuriösere Varianten, wie zum Beispiel die höhere Hotelkategorie, in Anspruch zu nehmen, der Arbeitgeber übernahm ja die Kosten.

Ganz im Sinne von Mary B. Anderson's ‚Do no Harm'- Ansatz* hatte ich mir immer vorgenommen, persönlich, aber auch als Vertreter einer Hilfsorganisation nie negativ aufzufallen, sondern die Gegebenheiten so zu akzeptieren und mich darauf einzustellen, wie sie sind. Die amerikanische Wissenschaftlerin hatte ein Konzept für die Planung und Durchführung konfliktsensibler Hilfsmaßnahmen entwickelt, da sie festgestellt hatte, dass die Aktivitäten von Hilfsorganisationen und das Verhalten von deren Mitarbeiter durchaus auch gewalteskalierend und damit negativ sein können. Im gesamten Hilfssystem ist es mittlerweile eine viel beachtete Herangehensweise.

Das ist mir, meiner Ansicht nach, mehr als zwei Jahrzehnte lang gelungen, worauf ich auch im Nachhinein sehr stolz bin. Immerhin war mein Weg in dieser Hinsicht von Erfolg gekrönt und es hat sich ausgezahlt, dass ich alles so und nicht anders getan hatte.

3 Fazit - Ende gut, (fast) alles gut!

Dass Tiflis zu meinem allerletzten Standort im Ausland werden würde, hatte ich noch vor Antritt nicht gewusst, nach etwa zwei Monaten ersehnt, nach weiteren zwei angenommen und bei meiner Ankunft zu Hause gewusst. Sicherlich hatten mich die Differenzen mit und insbesondere das Verhalten meines Vorgesetzten ein Stück weit zermürbt, mehr aber der Aspekt, dass ich eingestellt worden war, um Veränderungen anzustoßen, dann jedoch feststellen musste, dass sie gar nicht gewünscht waren. Auf eine erneute ‚Mission Impossible' würde ich mich keinesfalls noch einmal einlassen, und schließlich – ich hatte es bereits anklingen lassen – wollte ich endlich daheim beruflich richtig Fuß fassen.

Der erste Versuch dazu 2019, nach vier Jahren Türkei, war ein Fehlschlag gewesen, wobei mir all die erfolglosen Bewerbungen allerdings mit einem Mal klar gemacht hatten, dass ich nicht mehr der Jüngste war. Insgeheim war ich davon überzeugt gewesen, mit meiner Erfahrung und vielseitigen Einsetzbarkeit, es würde sich schon irgendetwas finden. Pustekuchen - stattdessen Tiflis mit einem letztlichen katastrophalen Ausgang.

Vier Monate danach bin ich dann tatsächlich fündig geworden, und seitdem im Job, und zwar als Sozialarbeiter in einer Asylbewerberunterkunft. Von den Katastrophen habe ich mich ein für alle Mal verabschiedet.

Dabei kann der Kontrast von heute zu damals kaum größer sein: jetzt steuere ich nicht mehr, habe geregelte Arbeitszeiten, aber ein wesentlich geringeres Gehalt. Dafür bin ich jeden Abend in meinem wirklichen Zuhause. Lediglich die vertragliche Befristung scheint ein Kontinuum meines Werdegangs zu bleiben, in weit geringerem Ausmaß der Arbeitsbereich Migration, wo es nicht mehr darum geht, Zielgruppen aus katastrophalen Situationen herauszuhelfen, sondern Einzelnen an vorderster Front den Einstieg hierzulande zu erleichtern. Fast gegensätzlich erscheint die mediale Aufmerksamkeit, wo das Thema bei uns zum Verfall des Wohlstandes hochstilisiert wird, die Hilfe im Ausland allerdings nach wie vor hohe Anerkennung und Respekt erfährt.

Vor allem im Syrienkontext fühlte ich mich gar am Puls der Zeit und dachte gelegentlich, hautnah an der großen Politik mitzuarbeiten, wenn wir zum Beispiel in deutschen Ministerien über die Lage oder zu ergreifende Maßnahmen diskutierten. Manchmal bildete ich mir sogar ein, dass ich oder meine Meinung direkten Einfluss darauf gehabt hatte.

Daheim konnte ich immerhin mit detailliertem Hintergrundwissen glänzen und Freunde und Bekannte beeindrucken. Sie waren ohnehin stets angetan von meinen Erzählungen, da ich schließlich „Sinnvolles" tun würde und dazu in einer Umgebung, die weit weg von ihrer eigenen und alles andere als alltäglich war. Wenn ich dann häufig Anekdoten über den Arbeitsstil anderswo zum Beispiel im Hinblick auf das Tempo, die Zuverlässigkeit von lokalen Kollegen oder andere Erlebnisse erwähnte, kamen sie meistens aus dem Staunen nicht mehr heraus.

Als ich in meinen ersten Auslandseinsatz ging, war ich von heute auf morgen vom Projektkoordinator, was mehr einem Sachbearbeiter entsprochen hatte, zum Projekt- bzw. Büroleiter aufgestiegen, obwohl ich keinerlei Managementerfahrung hatte. Hierarchisch gesehen hatte ich damit, zumindest formal, einige Sprossen der Karriereleiter übersprungen, denn in Serbien und später bei anderen NGOs war ich zugleich höchster Repräsentant der Organisation vor Ort.

Die Arbeitsumgebung unter den vorwiegend jungen Mitarbeitern anderer Hilfsorganisationen erleichterte in jedem Fall den gegenseitigen persönlichen Umgang, wodurch der Aufbau eines eigenen beruflichen Netzwerkes relativ schnell ging. Zwar hat es mir selbst keinen neuen Job eingebracht, immerhin bekam ich aber gelegentlich Anfragen oder zumindest Hinweise auf offene Stellenangebote. Insgesamt handelte es sich stets um ein internationales Umfeld, das wohl seinesgleichen sucht. Dort, wo wir Ausländer viel zusammen unternommen hatten oder uns regelmäßig trafen, habe ich das nicht nur genossen, sondern auch die Gespräche waren immer interessant: ob es um deren Organisation, deren Bedingungen, deren Projektansätze, Erfahrungen oder ob es um persönliche Angelegenheiten ging, aufschlussreich und bereichernd waren solche Unterhaltungen allemal. Denn ich gewann durch sie immer auch eine Sichtweise oder Perspektive von außen auf alle möglichen Gesichtspunkte mich selbst oder meine Organisation betreffend, die mir zum Teil gar nicht bewusst waren. Nahezu einhellig wurden zum Beispiel das hohe Ansehen Deutschlands und damit deutscher Hilfsorganisationen und deren Mitarbeiter hervorgehoben. Bei uns liefe alles so organisiert ab. Als ich in Inguschetien arbeitete, war zum damaligen Zeitpunkt vor allem die Begeisterung für ein geeintes Europa insbesondere unter Kollegen osteuropäischer Hilfsorganisationen bemerkenswert und spürbar, während wir uns hierzulande seinerzeit meistens nur über die überbordende Bürokratie der EU aufregten.

Der Umstand, stets nur befristete Verträge bekommen zu haben, ist sicherlich kein erstrebenswerter. Jedoch denke ich, dass ich dadurch besser mit längeren Pausen zwischen Auslandseinsätzen, das heißt meiner Arbeitslosigkeit, umgehen konnte. Diese kam nie unerwartet, wodurch ich mich immer rechtzeitig noch während der Endphase eines Einsatzes zumindest bereits bei der Arbeitsagentur melden sowie auf die Zeit danach einstellen konnte. Darüber hinaus habe ich durch die jeweilige Befristung eine ganze Reihe von Hilfsorganisationen mit ihren Eigenheiten und ihrer Organisationskultur kennengelernt.

Ferner hatte ich Einblicke in interne Prozesse: während kleinere Organisationen oftmals „unbürokratischer" verfahren, scheint bei der GIZ jedes noch so kleine Detail anhand eines Formulars geregelt zu sein – ich scherzte immer, dass es mindestens drei sein müssen. Andersherum bietet sie den Mitarbeitern zusätzliche Konditionen, die NGOs, insbesondere kleinere, gar nicht leisten können.

Ich erinnere mich noch gut daran, als hierzulande in einem Bewerbungsgespräch mein potenzieller Chef – die Stelle hatte ich dann nicht bekommen – sehr negativ über die GIZ sprach, obwohl er nie für sie gearbeitet hatte. Unsere Unterhaltung artete fast schon zu einem Schlagabtausch aus, da ich alle seine vermeintlichen Informationen sofort, aus eigener Erfahrung, widerlegen konnte. Insoweit verhalfen mir die befristeten Anstellungen dazu, über ein breites Spektrum an Wissen über verschiedene Arten von Hilfsorganisationen zu verfügen, welches jüngeren Kollegen gelegentlich von Nutzen war, wenn sie über ihre weiteren Pläne nachdachten.

In Geduld, wenn es auch schwer war, musste ich mich von Anfang an üben. Nicht nur war das Arbeitstempo im Ausland deutlich anders als bei uns. Dort habe ich trotz des enormen Zeitdrucks immer bei lokalen Kollegen eine Gelassenheit vorgefunden, die mir bisweilen allzu groß war. Am ehesten äußerte sich dies in Bezug auf die Verlässlichkeit: andere Länder, andere Sitten. Zu spätes Erscheinen zu Terminen gehörte in manchen Ländern (beinahe schon) zum guten Ton. Falls es mich selbst betraf, wurde ich anfangs stets unruhig und wollte mich bereits vorab telefonisch entschuldigen, was meine lokalen Kollegen immer als sehr merkwürdig ansahen. Gab ich Mitarbeitern eine Aufgabe, die sie bis zu einem bestimmten Zeitpunkt erledigen sollten und sie mir zunickten, musste ich fast schon davon ausgehen, dass sie es trotzdem nicht machen würden. Ihnen Berichte oder andere Dokumente zum Lesen zu geben, um ihre Meinung einzuholen, habe ich irgendwann komplett aufgegeben, da sie es ohnehin nie taten. Ganz gelassen konnte ich nie sein.

Ich musste mich im Ausland immer irgendwie durchbeißen, da ich besonders in den ersten Einsätzen bei NGOs häufig der einzige internationale Mitarbeiter war. Dadurch habe ich nicht nur gelernt, mich sehr schnell in einer neuen Umgebung zurechtzufinden und in neue Thematiken einzuarbeiten, sondern auch die Fähigkeit erworben, sehr selbstständig zu arbeiten und Entscheidungen zu treffen. Allerdings haben mir die Kollegen stets geholfen, in meine verantwortliche Rolle hineinzuwachsen.

Einer meiner vielen Vorgesetzten sagte einmal eher flapsig, man könne mir jedweden Auftrag übertragen und ich würde das Richtige daraus machen – ich sei „ein Hansdampf in allen Gassen". In dieser Hinsicht kam mir auf alle Fälle zugute, dass ich mich, wie bereits mehrfach erwähnt, angesichts der Vielfältigkeit der Kontexte und Aufgaben zu einem Managementallrounder entwickelt habe. Im Rahmen der alltäglichen Arbeit gab es kaum ein Thema oder eine Situation, mit denen ich nicht bereits zuvor anderswo konfrontiert gewesen war. Das soll nicht heißen, dass ich für alles stets sofort eine Lösung parat hatte. Trotzdem konnte ich fast immer aus meinem reichhaltigen Erfahrungsfundus schöpfen, um zumindest den Weg dorthin einschlagen zu können. Und wenn ich einmal bei ganz speziellen Herausforderungen oder Fragestellungen nicht mehr weiterwusste, dann wusste ich zumindest, wohin oder an wen ich mich wenden konnte.

Ähnlich sieht es im Hinblick auf die Bandbreite der von mir verantworteten Projekte aus. Sicherlich konnte ich in fast keinem mit Spezialwissen oder -kenntnissen glänzen. Dafür hatte ich stets Mitarbeiter mit der entsprechenden Expertise. Wenn nötig, haben sie mir technische Details erklärt oder, je nach Maßnahme, auf besondere Probleme hingewiesen. Mir wurde so ein mannigfaltiger Einblick in Sachverhalte ermöglicht, der weit über bloßes Allgemeinwissen hinausging. Zugegeben, viele Details habe ich schon wieder vergessen. Trotzdem sehe ich es heute als großen Vorteil an, die Chance gehabt zu haben, mit einer so breitgefächerten Palette an Aktivitäten beschäftigt gewesen zu sein. Denn viele Aspekte davon haben sich in meinem Kopf eingebettet, sodass ich in der Lage bin, nicht immer, aber oft mitreden zu können: sei es bei Themen rund ums Bauen; worauf es beim Getreideanbau ankommt; die unterschiedlichen Leistungen von Generatoren; oder die Vorteile einer Kooperative bis hin zu den Nachteilen von Mikrokrediten.

Materiell gesehen war der größte Vorteil für mich in der Auslandsarbeit sicherlich das Gehalt, dessen Level insgesamt höher war, als wenn ich hierzulande gearbeitet hätte. Wenn ich nicht gerade heimische Produkte im Ausland haben wollte, waren die Lebenshaltungskosten ansonsten im Vergleich zu Deutschland wesentlich geringer. Da ich, meiner Meinung nach, vergleichsweise anspruchslos bin, ermöglichte mir mein Einkommen, monatlich einen großen Teil auf die hohe Kante zu legen. Gleichwohl war das Ersparte einige Male dringend nötig, da ich mehrmals keinen Anspruch auf Arbeitslosengeld hatte und einstweilen meine Ausgaben daraus bestreiten musste.

Die Auslandsarbeit war zwar sehr herausfordernd, dafür geriet ich allerdings nie in eine Art Alltagstrott, da jeder Tag, egal wo, anders verlief. Oft genug auch anders als geplant. Dort, wo ich für NGOs gearbeitet habe, war ich meistens tagsüber gar nicht im Büro, da wir entweder Projekte besuchten oder anderweitige Termine wahrnahmen. In Serbien bin ich in dem einen Jahr 100.000 km mit dem Auto gefahren, da unsere Maßnahmen über das ganze Land verteilt durchgeführt wurden. Schließlich, wie danach in Montenegro, kamen häufig abends

Festivitäten hinzu, zu denen ich offiziell eingeladen worden war. Langeweile hatte ich jedenfalls nie.

Besonders für NGOs im Einsatz hatte ich zahlreiche Begegnungen mit allerlei Medien: Zeitungen, Radio und Fernsehen. Ich glaube nicht, dass das zu Hause so gewesen wäre, wenn ich in einer ähnlichen Position gearbeitet hätte. Meistens verfasste und verschickte ich zu bestimmten Anlässen im Rahmen von Projekten, vor allem bei Hilfsgüterverteilungen, Pressemitteilungen an die örtlichen Medien. Wenn diese dann erschienen, ließ ich mich bereitwillig interviewen. Als wir in Serbien eines Tages im Land unterwegs waren, sprach mich ein Jugendlicher an, er kenne mein Gesicht, da er mich am Vortag im Fernsehen gesehen hätte!

Oft wurden besondere Anlässe im Rahmen von Projekten, wie Verteilungen oder Gebäudeeinweihungen, auf einen Tag gelegt, an dem zum Beispiel hohe Regierungsvertreter anwesend waren. Auch sonst habe ich gelegentlich sehr ‚hohen Tieren' zumindest die Hand schütteln dürfen, wozu Otto Normalbürger im Rahmen seiner Tätigkeit wohl nie Gelegenheit bekommen würde.

In Serbien hatte ich ein längeres Gespräch mit dem damaligen nordrhein-westfälischen Ministerpräsidenten, später begleitete ich ihn und seine Delegation gar zum nächtlichen Absacker in eine Hotelbar und hatte am Vorabend eine Einladung zu einem Bankett mit dem serbischen Präsidenten ablehnen müssen, da ich bereits einem Freund mein Kommen zu einer Benefizveranstaltung unter der Schirmherrschaft einer serbischen Prinzessin zugesagt hatte. Im Kosovo kam die luxemburgische Außenministerin zu einem unserer Projekte und in der Türkei durfte ich dem damaligen Bundesminister für wirtschaftliche Zusammenarbeit und Entwicklung immerhin persönlich begrüßen. Gleiches tat ich inklusive eines Small Talks mit dem Präsidenten der Internationalen Föderation des Roten Kreuzes in Armenien und in Sri Lanka umarmte mich eine damalige Ministerin und flüsterte mir ins Ohr, ich solle so weitermachen.

Bei derlei Gelegenheiten kam ich schließlich auch in Kontakt mit den Menschen, welche von uns unterstützt wurden. Die mir dabei entgegengebrachte Dankbarkeit war nicht nur überwältigend, sondern auch äußerst emotional, geradeso, als hätte ich persönlich die Projekte finanziert. Nichtsdestoweniger war es stets die Bestätigung, das Richtige getan zu haben und gleichzeitig Ansporn genug, mit der Arbeit fortzufahren.

Die dabei erlebte Organisationskultur der einzelnen Arbeitgeber war durchweg positiv – wenn auch hie und da mit Abstrichen im Hinblick auf die Hierarchie. Allen gemeinsam war der unkomplizierte Umgang sowie ein hohes Interesse an meiner Arbeit und deren Wertschätzung.

Durch meine Erfahrungen in vielen Ländern bin ich im Gegensatz zu denjenigen, die nie im Ausland, sondern ausschließlich hierzulande gearbeitet haben, in der Lage, Situationen von anderswo den hiesigen gegenüberzustellen. Wenn zum Beispiel die Arbeitsmoral oder Qualität der Arbeit woanders bemängelt wird, wie es Aussagen deutscher Urlauber gelegentlich vermuten lassen, dann sollten sie wissen, dass nicht nur die Löhne wesentlich geringer sind, sondern auch der Ausbildungsstandard eben ein völlig anderer ist. Oder wenn sich Leute über unser Gesundheitssystem beschweren, dann sollten sie erst einmal jenes in anderen Ländern kennenlernen. Ich jedenfalls habe zu schätzen gelernt, wie gut wir es im Vergleich zu vielen anderen haben, ganz zu schweigen von der hiesigen Meinungsfreiheit, wenn Leute neuerdings von einer Diktatur sprechen, was sie in einer Diktatur niemals aussprechen dürften.

All diese Vorzüge der Arbeit in der humanitären Hilfe im Ausland dürfen aber nicht darüber hinwegtäuschen, dass sie auch eine Reihe von Nachteilen in beruflicher und vor allem persönlicher Hinsicht in sich birgt.

Ich hatte davon gesprochen, dass befristete Verträge durchaus einen Vorteil für mich gehabt haben, weil ich mit der anschließenden Arbeitslosigkeit gut zurechtkam. Dass jene Verträge entweder auf eine bestimmte Zeit oder nach Projektlaufzeiten ausgerichtet waren, war für mich auch immer verständlich und nachvollziehbar. Generell haben sie allerdings drei gravierende Nachteile: zum einen war ich nie in der Lage, eine längerfristige Lebensplanung zu gestalten, was sich auch enorm auf mein Privatleben auswirkte. Meine Frau führte ihr Leben zu Hause und ich meines im Ausland. Ein gemeinsames Zusammenleben schien illusorisch zu sein und wurde angesichts meines mutmaßlichen Werdeganges auch erst gar nicht thematisiert.

Darüber hinaus habe ich im eigentlichen Sinne keine Karriere gemacht. Denn ich fing als Projektmanager an und hörte in derselben Funktion auf, obwohl ein beruflicher Aufstieg für mich nie im Vordergrund stand. Stattdessen wurde in mir, wenn überhaupt, stets nur der ‚exotische' Projektmanager gesehen, dessen Erfahrung zwar als interessant begutachtet, aber letztlich doch nicht ernst genommen wurde.

Schließlich wirkten sich besonders kürzere Verträge sowohl auf das Rentenkonto, durch viele Fehlzeiten nach Vertragsende, als auch auf die Berechtigung aus, Arbeitslosengeld zu bekommen. Selbst wenn ich mit der Situation danach besser umgehen konnte, so geriet ich doch, vor allem nach längeren Auszeiten, mitunter in Panik, wieder Arbeit zu finden, und war nach einiger Zeit fast geneigt, jeden möglichen Posten ohne großes Nachdenken anzunehmen.

In Bewerbungsgesprächen wurde ich des Öfteren auf die Vielzahl meiner Arbeitgeber angesprochen. Zwar konnte ich dies stets damit begründen, dass ich eben immer nur befristete Verträge bekommen hatte, was in diesem Arbeitsfeld durchaus gang und gäbe sei. Unterschwellig, wie einmal tatsächlich passiert, konnte das gleichwohl zu der Annahme führen, dass ich möglicherweise ein problematischer Mitarbeiter gewesen wäre und darum nie einen Folgevertrag angeboten bekommen hätte. Man konnte und wollte nicht verstehen, warum ich nie länger bei einer Organisation geblieben bin.

Generell wird von einem Auslandsmitarbeiter neben einem hohen Grad an Flexibilität auch bisweilen extreme Toleranz hinsichtlich der Unterbringung verlangt. Dass man generell unter sehr widrigen Umständen arbeitet, dürfte jedem bereits bei der Jobbewerbung klar sein. Und als junger Mensch war ich auch stets bereit, wenn zum Beispiel die Unterkunft vom Arbeitgeber gestellt wurde, erhebliche Kompromisse einzugehen, indem ich, wie in der Türkei oder Sri Lanka, in einer Art Wohngemeinschaft lebte. Je älter ich allerdings wurde, desto geringer war meine Bereitschaft dazu. Hinzukam die besonders bei NGOs von mir oft beobachtete, häufig von der Zentrale als selbstverständlich erachtete permanente Verfügbarkeit vor Ort, die sich in einer Vielzahl von Überstunden niederschlug, während die Kollegen daheim penibel auf ihre Arbeitszeit achteten.

Einen ungleich höheren Druck übte bisweilen das Elend aus, mit dem man vor Ort konfrontiert ist. Wenn ich Freunden von meiner Arbeit erzählte, war die erste Reaktion fast immer, dass die Begegnung mit der Not sicherlich nicht leicht sei. Gewiss hatten alle in erster Linie Fernsehbilder von Katastrophen vor Augen und sahen mich wahrscheinlich inmitten derer herumstapfen. Zwangsläufig kam dann die Frage, wie ich denn damit umgehen würde bzw. könnte?

Wie bereits erwähnt, bin ich nie als ausländischer ‚Ersthelfer‘ vor Ort gewesen, der mutmaßlich in völligem Chaos agieren musste. Daher habe ich auch nie glücklicherweise solche Extremsituationen persönlich erleben müssen. Die Not, die ich mit eigenen Augen beobachtete, obwohl sie zum Teil sehr groß war, war trotzdem nicht damit vergleichbar. Und wenn ich sie wahrnahm, dann schaffte ich es erstaunlicherweise problemlos, sie auszublenden, nach kurzer Zeit stumpft man ohnehin merklich ab. Was allerdings stets abschreckend auf mich wirkte, war in solchen Situationen der Gestank, der mich oft genug noch tagelang begleitete. Trotzdem nahm ich nicht selten die Bilder des Tages mit in den Feierabend, besonders dann, wenn ich genau wusste, dass wir nicht helfen konnten.

Den höchsten Druck, und zwar über meine gesamte Auslandstätigkeit, verspürte ich allerdings von einer ganz anderen Seite – nämlich der persönlichen, der sich nicht nur durch ein permanent schlechtes Gewissen meiner Frau gegenüber ausdrückte, sondern mich auch oft genug hilflos hinterließ, obwohl ich professioneller Helfer war.

Vor allem dann, wenn es zu Hause Probleme gab, die meine Frau nicht selbst lösen konnte: harmlos war noch das Garagentor, das sich nicht öffnete und sie fast panisch reagierte, nicht zur Arbeit fahren zu können; oder wenn sie krank war und im Bett lag; sehr belastend war auch eine sich über Monate hinziehende Auseinandersetzung unsererseits mit einem ehemaligen Vermieter, der die Kaution nicht zurückzahlen wollte, was letztlich gerichtlich entschieden wurde. All das musste sie ertragen und erledigen, während ich im Ausland war, obwohl mir ihre Probleme dann ständig im Kopf herumschwirrten. Nicht zu Unrecht lamentierte sie daher ständig, „ich sei ja eh nie da".

Als ich in der Türkei war, stand wegen ihrer Versetzung unser Umzug, zuvor allerdings die Wohnungssuche an. Dafür bin ich im Zeitraum von etwa zwei Monaten nahezu jeden Freitag zu Besichtigungen nachhause geflogen und sonntags zurück. Die Strapazen nahm ich gerne auf mich, um mir hinterher nicht wiederum meine ständige Abwesenheit vorhalten lassen zu müssen.

Prinzipiell führte ich ein Leben in zwei Welten, ohne mich einer völlig zugehörig fühlen zu können. Mein Arbeitsmittelpunkt war im Ausland, während mein privater in der Heimat war. Mit der Zeit flog ich alle vier bis fünf Wochen zumindest für einige Tage nach Hause. Bis ich mich jedoch daheim an den Alltag gewöhnen konnte, ging es schon wieder zurück. Das bedeutete, dass ich hierzulande kein soziales Netzwerk oder richtige Freundschaften aufbauen konnte. Wenn ich einmal daheim war und wir besuchten jemanden oder wir bekamen Besuch, dann waren es meist Freunde und Bekannte meiner Frau. Häufig saß ich dann nur dabei, ohne wirklich mitreden zu können. Sie unterhielten sich über Dinge, die mir fremd erschienen. Das soll nicht heißen, dass ich keinerlei Freundschaften pflegte. Nur wohnten jene eben nicht unmittelbar in unserer Nähe. Wie wichtig das für mich ist, merke ich erst jetzt, wenn ich oder wir uns mit guten Bekannten und Freunden treffen oder austauschen.

Durch die Arbeit im internationalen Umfeld habe ich sehr viele Kollegen und Kolleginnen von anderen Hilfsorganisationen kennengelernt. Richtige Freundschaften haben sich daraus allerdings nur sehr wenige entwickelt. In den meisten Fällen beschränkten sich diese ohnehin nur auf den Zeitraum, den ich vor Ort war. Im Laufe der Zeit hatte ich, wie bereits erwähnt, den einen oder anderen NGO-Kollegen in anderen Kontexten wieder getroffen. Manche nach wie vor für dieselbe Organisation, andere, so wie ich, für einen neuen Arbeitgeber. Letzteres ein untrügliches Zeichen dafür, dass meinen eigenen Werdegang andere Helfer ebenfalls erlebten.

Genau wie sie habe ich andere Kulturen und manchmal fremd anmutende Traditionen kennengelernt, was oft genug abendliches Gesprächsthema unter den Internationalen war. Dabei habe ich vor allem in Inguschetien diejenigen – ausnahmslos Mitarbeiter osteuropäischer Hilfswerke – bewundert, die sich scheinbar problemlos vor Ort verständigen konnten. Anderswo ist mir das nie mehr in dem Maße begegnet. Wenigstens waren meine Sprachkenntnisse in den Ländern des ehemaligen Jugoslawiens so weit gediegen, dass ich mehr als Small Talk betreiben konnte. Selbst wenn sie sehr spärlich waren, habe ich ansonsten zumindest in jedem Land ein paar Sprachfetzen gelernt, was mancher zu Hause noch heute als Weltgewandtheit interpretiert.

Dort, wo ich länger arbeitete, fand ich es sehr angenehm, wenn ich Leute auf der Straße erkannte oder, wie in Berane im Nordosten Montenegros, das zugegeben eher klein ist, wenn mich Menschen auf der Straße grüßten. Manchmal kam ich mir vor wie in der Kleinstadt, in der ich aufgewachsen war und wo man sich selbstverständlich „Grüß Gott" sagte. Nicht selten wurde ich gar spontan zu einem Kaffee eingeladen oder, wenn ich in einem Restaurant allein saß, überraschte mich der Kellner mit einem Gratisgetränk, welches mir jemand spendierte, der mich erkannt hatte. Ich hatte das Gefühl, zur Gemeinschaft zu gehören. Selbst nach zwanzig Jahren bemerkte mein damaliger montenegrinischer Kollege, dass sich noch heute Menschen nach mir erkundigen würden! Auch sie sind mir in bester Erinnerung geblieben.

Gleiches gilt für vieles andere, das mir, während der mehr als zwei Jahrzehnte in der Auslandtätigkeit begegnet ist.

Wenn mich heute jemand fragen würde, ob ich, wenn ich die Wahl hätte, nochmals den Weg in die humanitäre Hilfe einschlagen würde, wäre meine Antwort ein eindeutiges Ja. Aufs Ganze gesehen geschah mein Katastrophenabschied daher mit einem weinenden Auge. Das lachende bezog sich dagegen auf die und besonders auf den katastrophalen Abschied aus Georgien.

Mittlerweile habe ich auch gedanklich mehr oder weniger mit jener Zeit abgeschlossen, sodass eine Rückkehr in die Auslandsarbeit für mich nicht mehr infrage kommt. Endgültig.

Anmerkungen

S. 1:

Gerhard Fischer: Katastrophenbegegnungen – Anekdoten und Episoden von der Helferfront, Norderstedt 2019 (Books on Demand); 2024 unter dem Titel: Katastrophenbegegnungen – revisited nochmals bei Books on Demand erschienen.

S. 52:

Bundesgesetzblatt, Jahrgang 2008, Teil I Nr.56

S. 100:

siehe Heinrich Böll: Erzählungen, Hg. von Kiepenheuer & Witsch 2006, S. 447ff.

S. 106:

https://www.bmz.de/de/service/lexikon/147316-147316

S. 115: https://spherestandards.org/wp-content/uploads/Sphere-Handbook-2018-German.pdf

S. 124:

Kilian Kleinschmidt: Weil es um die Menschen geht – Als Krisenhelfer an den Brennpunkten der Welt, Berlin 2015

S. 213:

Mary B. Anderson: Do no Harm - How Aid Can Support Peace or War, Boulder/Colorado 1999

Abkürzungsverzeichnis

AA	Auswärtiges Amt
ADA	Austrian Development Agency
ASB	Arbeiter-Samariter-Bund e.V.
BiH	Bosnien und Herzegowina
BMZ	Bundesministerium für wirtschaftliche Zusammenarbeit und Entwicklung
DAC	Development Assistance Committee
DRK	Deutsches Rotes Kreuz
ECHO	European Union Office for Humanitarian Aid
EU	Europäische Union
EZ	Entwicklungszusammenarbeit
GIZ	Deutsche Gesellschaft für Internationale Zusammenarbeit
IFRC	Internationale Föderation des Roten Kreuzes
IKRK	Internationales Komitee des Roten Kreuzes
IOM	International Organisation for Migration
IS	Islamischer Staat
ISO	Internationale Organisation für Normung
LFA	Logical Framework Approach
LKW	Lastkraftwagen
NATO	North Atlantic Treaty Organisation
NGO	Non-Governmental-Organisation (dt. Nicht-Regierungs-Organisation)
OCHA	Office for the Coordination of Humanitarian Affairs
ÖRK	Österreichisches Rotes Kreuz
PCM	Project Cycle Management
SAP	Systemanalyse Programmentwicklung
SMS	Short Message Service

SOP	Standard Operations Procedure
UN	United Nations (dt. Vereinte Nationen)
UNDP	United Nations Development Programme
UNHCR	United Nations High Commissioner for RefugeesCoordinator
USA	United States of America
WHO	World Health Organisation